职业院校"十三五"规划教材

职业发展与就业指导

第二版

马腾文　孙沛 ◉ 主编
程家树　殷广胜　商霄　朱丛江　赵晓萌 ◉ 副主编

化学工业出版社

·北京·

本书分别阐述了职业发展规划、职业选择、职业素养、就业知识和技巧、就业政策和安全等内容，从职业教育的特点出发，确定知识点，精选案例，力求做到内容安排合理，阐释深入浅出，理论与实践相结合，突出政策性、实践性和可操作性，以期对毕业生的就业活动提供切实可行的参考和帮助。

本书适用于高职高专院校、技师学院等所有专业的在校生阅读参考，也可作为中职学生、社会人员职业规划与职业发展的参考读物。

图书在版编目(CIP)数据

职业发展与就业指导/马腾文，孙沛主编. —2版.
北京：化学工业出版社，2018.4 （2023.2重印）
ISBN 978-7-122-31663-9

Ⅰ.①职… Ⅱ.①马… ②孙… Ⅲ.①职业选择-高等学校-教材 Ⅳ.①G717.38

中国版本图书馆CIP数据核字（2018）第041097号

责任编辑：蔡洪伟　　　　　　　　　　　　装帧设计：关　飞
责任校对：宋　夏

出版发行：化学工业出版社（北京市东城区青年湖南街13号　邮政编码100011）
印　　装：三河市双峰印刷装订有限公司
787mm×1092mm　1/16　印张13½　字数296千字　2023年2月北京第2版第8次印刷

购书咨询：010-64518888　　　　　　　　售后服务：010-64518899
网　　址：http://www.cip.com.cn
凡购买本书，如有缺损质量问题，本社销售中心负责调换。

定　价：36.00元　　　　　　　　　　　　　　　　　　　　版权所有　违者必究

前言

职业教育作为国家经济社会发展战略的重要基础，是现代教育体系中的重要组成部分。党的十九大报告明确指出："完善职业教育和培训体系，深化产教融合、校企合作；建设知识型、技能型、创新型劳动者大军，弘扬劳模精神和工匠精神，营造劳动光荣的社会风尚和精益求精的敬业风气"。为职业教育发展指明了方向，规划了前景。李克强总理提出"大众创业，万众创新"的理念，为现代教育如何适应现代经济发展指明了方向。在现代职业教育中，职业规划教育、就业教育是学生职业素养和可持续发展能力提升的重要内容，也是各级职业院校主要的教育教学目标。做好职业院校、技工院校毕业生的职业指导工作，不仅关系着广大青年学生的切身利益，更关系实施人才强国战略和全面建成小康社会的全局，关系到建设社会主义现代化目标的实现和国家的长治久安。

当前职业院校毕业生就业结构性矛盾依然突出，整体就业形势非常严峻。同时，伴随着社会转型、经济结构调整和深化职业教育体制改革，就业形势将更加复杂，就业压力普遍增大。

选择一种职业就是选择一种人生。面对严峻的就业形势和人才市场化的不断推进，求职、就业越来越成为一门专门的学问，需要进行深入学习与探讨，以掌握其内在的规律性，取得就业的主动性；而我们一些职业院校毕业生，临近毕业还在迷茫，不知道自己想要干什么，找工作跟着感觉走。由于缺少职业规划意识，缺乏职业化素质，导致自身缺少市场竞争力，以至于部分学生表现出就业恐慌。这种迷失自我的焦虑和困惑，成为毕业生顺利走上社会的绊脚石。因此，帮助和指导职业院校毕业生进行职业规划，树立职业目标，提高职业素质和就业能力，顺利实现就业，成为全社会共同关心和需要解决的热点问题。

本书以马腾文教授对职业发展与就业指导多年的实践和研究成果为依托，针对职业院校、技工院校毕业生对职业认知、职业规划和就业技巧教育缺失现象设计安排教学内容，既是现阶段职业院校就业指导的教学用书，又是学生在校期间及今后进行继续学习的指导用书，也是社会再就业人员的参考用书。

本书由马腾文、孙沛主编，由程家树、殷广胜、商霄、朱丛江、赵晓萌副主编。全书分两篇，共七章，由马腾文教授策划和统稿。其中，第一章由殷广胜编写；第二章、第三章由马腾文编写；第四章由商霄编写；第五章和第六章由孙沛编写；第七章由程家树编写，朱丛江、赵晓萌参与了全书编写材料的整理和审稿工作。全书分别阐述了职业生涯规划和职业选择、职业综合素质培养、就业形势与社会环境、求职与面试、就业政策与安全以及职场生存技巧，从职业教育的特点出发，确定知识点，精选案例，力求做到内容安排合理、阐释深入浅出、理论与实践相结合，突出政策性、实践性和可操作性，以期对毕业生的就业活动提供切实可行的参考和帮助。

由于编者水平有限，书中的不足之处在所难免，望同行给予斧正、读者给予批评。

编　者
2018 年 1 月

目 录

第一篇　职业发展篇 / 001

第一章　职业生涯规划 / 002

第一节　职业 / 002
一、职业的概念 / 002
二、职业的特点 / 002
三、职业的意义 / 004

第二节　职业生涯 / 005
一、职业生涯的概念 / 005
二、职业生涯的特点 / 006
三、职业生涯阶段划分 / 007
四、职业生涯定位 / 010

第三节　职业生涯规划 / 015
一、职业生涯规划的概念 / 015
二、职业生涯规划的类型 / 017
三、职业生涯规划的原则 / 018
四、职业生涯规划的意义 / 018
五、职业生涯规划的基本步骤 / 020

第四节　职业资格 / 024
一、职业资格 / 024
二、分类与等级 / 025

第二章　职业选择 / 027

第一节　职业理想 / 027
一、职业理想 / 027
二、职业理想的特点 / 028
三、职业理想的作用和意义 / 029
四、职业理想的定位 / 029

第二节　择业观念 / 031
一、择业观念 / 031

二、择业观念影响因素 / 032
三、择业观念的建立 / 034

第三节　择业依据 / 037
一、择业依据的选择 / 037
二、专业择业 / 038
三、兴趣择业 / 039
四、岗位需求择业 / 040

第三章　职业综合素质培养 / 045

第一节　职业素质 / 045
一、职业素质的概念 / 045
二、职业素质的基本特征 / 045
三、职业素质的主要分类 / 046

第二节　职业综合素质 / 047
一、敬业精神 / 047
二、责任意识 / 049
三、职业忠诚 / 050

四、团队合作 / 051
五、团队精神 / 052
六、毅力 / 053
七、意志品质 / 054
第三节 职业化心态和意识 / 055
一、职业角色 / 056
二、岗位适应能力 / 058
三、职业道德 / 059
第四节 社会适应能力 / 060
一、学习精神和自主学习能力 / 060
二、实践能力 / 062
三、应对挫折的能力 / 063
四、心理素质能力 / 064

第二篇 就业指导篇 / 067

第四章 就业形势与社会环境 / 068

第一节 就业形势分析 / 068
一、当前我国的就业形势 / 068
二、当前毕业生的就业形势 / 070
三、毕业生就业的趋势展望 / 071
第二节 就业市场 / 072
一、我国的就业方针 / 072
二、毕业生就业市场的形成与特征 / 073
三、就业市场体系及运行 / 075
第三节 就业方向 / 077
一、就业方向的选择 / 077
二、职业院校毕业生就业的主要方向 / 080

第五章 求职与面试 / 085

第一节 就业信息的获得 / 085
一、就业信息的收集与利用 / 085
二、就业信息的分析筛选与应用 / 088
第二节 应聘材料 / 090
一、求职信 / 090
二、个人简历 / 094
三、毕业生推荐表 / 097
四、证明材料 / 098
第三节 应聘与面试 / 100
一、笔试 / 100
二、面试 / 101
三、求职应聘的注意事项 / 107
第四节 签约与报到 / 111
一、签约 / 111
二、就业协议书的失效与解除 / 113
三、违约及其后果 / 114
四、报到及报到应注意的问题 / 115

第六章 就业安全与权益保障 / 120

第一节 就业政策 / 120
一、就业制度的变革 / 120
二、就业的现行政策及规定 / 121
三、就业程序与途径 / 122
第二节 就业权益与法律保障 / 123
一、权利与义务 / 123
二、劳动权益保护 / 126
第三节 就业安全 / 133

一、就业过程中的安全问题 / 133　　二、就业过程中安全问题的对策 / 135

第七章　职场生存技巧 / 138

第一节　角色转换与角色认识 / 138
　　一、角色转换理论 / 138
　　二、准备转换角色 / 139
　　三、完成角色转换 / 141
第二节　轻松通过试用期 / 143
　　一、树立良好的第一印象 / 143
　　二、建立良好的人际关系 / 145
第三节　积极适应社会　做优秀的职业人 / 149
　　一、积极主动地适应工作岗位 / 149
　　二、做一个优秀的职业化员工 / 150

附录一　国家职业资格目录 / 158

附录二　劳动合同书（示范文本）/ 180

附录三　《人才市场管理规定》/ 184

附录四　《普通高等学校毕业生就业工作暂行规定》/ 189

附录五　《给中国学生的第四封信：大学四年应是这样度过》/ 195

参考文献 / 207

第一篇
职业发展篇

第一章
职业生涯规划

我们现在处于一个竞争的时代。工作从来没有像现在这样，成为每个人人生中最重要的大事。绝大多数人都把工作看作生活的一个组成部分，因为人的大部分人生需求都是通过职业生涯来满足的。每一位学生现在就像《羚羊和狮子》寓言里的羚羊和狮子一样要时刻告诫自己"每天淘汰你自己"。

"没有规划，就是在规划失败"。我们要想在未来的职业生涯中获得成功，首先应该确立一个符合自己实际的职业定位和职业目标，并且把目标分解，然后设计出合理的职业生涯规划图，并且付诸行动，经过不断的努力和调整，直到最终实现我们的职业发展目标，直到获得最大的成功，精彩自己的人生。

第一节 职业

一、职业的概念

所谓职业（occupation），是人类社会发展到一定阶段的产物，是指人们从事的相对稳定的、有收入的、专门类别的社会劳动。职业既是人的社会活动，也是一种经济行为，还是人们在社会中所从事的作为谋生手段的工作；从社会角度看，职业是劳动者获得的社会角色，劳动者为社会承担一定的义务和责任，并获得相应的报酬；从国民经济活动所需要的人力资源角度来看，职业是指不同性质、不同内容、不同形式、不同操作的专门劳动岗位。职业是一个人社会地位的表现，也是一个人权利、义务和责任的表现。

法国启蒙思想家卢梭认为："选择职业是人生大事，因为职业决定了一个人的未来。"

二、职业的特点

（一）职业与社会分工有着密切关系　马克思在《马克思恩格斯全集》第 6 卷第 415 页中指出："每一种职业都是社会分工中的一定部门。"职业随着社会分工的产生而出现,并随着社会分工的发展,社会生产力的提高和生活发展的需要而变迁。

(二)职业具有一定的连续性和显著的经济性　所谓连续性是指一个人在比较长时间内进行职业活动并通过这项活动稳定地获得一定的报酬;所谓经济性是说人们职业活动会获得一定的经济收入。

(三)职业具有知识性和技术性　在社会生活和平时工作中我们不难发现,要从事某种职业,必须经过一定时间专门的知识学习或技术培训,使从事职业活动者具备特殊的知识和技术。某些职业活动所需要的知识和技术容易掌握,而有的职业所需的知识和技术不易掌握;有的职业所需的知识和技术在特定的学校和培训机构里获得,而有的却可以在工作实践里获得。

(四)职业具有规范性　从事职业工作必须遵守一定是制度、遵从一定的规范(即职业规范)。职业规范主要包括人们在职业活动中应遵守的各种安全操作规程及办事章程,职业道德规范和职业活动养成的种种习惯。无论职业规范以什么样(法律、法规、章程、条约或守则)的方式体现,任何职业活动都不是没有行为准则的,总是要受到一定职业规范的约束,也只有在职业规范的约束下,人们的职业行为才能得到保障。

(五)职业具有差异性　职业领域宽广,种类繁多,古代有"三百六十行"之说,现在职业的种类更是成千上万,且随着社会发展分化出更多新的职业,每一种职业都有不同于其他职业的特定的知识和技术;即使同一种职业,也有层次的差别。例如:高校老师有助教、讲师、副教授和正教授;工人中有初级工、中级工、高级工、技师和高级技师等。

(六)职业具有历史性　随着社会和分工的不断发展,在不同的时期会出现不同的职业,在特定的历史时期,职业的性质也有一定差别,相同名称的职业在不同时期会有不同的内容,甚至发生根本性的变化。例如:以前在法院做记录的叫书记员,而现在则叫速录员。

【阅读材料一】职业分类

一、按照《中华人民共和国职业分类大典》分类

《中华人民共和国职业分类大典》将我国职业归为 8 个大类,66 个中类,413 个小类,1838 个细类(职业)。其中的 8 个大类分别具体区分如下。

第一大类:国家机关、党群组织、企业、事业单位负责人,其中包括 5 个中类,16 个小类,25 个细类。

第二大类:专业技术人员,其中包括 14 个中类,115 个小类,379 个细类。

第三大类:办事人员和有关人员,其中包括 4 个中类,12 个小类,45 个细类。

第四大类:商业、服务业人员,其中包括 8 个中类,43 个小类,147 个细类。

第五大类:农、林、牧、渔、水利业生产人员,其中包括 6 个中类,30 个小类,121 个细类。

第六大类:生产、运输设备操作人员及有关人员,其中包括 27 个中类,195 个小类,1119 个细类。

第七大类:军人,其中包括 1 个中类,1 个小类,1 个细类。

第八大类：不便分类的其他从业人员，其中包括1个中类，1个小类，1个细类。

二、按照我国国民经济行业分类

我国对国民经济行业分类进行了详细的划分。新行业分类采用了线分类法，将社会经济活动划分为门类、大类、中类和小类四组。

其中，大的门类可分为16类：

(1) 农、林、牧、渔业；
(2) 采掘业；
(3) 制造业；
(4) 电力、煤气及水的生产和供应业；
(5) 建筑业；
(6) 地质勘查业、水利管理业；
(7) 交通运输、仓储及邮电通信业；
(8) 批发和零售贸易、餐饮业；
(9) 金融保险业；
(10) 房地产业；
(11) 社会服务业；
(12) 卫生、体育和社会福利业；
(13) 教育、文化艺术及广播业；
(14) 科学研究和综合技术服务业；
(15) 国家机关、党政机关；
(16) 其他行业。

三、职业的意义

（一）职业是人的生活方式

职业是关系着每一个社会成员一生的重大问题，是人的一种重要生活方式。不论是男是女，不论年长还是年少，不论家庭背景、文化程度、个人抱负怎样，在人的一生中，都有着三四十年之久的职业生涯，都与职业密不可分，甚至是年老退休以后的生活，也有着一定的职业活动，与以前从事的职业关系甚大。

（二）职业是人的社会角色

随着人类社会的产生和社会分工的出现，职业也应运而生，并随着社会的发展和分工的细致，职业种类也越来越多，并使职业成为一个博大精深的领域，人都在某种职业的某个岗位上工作，使人成了"职业"这个社会大机器中的一个"部件"，受社会各个方面、各种因素的影响，又在社会劳动中扮演特定的职业角色。

（三）职业是关系各层面的大事

职业是重要的社会现象，在人类社会的各个层面中都有着非常重要的作用。职业是关系着个人前途的大事，是关系家庭状况的大事，是关系社会层面的大事。

（四）职业造就人的命运

人们都渴望有好的际遇和好的命运，但人们的际遇和命运往往是无法都符合我们的希望的，即使我们付出了很多的努力与艰辛、不懈和执著，即使竭尽所能，穷其所有，但现实的遭遇和境况依然与自身的愿望相去甚远。际遇与命运，即为人生。让人求索、令人斟酌的人生际遇与命运，表现在外，即是人的一生的职业发展或职业生涯。一个人长大成人、融于社会，有两项重要问题需要解决——组建家庭和寻找工作岗位，即婚姻社会化和职业社会化问题。所谓职业社会化，即一个人走向社会，寻求到一定的职业岗位并在这个岗位上工作，适应职业、工作的物质环境和人际环境，在社会中寻找到自己的合适位置，并得到终身归宿。从这个意义上讲，人的职业生涯造就了人的命运和前途。

（五）职业体现人与人的社会关系

职业实质上实现了劳动者与生产资料的结合，体现了人与人之间的社会关系。对个人而言，职业生活是人生的重要组成部分，职业解决得好和坏，对人的一生能否顺利发展、人的一生能否取得成就、人生是否辉煌具有重要而深远的意义。

职业活动为人们提供物质生活的基本条件，是人们赖以生存的手段，是个人收入的主要来源，维持个人和家庭生活的基本需要；人们在职业生活中获得个人经济收入的同时也为社会创造了财富，实现了社会物质财富的积累。职业也能满足人们的精神需要，促进个性的健康发展；职业是个人获得成就、荣誉、地位、权利以及友谊、交往等精神需要的重要来源；同时，由于各种职业都有不同于其他职业的内容和形式，必然也对劳动者的心理产生较大影响。当这种工作能使人的才能得到发挥，个性得到发展，特长得到展示时，职业也就成为促进个人健康发展的途径；而随着才能的逐步提高，人们自我实现的需要也就得到了满足。

总之，职业参与社会分工，利用职业的知识与技能，为社会创造物质和精神财富，在获得物质生活的同时，满足精神需求。它是对人们的经济水平、生活方式、文化程度、思想情操的综合反映，也是一个人的权利、义务与职责，是个人社会地位的一般性表征。

第二节　职业生涯

一、职业生涯的概念

职业生涯就是一个人的职业经历。狭义的职业生涯是指从踏入社会、从事工作之前的职业训练或职业学习开始直至最终职业劳动结束、离开工作岗位为止。广义的职业生涯是指从职业能力的获得、职业兴趣的培养、选择职业、就职，直到最后完全退出职业劳动这样一个完整的职业发展过程。它是指一个人一生中所有与职业相联系的行为和活动，以及相关的态度、价值观、愿望、需求等连续性经历的过程，也是一个人一生中职业、职位的变迁及工作、理想的实现过程。职业生涯是一个发展的概念，是一个动态的过程，每个工作着的人都有自己的职业生涯。具体来讲，职业生涯是以心理开发、生理开发、智力开发、伦理开发、技能开发等人的潜能开发为基础，以工作内容的确定，以工作业绩的评价，工资待遇，职称、职务的变动为标志，以满足需求为目标的工作经历和内心体验。

职业生涯是人一生中重要的历程，是追求自我实现的重要阶段，对人生价值起着决定性的作用。一个人的职业生涯是一个漫长的过程，也许一生只从事一种职业，也许一生从事多种职业，但每一个人都希望找到一个适合自己的职业，因为只有找到了适合自己的职业，才能挖掘自己的潜力，发挥自己的特长，成就自己的辉煌。人只有根据现在的工作需要不断调整原来的职业目标，调适好自己的心态，培养对所从事职业的兴趣、爱好和敬业精神，从而产生对事业的热爱，才能实现个人价值，使自己的职业生涯精彩，使自己的人生辉煌。

二、职业生涯的特点

（一）独特性　每个人从事某种职业的条件是不同的，对未来职业的憧憬是有差异的，对职业评价的角度是不一致的，在职业选择的态度上是多种多样性的，每个人在职业生涯过程中作出的努力也不尽相同，从而使每个人的职业生涯呈现出与别人有区别的个性。

（二）发展性　每个人的职业生涯，都是一种发展、演进的动态过程，是一个个体逐步实现其职业生涯目标，并不断判定和实施新目标的过程。这个发展过程有两种形式：一是职务的升迁，是指在同一职业甚至同一单位中，一个人职位的不断晋升；另一种是职业的改变，是指一个人所从事工作内容的改变。

（三）阶段性　每个人的职业生涯发展过程都有着若干个不同的阶段，绝不可能老是停留在一个阶段上，职业生涯的各个阶段是紧密相连的。一般来说，前一个阶段是后一个阶段的基础，后一个阶段是前一个阶段的发展，各个阶段之间具有递进性。每个人在不同的职业生涯阶段的目标和任务是不相同的。

（四）终生性　每个人的职业生涯作为一种动态发展的历程，是根据个人在不同阶段的需求而不断蜕变和增长，直至死亡。

（五）整合性　职业生涯涵盖了人生整体发展的各个方面，并非仅仅局限于工作或职位。每个人在职业生涯发展过程中或者从事某项工作时，不是孤立地干工作，而是与自己的家庭、业余生活等紧密地联系在一起。每个人所从事的工作，往往决定他的生活状态，而且职业与生活两者之间又很难区别。

（六）互动性　个人的职业生涯是个人与他人、个人与环境、个人与社会互动的结果。人是社会关系的总和，人不能脱离社会而存在，个人职业生涯的状态、职业选择的观念、职业能力的锻炼、职业信息的掌握对其他人会产生影响,好的环境能坚定个人从事某种职业的信念。社会上新职业的出现,职业需求的变化,则会使个人对自己未来职业生涯重新进行思考。

三、职业生涯阶段划分

一个人的职业生涯贯穿一生,是一个漫长的过程。科学地将其划分为不同的阶段,明确每个阶段的特征和任务,作好规划,对更好地从事自己的职业,实现确立的人生目标,非常重要。一个人一生经历的主要职业阶段大体可总结为五个阶段:成长阶段、探索阶段、确立阶段、维持阶段和下降阶段。

(一)成长阶段

成长阶段大体上可以界定在从一个人出生到14岁这一年龄段上。在这一阶段,个人通过对家庭成员、朋友以及老师的认同以及与他们之间的相互作用,逐渐建立起了自我的概念。在这一阶段的一开始,角色扮演是极为重要的,在这一时期,儿童将尝试各种不同的行为方式,而这使得他们形成了人们如何对不同的行为作出反应的印象,并且帮助他们建立起一个独特的自我概念或个性。到这一阶段结束的时候,进入青春期的青少年(这些人在这个时候已经形成了对他们的兴趣和能力的某些基本看法)就开始对各种可选择的职业进行带有某种现实性的思考了。

(二)探索阶段

探索阶段大约发生于一个人的15—24岁之间的这一年龄段上。在这一时期中,个人将认真地探索各种可能的职业选择。他们试图将自己的职业选择与他们对职业的了解以及通过学校教育、休闲活动和工作等途径中所获得的个人兴趣和能力匹配起来。在这一阶段的开始时期,他们往往作出一些带有试验性质的较为宽泛的职业选择。然而,随着个人对所选择职业以及对自我的进一步了解,他们的这种最初选择往往会被重新界定。到了这一阶段结束的时候,一个看上去比较恰当的职业就已经被选定,他们也已经做好了开始工作的准备。人们在这一阶段上以及以后的职业阶段上需要完成的最重要任务也许就是对自己的能力和天资形成一种现实性的评价。类似地,处于这一阶段的人还必须根据来自各种职业选择的可靠信息来作出相应的教育决策。

(三)确立阶段

确立阶段大约发生在一个人的24—44岁之间这一年龄段上,它是大多数人工作生命周期中的核心部分。有些时候,个人在此期间(通常是希望在这一阶段的早期)能够找到合适的职业并随之全力以赴地投入到有助于自己在此职业中取得永久发展的各种活动之中。人们通常愿意(尤其是在专业领域)早早地就将自己锁定在某一已经选定的职业上。然而,在大多数情况下,在这一阶段人们仍然在不断地尝试与自己最初的职业选择所不同的各种能力和理想。确立阶段本身又由三个子阶段构成。

（1）尝试子阶段　大约发生于一个人的 25—30 岁之间这一年龄段中。

在这一阶段，个人确定当前所选择的职业是否适合自己，如果不适合，他或她就会准备进行一些变化。比方说，王芳可能已经下决心将自己的职业选定在零售行业，但是在以某商店新雇用的助理采购员身份进行了几个月的连续工作旅行之后，她可能会发现，像市场营销调研这种出差时间更少的职业可能更适合她的需要。到了 30—40 岁这一年龄段上的时候，人们通常就进入了稳定子阶段。

（2）稳定子阶段　在这一阶段，人们往往已经定下了较为坚定的职业目标，并制订出较为明确的职业计划来确定自己晋升的潜力、工作调换的必要性以及为实现这些目标需要开展哪些教育活动等。最后，在 30 多岁和 40 多岁之间的某个时段上，人们可能会进入一个职业中期危机阶段。

（3）中期危机阶段　在这一阶段，人们往往会根据自己最初的理想和目标对自己的职业进步情况作一次重要的重新评价。他们有可能会发现，自己并没有朝着自己所梦想的目标（比如成为公司总裁）靠近，或者已经完成了他们自己所预定的任务之后才发现，自己过去的梦想并不是自己所想要的全部东西。在这一时期，人们还有可能会思考，工作和职业在自己的全部生活中到底占有多大的重要性。通常情况下，在这一阶段的人们第一次不得不面对一个艰难的抉择，即判定自己到底需要什么，什么目标是可以达到的以及为了达到这一目标自己需要做出多大的牺牲。

（四）维持阶段

到了 45—60 岁这一年龄段上，许多人就很简单地进入了维持阶段。在这一职业的后期阶段，人们一般都已经在自己的工作领域中为自己创立了一席之地，因而他们的大多数精力主要就放在如何保有这一位置上了。

（五）下降阶段

当退休临近的时候，人们就不得不面临职业生涯中的下降阶段。在这一阶段上，许多人都不得不面临这样一种前景：接受权力和责任减少的现实，学会接受一种新角色，学会成为年轻人的良师益友。再接下去，就是几乎每个人都不可避免地要面对的退休，这时，人们所面临选择就是如何去打发原来用在工作上的时间。

职业生涯阶段有着多种不同的划分方法。金斯伯格三阶段理论、休普四阶段理论、萨珀五阶段理论和利文森六阶段理论是四种普遍接受和认可的阶段划分理论。

（一）金斯伯格三阶段理论

美国著名职业指导专家金斯伯格提出了职业生涯三阶段理论，主要内容如下。

（1）幻想期：0—11 岁　儿童对自己所看到、所接触到的各类职业工作者，均充满了好奇感。此时期儿童对自己未来的职业需求的特点是幻想的：单纯凭自己的兴趣爱好，不考虑自身的条件、能力水平和社会需要与机遇，完全处于幻想之中。

（2）尝试期：11—17 岁　这一时期又可划分 4 个阶段：兴趣阶段、能力阶段、价值阶段和转移阶段。这一时期，个体的心理和生理在迅速成长和发育，具备独立自主的意识，价值观念开始形成，知识能力显著增强，初步体验、了解、掌握社会生产和生活的经验。在职业需求的心理发展方面呈现出：有职业兴趣，对职业有更深层次的探索；更多且客观地审视自身各方面的条件和能力；开始关注价值与意义的层面；注意职业角色的社会地位、社会意义，以及社会对该职业的需要。

（3）实现期：17岁以后　这一时期又分为3个阶段：试探、具体化和专门化。这一时期，个体在考虑职业愿景的时候，能够把自己的主客观条件联系起来，能够将自己的专业和能力，跟社会现实的职业需要紧密联系并协调起来，试图思考、寻找适合自己的职业角色。对所需求的职业不再模糊不清，开始明确具体的、现实的职业目标，表现出客观性、现实性的特点。

（二）休普四阶段理论

美国职业规划专家休普提出职业生涯四阶段理论，内容如下。
（1）试探阶段：25岁以前　自我考察、角色扮演、探索职业方向阶段。
（2）创立阶段：25—45岁　基本上找到了最适合于自己的职业，并寻求在职业领域有所建树，以树立自己的社会地位的阶段。
（3）维持阶段：45—65岁　已经有了一定的地位和成就，所需努力的—维持和巩固已有的地位。
（4）衰退阶段：65岁以上　人的身心素质开始衰退；准备离开工作岗位，转换新的角色。

（三）萨珀五阶段理论

美国生涯理论专家提出五阶段理论，内容如下。
（1）成长阶段：0—14岁　成长阶段属于认知阶段。在这个阶段，经历对职业从好奇、幻想到兴趣，到有意识培养职业能力的逐步成长过程。萨珀将这一阶段，具体分为3个阶段。①幻想期：10岁之前。儿童从外界感知到许多职业，对于自己觉得好玩和喜爱的职业充满幻想和进行模仿。②兴趣期：11—12岁。以兴趣为中心，理解、评价职业，开始作职业选择。③能力期：13—14岁。开始考虑自身条件与喜爱的职业是否相符合，有意识地进行能力培养。
（2）探索阶段：15—24岁　探索阶段属于学习打基础的阶段。处于择业、初就业阶段。该阶段的青少年，通过学校的活动，打零工等机会，对自我能力及角色、职业作了一番的探讨，选择职业时有较大的弹性。这个阶段也可分为3个时期。①试验期：15—17岁。综合认识和考虑自己的兴趣、能力与职业社会价值、就业机会，开始进行择业尝试。②过渡期：18—21岁。进入劳动力市场，或者进行专门的职业培训。③尝试期：22—24岁。选定工作领域，开始从事某种职业。
（3）建立阶段：25—44岁　为建立稳定职业阶段，属于选择、安置阶段。经过上一阶段的尝试，不适合者会谋求变迁或进行其他探索，因此该阶段能确定在整个事业生涯中属于自己的职位，并在31—40岁开始思考如何保住该职位并固定下来。这个阶段的发展任务是调整、稳固并求上进。这个阶段也经过以下两个时期。①尝试期：25—30岁。对初就业选定的职业不满意，再选择、变换职业工作，变换次数各人不等，也可能满意初选职业而无变换。②稳定期：31—44岁。最终职业确定，开始致力于稳定工作。

（4）维持阶段：45—64岁　这一阶段内，劳动者一般达到常言所说的"功成名就"情景，已不再考虑变换职业工作，只力求维持已取得的成就和社会地位。

（5）衰退阶段：65岁以上　衰退阶段属于退休阶段。由于其健康状况和工作能力逐步衰退，即将退出工作，结束职业生涯。这一阶段往往注重发展新的角色，寻求不同方式以替代和满足需求。

（四）利文森六阶段理论

美国学者利文森提出了职业生涯的六阶段理论，其主要内容如下。

（1）拔根期：16—22岁　多数人离开父母，争取独立自主，力求寻找工作，实现经济上的自我支持。

（2）成年期：23—29岁　寻找配偶，建立家庭，做好工作，搞好人际关系。

（3）过渡期：30—32岁　进展不易，忧患较多，很多人改变工作和单位，以求新的发展。

（4）安定期：33—39岁　有抱负、希望成功的人将专心致志地投入工作，以求有所创新，取得成就。

（5）潜伏的中年危机期：40—43岁　对大部分人来说，工作变动性降低，意识到年轻时的抱负很多没有完成，获得生涯进展和改变方向的机会已经不多。

（6）成熟期：44—59岁　当对生涯中的重大问题已经满意时，往往会满足于现状，希望安定下来；抱负还有，但水平不及中年高了。

四、职业生涯定位

（一）SWOT分析

SWOT分别是四个英文单词的第一个字母：S代表strength（优势）；W代表weakness（弱势）；O代表opportunity（机遇）；T代表threat（威胁）。其中，S、W是内部因素，而O、T是外部因素。

SWOT分析是检查您的技能、能力、职业、喜欢和职业机会的有用工具。如果对自己作个细致的SWOT分析，那么会很明了地知道自己的个人优点和弱点在哪里，并且会仔细地评估出自己所感兴趣的不同职业道路的机会和威胁所在。

所谓SWOT分析，指的是在4个维度上进行分析，然后通过阵式交叉的分析，找出适合自己的基本策略。

1. 优势（strength）

对于毕业生而言，所谓优势，主要分为个人优势和资源优势。所谓个人优势，指的是纯属个人因素，不随外界因素变化的优势，比如说一个人很聪明，又比如说此人很漂亮，其实这些都是优势，可以先记录下来，但真正严谨地分析下来，应包含的领域应该更宽些。比如有些人口才很好，有些人交际能力出众，有些人酒量特别厉害，有些人具备某些文艺、体育类的特长，有些人很容易凭借第一印象给人以信赖感，而有些人大学时系列地读过一些书，形成了某一领域较系统的知识，这些都是优势，也很显性，很容易自己就把握到。口才好的可以从事需要与人打交道、需要说服别人的工作；酒量厉害的适合销售或公关类岗位；有文体类的特长的，适合招牌企业需要这类人员的；在某个领域有系统知识的，很容易在别人面前形成"渊博"的形象，产生敬畏（人们对自己不熟悉的领域总是有些敬畏的）。

所谓资源优势，包括的因素很多，包括人力资源、财力资源、品牌资源、知识资源等，比如父母或亲戚中有些很有社会背景的人物，比如无意中结识了一些很有能力的朋友，比如家里可以直接支付一大笔钱可用作投资创业，比如所在的学校是名牌、专业里的品牌，比如所学的专业正好市场紧缺等。

2. 劣势（weakness）

劣势，即相对于优势的各个角度而言，恰恰很欠缺的方面。比如不善言谈、害羞、粗枝大叶、知识贫瘠、学校根本不知名、专业冷门或太过热门等。找出劣势，对于战略规划的意义非常重大，在了解自己能做什么之前，应先了解自己最好不要做什么、可能会遇到什么麻烦，在懂得做加法之前，应先学会做减法，这样可以帮我们降低遭遇挫折的概率。另外，我们分析劣势的目的不是使自己变得更加沮丧，而是使自己了解该如何避开这些劣势，使自己在职业之路上变得更聪明些，让自己的职业生涯更辉煌些。

3. 机会（opportunity）

所谓机会，主要指外界而言，当然也包括学校可能提供的诸如"出国""进修""考研""读博""对口实习"等机会。宏观上包括国家的经济形势、产业政策、法律法规、各区域的产业发展态势、行业趋势等；微观上包括搜集到的来自各企业、政府部门、人才市场、学校或学长们提供的各类有用的信息，尤其是要关注新生的或高增长预期的职业领域，和自己专业或自身优势有关的边缘性、复合型职业领域，职业竞争者薄弱、国家强烈倾向的人才政策等利好消息。机会总是隐藏在不经意的角落，不把眼珠子多扫动几圈难免会错过有价值的信息，与机遇失之交臂，令自己追悔莫及。

4. 威胁（threat）

所谓威胁，包括人才市场竞争激烈、人才需求饱和、所学专业领域过缓增长或衰退、新的低成本竞争者、人才需求方过强的谈判优势、不利的政策信息、新提高的职业门槛等；也包括来自自身的，比如身体健康隐患、家庭不和睦因素，糟糕的财务状况等。威胁虽然听起来不舒服，看起来有压力，但如果自己能对此有所预防而别人不能，就先确立了一定程度的优势。所以说，普遍存在的各类威胁也可能成为你与社会竞争的有利工具。

（二）兴趣定位

兴趣是一个人力求认识、掌握某种事物，并经常参与该种活动的心理倾向。稳定的兴趣对职业选择与职业成就有重要的影响，如果按自己稳定的兴趣选择了某种职业，即兴趣与职业匹配了，兴趣就会成为巨大的行为推动力，促进自身在工作中做出成就；如果对所从事的职业不感兴趣，就会影响积极性的发挥，也就很难有所作为。

一般来说，兴趣爱好广泛的人，选择职业时的自由度就大一些，他们更能适应各种不同岗位的工作，特别是能适应因工作需要进行的岗位调整。广泛的兴趣可以促使人们注意和接触多方面的事物，为自己选择职业、岗位调整创造更多有利的条件。

不同的职业也是需要不同的兴趣特征，如建筑这一行业需要个人兴趣与事物打交道，而记者这一职业需要个人兴趣与人打交道。当然，兴趣也是可以培养起来的。有的人通过职业活动发现自己工作的意义、价值和某些引人入胜的地方，就可能从没有兴趣到兴趣浓厚。

在职业生涯规划过程中，人的兴趣和爱好往往具有一种强大的推动作用。但是，个人的兴趣和爱好只能作为职业生涯设计的重要依据，而不是全部依据。只有把它们建立在一定的能力基础上，并与社会相结合，兴趣、爱好才会获得现实的基础，也才能有实现的可能。所以，学生们应该培养自己多方面、宽泛的兴趣和爱好，努力发展自己的专长，深入挖掘自己的潜力，从而使自己的兴趣和爱好有明确的针对性，确保在择业和设计职业生涯时拥有更为广泛的空间。

（三）性格定位

尽管性格的个性差异很大，却仍带有某些共性的特征供大家分析研究。近年来，一些教育学、心理学科研人员将职业性格分为9种基本类型。

（1）变化型　特点是在新的和意外的活动或工作情境中感到愉快，喜欢有变化的和多样化的工作，善于转移注意力。适合的职业有记者、演员和推销员等。

（2）重复型　特点是适合连续从事同样的工作，按固定的计划或进度做事，喜欢重复的、有规律的、有标准的工种。适合的职业有纺织工、机床工、印刷工、电影放映员等。

（3）服从型　特点是愿意配合别人和按别人的指示办事，而不愿意自己独立作出决定，承担责任。适合的有职业办公室职员、秘书、翻译等。

（4）独立型　喜欢计划自己的活动和指导别人的活动或对未来的事情作出决定，在独立负责的工作中感到愉快。适合的职业有管理人员、律师、侦察人员等。

（5）协作型　在与他人协同工作时感到愉快，善于引导别人，并希望得到同事的喜欢。适合的职业有社会工作者、咨询人员等。

（6）劝服型　通过谈话或写作等方式使别人同意自己的观点，对别人的反应有较强的判断力和预测力，并善于影响别人的态度和观点。适合的职业有辅导员、作家、宣传工作者等。

（7）机智型　在紧张和危险的情况下，能自我控制、沉着应对，发生意外和差错时不慌不忙地出色完成任务。适合的职业有驾驶员、飞行员、消防员、救生员、公安人员等。

（8）自我表现型　喜欢表现自己的爱好和个性，根据自己的感情作出选择，通过自己的工作来表现自己和思想。适合的职业有演员、诗人、音乐家、画家等。

（9）严谨型　注重工作过程各个环节、细节的准确性，愿按一套规划和步骤将工作尽可能做得完美，倾向于严格、努力地工作以看到自己出色完成工作的效果。适合的职业有会计、出纳员、统计员、校对员、打字员等。

（四）能力定位

能力，就是指顺利完成某一活动所必需的主观条件。能力直接影响活动效率，并使活动顺利完成的个性心理特征。能力总是和人完成一定的活动相联系在一起，离开了具体活动既不能表现人的能力，也不能发展人的能力。在职业中对个人能力的要求主要有10类。

1. 一般学习能力

一般学习能力是指人认识、理解客观事物并运用知识、经验等解决问题的能力。它包括记忆能力、观察能力、注意能力，其核心是逻辑思维能力。一般学习能力是人在学习、工作、生活中必须具备并广泛使用的能力。

2. 语言表达能力

语言表达能力是指对词及其含义的理解和使用的能力，对词、句子、段落、篇章的理解能力及善于清楚而正确地表达自己的观点和向别人介绍信息的能力。不同的职业对人的语言能力要求不同，如教师、营销人员、公关人员就必须具备较强的语言表达能力。

3. 算术能力

算术能力是指迅速而准确的运算能力。大部分职业都要求工作者有一定算术能力，但不同的职业对人的算术能力要求的程度不同。例如会计、出纳、统计、建筑师等职业对从业者的要求较高；而法官、护士、画家、作家等职业对人的计算能力要求一般；话务员、理发师等的要求相对较低。

4. 形态知觉能力

形态知觉能力指对物体或图像的有关细节的知觉能力。生物家、建筑师、测量员、制图员、画家等，需要有较强的形态知觉能力；而历史学家、政治家、社会服务工作者、普通办公室人员等，对形态知觉能力的要求不高。

5. 空间判断能力

空间判断能力是指看懂几何图形，识别物体在空间运动中的联系，解决几何问题的能力。与图纸、工程、建筑等有关职业对空间判断能力的要求较高；服装设计、电工、无线电修理等职业，也要求一定的空间判断能力。

6. 事务能力

事务能力是指对言语或表格式的材料的细节的知觉能力，发现错别字或正确地核对数字的能力等。设计、出纳等工作，都必须具备一定的事务能力。

7. 动作协调能力

动作协调能力是指能迅速准确和协调地做出精确的动作和运动反应的能力。对于驾驶员、飞行员、舞蹈家、模特表演者来说，这种能力是非常重要的。

8. 手指灵活度

手指灵活度是指手指迅速、准确、和谐地操作小物件的能力。打字员、护士、雕刻家、画家、外科医生等，手指必须比一般人灵活。

9. 手指灵巧度

手指灵巧度是指手指灵巧活动的能力。画家、舞蹈家、雕刻人员等，就要求手指比较灵巧。

10. 颜色分辨能力

颜色分辨能力是指观察或识别相似或相异色彩，或对相同色彩明暗效果的感知能力，其包括识别特殊色彩、识别调和色或对比色以及正确配色的能力。服装设计者、装潢设计人员、美术创作者、画家等对颜色分辨能力较强。

个体在选择职业时，不能好高骛远或单从兴趣爱好出发，要实事求是地检测一下自己各方面的能力，才能找到合适的工作。

能力问题，是职业选择与个性特征关系中的一个核心要素，一个人不了解自己的能力，就很难挑选适合于自己的工作（即人对职业的选择）。企业的组织者，不了解某种职业对人的能力的要求，也很难选择适合于这项工作的人（即职业对人的选择）。值得注意的是：首先，某些职业需要特殊的能力，如军事指挥员、飞机驾驶员、作家、音乐家等，要选择这些职业的毕业生，需要事先弄清自己是否具有与这些职业相适应的能力；其次，在许多职业活动中，从业者的一些能力的欠缺可借助于自己的另一些优势的能力而得到补偿，能力的这些特性扩大了职业选择的可能性和取得职业成就的可能性。

（五）地理位置定位

地理位置选择是指人们在进行职业选择时，对于具体工作地点的选择。

职业岗位遍布于全国城乡。不同的工作单位和职业岗位所处的地点不同，其工作和生活环境也存在着较大差别。①气候不同。我国土地辽阔，各地气候变化大不相同。如东南沿海天气炎热，湿度较大；东北地区严寒奇冷；中西部地区干燥多风。②生活习惯不同。南方以大米为主食；北方则以面食为主；四川、湖南顿顿离不开辣椒。③城市和农村不同。城市相对整洁卫生，文化娱乐设施较多，科技发达，信息灵通，繁华喧闹，污染严重；农村则卫生条件较差，文化娱乐条件落后，消息相对闭塞，科技落后，环境幽静，空气清新。④交通状况不同。有的地方交通发达，有的地方交通落后。正是由于这些差别的存在，人们才把地理位置的选择作为职业选择的重要内容之一。

需要指出的是，人们对上述各种差别的考虑，有合理的部分，也有不合理的部分。如有的人改变生活习惯会造成身体严重不适，甚至危及健康，影响工作。因此，重视生活习惯的差异，是可以理解，也是有利于工作的。而有的人害怕吃苦，不愿到县城或农村去,迷恋城市,贪图享受,甚至因此而放弃就业机会,则是不足取的。当然,由于专业的不同特点和要求,以为得到农村去,到偏远的地方去,也是不可取的,比如服装设计专业的毕业生,如果这样选择,发展空间和职业成就也就可想而知了。

第三节 职业生涯规划

一、职业生涯规划的概念

职业生涯规划简称生涯规划,又叫职业生涯设计,是指个人与组织相结合,在对一个人职业生涯的主观和客观条件进行测定、分析、研究、总结的基础上,对自己的兴趣、爱好、能力、特长、经历、价值观、职业素质等方面进行综合分析,结合外部环境的制约,充分考虑时代特点,根据自己的职业倾向,确定其最佳的职业奋斗目标,并为实现这个人生目标作出行之有效的安排。

职业生涯规划简单地说,就是要解决职业生涯设计中的"干什么""何处干""怎么样""以什么样的心态干"这4个根本问题,即职业生涯中的"四定"——定向、定点、定位和定心。定向,就是确定自己的方向;定点,就是确定职业发展的地点;定位,就是确定自己在职业人群中的位置;定心,就是稳定自己的心态。

【阅读材料二】

案例1 职业"迷茫谈"

林丽毕业已经两年了,期间从事过两份工作。第一份工作做了半年多,是一家工厂的技术员,由于感到性格不相吻合跳槽到了一家外贸公司做业务。一开始状态还不错,但一年后突然感觉学不到东西,千篇一律的事情太多,而且没有发展空间。于是有了跳离这个圈子的想法。离职后也没有特别着急,认为机会应该多得是,也想找个自己特别满意的工作,期间有过面试,但总觉得不合适,所以一直处于失业状态。眨眼间2个月的时间过去了,林丽还是处在失业状态中。自我感觉良好的她难道没有出路吗?

症状:年初随着人才市场强烈的竞争趋势,个人求职的压力也相对加大,而谋求职业人群中又有一部分属于职业迷茫一族,尤其是应届毕业生基本是本着专业和直觉认识去谋求工作,成功率可想而知。

点评:林丽是属于典型的职业盲目者。①有急功近利的个性,但并不清楚自己和专业之间的差距,永远感觉自己行,但企业只会为你的能力和素质买单。②对自己的定位点没有很好的一个量化,只是凭着自己外向型的性格和以前做业务的一些技巧就认为谋职并不难,殊不知职业是要靠真才实学的。一个萝卜一个坑,如果连自己的坑都找不到又如何去成长呢?③没有整合自己的竞争力和充分挖掘自己内在的潜力。通过评估发现林丽其实是一个很有潜力的人。关键是如何把这些潜力实行包装从而完全突出她的含金点。如果以上问题不能得以解决，盲目进行，只能会出现四处碰壁的状况。

建议： 要想在短时间内寻求到一份满意的工作，首先从内在的职业生涯评估开始。彻底使自己明确定位点、优势和劣势。只有以己之长攻破彼之短才可取得更高的效率；其次潜力比较大，定位点和实际情况有点儿差距，可以利用这几天实行一下全面补救，以实现自己目标身价的提升，全面获取一个新的起点；最后整合简历，打翻以前经历针对定位点重新组建核心竞争力，利用合适的谋职技巧全面出击，定可取得成功。

案例2 职场"打杂工"

何小姐已经毕业5年了，年龄也到了28岁，目前是一家公司的行政人员。学机械设计的她刚毕业的前两年还换过工作，但自从做了三年行政事务后，她突然对自己失去信心了，感觉自己好像什么都不是了，也想跳出这个吃青春饭的圈子，但努力几次后好像都是因为自己没经验、能力也没有多少而失败。走到今天她终于意识到，在青春逝去的同时，自己的身价也在不断下跌，真不知道自己30岁应该怎么办？行政不做了该怎么办？

症状： 这类人士基本都处在生存状态中。虽然是在工作，但职位、薪水可能都看不到发展前途。每天工作无非就是一些琐碎、技术含量低的事情，可替代性非常强，更没有能力之分了。随着年龄的增大危机感越来越强烈，说不准哪天失业了，自己都不知道该怎么办，每天过着战战兢兢的日子。

点评： 行政人员俗称职场"打杂工"，也许有人这条路走得不错的，尤其是外企会更多些，但更多的人是拿这个职业当做自己的一个跳板，还有一部分是在自己没有出路时的暂时选择点，但如何突破一成不变而又不能带来核心竞争力的天花板呢？

建议： 针对何小姐的问题必须盘点以往的"打杂经历"，从中找出自己的专业竞争力，把以前的"打杂"通过盘点整合找准可持续发展的职业通道。何小姐年龄偏大，所以目前转换职业是她必须要做的选择，但应该转换到什么地方呢？首先必须找准自己的气质类型最适合做什么工作，因为行业不同、职业不同，对人才的要求相差极大，要知道适合自己的才是最好的。然后通过她的学历背景、职业能力、工作经历进行全面整合，最终确定适合的工作。

案例3 职业"停滞"族

王先生是一家私营企业的员工，原以为只要自己工作勤恳，怎么也能有所提升，但事与愿违，工作四年来除工资略有增加外，其他的都处于原地踏步状态。公司的职位已经饱和，晋升的机会几乎没有，薪水增加的可能也不大了，虽然王先生明白并不是每个人都会充分得到发展，但是失去了前进的动力，王先生接下来不免有种得过且过的思想。对自己工作的要求都放到了最低。可如此下去也不是办法，他究竟该如何做呢？

症状： 薪资上涨难，职业提升难，忽视了自身职业能力的提升，最后被市场淘汰了，才知道已经陷入了失业困境，是职业停滞一族的真实写照。

点评：作为职业停滞一族，是事业发展到瓶颈时期的综合疲劳症。这种症状的主要表现就是自信心不足，危机感加重，感觉前途渺茫。那么，如何来解决这一问题呢？首先，就是要作好停滞期的职业规划。整合自己的核心职业竞争力，进一步明确自己的职业定位，切忌因停滞而盲目。其次，进一步提升自己的职业竞争力，具体包括学历的提高、综合能力的提升。其中，综合能力包括沟通能力、管理能力、决断能力、学习能力等，这是判断你在工作的过程中是否可以达到相应高度的重要指标。再次，提高自己的心理承受能力，增强自信心，然后寻求合适机会彻底走出停滞地域，"机遇往往青睐长期有准备的人"。

建议：针对王先生的情况，从职业发展的持续性上考虑，需要转变自己的环境，因为从目前状况来看已经不能带来下一步持续性发展了，没有发展也不可能有稳定性。但如果转变自己的环境，王先生的年龄、学历、经验都促使他必须突破现有的路线去全面提升自己。改变职业发展路线的时候一定要慎重，如果没有经过全面的可行性评估，切不可轻率行事。

思考：看完以上三个案例，你有没有遇到或者曾经面临着同样的问题？有没有考虑过如何解决？

提醒：每个人都有可能面临职业瓶颈期的尴尬，如果遭遇咸鱼境地就必须要找准问题的所在点，然后通过各种手段去寻求解决，而不是坐以待毙。每一步的求职晋升、发展都必须要明确定位点，明白自己的目的究竟是什么，只有走适合自己的路才能为下一步发展打下一个良好的基础；反之，就是择业盲目性、职业转型迷茫性，都将导致求职晋升发展阶段性失败，给个人增大压力，浪费时间。

二、职业生涯规划的类型

按照规划的时间维度进行划分，职业生涯规划可分为近期规划、短期规划、中期规划、长期规划和人生规划5种类型。每种类型时间的长短没有明确的硬性规定，每个人可根据自己的实际情况划定。

（一）近期规划 即1年以内的职业生涯规划。主要是列出眼前应做的事情。

（二）短期规划 即2—5年内的职业生涯规划，规划的目的主要是确定近期目标，制订近期应完成的任务计划。

（三）中期规划 即5—10年内的职业生涯规划，规划目的是设定比较长远的目标，是最常用的一种职业生涯规划。

（四）长期规划 即10—20年的职业生涯规划。规划目的主要是设定更为长远的目标，以及为实现此目标而应采取的具体措施。

（五）人生规划 是对整个职业生涯的规划，时间跨度可长达40年左右。目的是确定整个人生的发展目标和阶梯。

在实际操作过程中，规划的时间跨度如果太长，会因为个人和环境的变化而难以预料和准确把握；但如果太短，规划就失去了意义和作用。因此，比较理想的职业生涯规划是中期规划，既便于根据自己的实际情况和外部环境设定可行目标，又便于随时根据现实的反馈进行修正或调整。

三、职业生涯规划的原则

职业生涯规划必须遵循一定的原则，良好的职业生涯规划应具备以下特点。

（一）可行性　规划要有事实依据，并非是美好的幻想和不着边际的梦想，否则只能是纸上谈兵。

（二）清晰性　保证目标与措施的清晰和明确，可以按部就班地具体实施计划以达成目标。

（三）适时性　规划中的各项措施与行动应该有明确的时间表，以便及时评估和修正。

（四）适应性　未来具有很强的不确定性，规划需要有一定弹性，能随着自身和环境的变化而适时调整。

（五）持续性　规划要考虑到生涯发展的整个历程，每个发展阶段应能持续地连贯衔接。

（六）长远性　规划应该从大方向着眼，制定尽可能的远期目标。

（七）挑战性　如果目标在原地踏步不前，则规划失去了原本的意义，也无法激励自己的努力。

四、职业生涯规划的意义

职业生涯规划可以帮助你更早地意识到自己的目标，帮助你更有效率地过每一天，更好地向人生的目标迈进。

第一，职业生涯规划可以帮助发掘自我潜能，增强个人实力。一份行之有效的职业生涯规划能够引导求职者正确认识自身的个性特质、现有与潜在的资源优势，帮助求职者重新对自己的价值进行定位并使其持续增值；能够引导求职者对自己的综合优势与劣势进行对比分析；能够使求职者树立明确的职业发展目标与职业理想；能够引导求职者评估个人目标与现实之间的差距；能够引导求职者前瞻与实际相结合的职业定位，搜索或发现新的或有潜力的职业机会；能够帮助求职者学会如何运用科学的方法采取可行的步骤与措施，不断增强的职业竞争力，实现职业目标与理想。

第二，职业生涯规划可以指导制定恰当的人生目标，增强发展的目的性与计划性，提升成功的机会。当你只是强烈地意识到：我需要为自己制定个目标了，这只是最开始的阶段，离最后目标的实现还有相当长的一段路要走。制定一个既符合自己特点，又满足社会需要，同时又能够实现的目标并非一件易事。有时，你会毫无头绪，不知从何下手；有时，你制定的目标太遥远，很难实现；还有时，目标又会太简单，对你几乎起不到促进作用。制定出恰当的目标需要对自己全面的了解，对外面世界趋势的把握，和掌握制定目标的技巧。在这方面，职业生涯规划就可以帮助你更好地了解自己，了解你所面对的外部世界。它会传授你基本的原理和思想，并在此基础上教你使用工具，掌握实用技巧。经过本书生涯规划的学习之后，你会发现：在制定人生目标的时候，你会有条理、有系统地针对自身特点，考虑外部环境，比较容易地制定出一个实际可行的目标。

【阅读材料三】目标对人生影响的跟踪调查

哈佛大学有一个非常著名的关于目标对人生影响的跟踪调查。该项调查的对象是一群智力、学历、环境等条件都差不多的年轻人。调查结果发现：27%的人，没有目标；60%的人，目标模糊；10%的人，有比较清晰的短期目标；3%的人，有十分清晰的长期目标。25年的跟踪调查结果表明，他们的生活状况十分有意思。那3%的人，25年来几乎都不曾更改过自己的人生目标，他们始终朝着同一个方向不懈地努力；25年后，他们几乎都成了社会各界顶尖成功人士，他们中不乏白手创业者、行业领袖、社会精英。那10%的人，大都生活在社会的中上层；他们的共同特点是，那些短期目标不断地被达到，生活质量稳步上升；他们成为各行各业不可缺少的专业人士，如医生、律师、工程师、高级主管等。那60%的人，几乎都生活在社会的中下层面；他们能安稳地生活与工作，但都没有什么特别的成绩。剩下的27%的人，他们几乎都生活在社会的最底层，他们的生活都过得很不如意，常常失业，靠社会救济，并且常常在抱怨他人，抱怨社会。

调查者因此得出结论：目标对人生有巨大的导向性作用。成功在一开始仅仅是一个选择。你选择什么样的目标，就会有什么样的成就，就会有什么样的人生。

第三，职业生涯规划可以提升应对竞争的能力。当今社会处在变革的时代，到处充满着激烈的竞争。物竞天择，适者生存。要想在这场激烈的竞争中脱颖而出并保持立于不败之地，必须设计好自己的职业生涯规划。这样才能做到心中有数，不打无准备之仗。而不少应届大学毕业生不是首先坐下来做好自己的职业生涯规划，而是拿着简历与求职书到处乱跑，总想会撞到好运气、找到好工作、走向好岗位。结果是浪费了大量的时间、精力与资金，到头来感叹招聘单位是有眼无珠，不能"慧眼识英雄"，叹息自己"英雄无用武之地"。这部分大学毕业生没有充分认识到职业生涯规划的意义与重要性，认为找到理想的工作只靠学识、能力、素质、业绩、耐心、关系、口才等条件，认为职业生涯规划纯属纸上谈兵，甚至是耽误时间，有那时间还不如多跑两家招聘单位呢。这是一种错误的理念，实际上未雨绸缪，先做好职业生涯规划，有了清晰的认识与明确的目标之后再把求职活动付诸实践，这样才更经济、更科学、更有效。

总之，职业生涯规划的目的是要突破障碍、激发潜能、实现自我。它提供了一些有效的方法或工具，可以养成一种能力，能在不同发展阶段都能对自己的过去、现在和未来有一个重新审视、评估的机会，并不断调整自己、修正可执行的计划，为自己的每一个人生阶段创造最大的成就感和满足感。正如大海中航行的船只需要目标一样，只有经过规划的职业人生，才有明确的方向和强大的动力。

五、职业生涯规划的基本步骤

职业生涯规划是一个有机的、动态的、逐步展开的过程,关键在于个人的职业目标和现实把握机遇的配合上。它包括如何在一个职业领域中得到发展,打算取得什么样的成就等问题。一般来说,一个人的职业生涯设计是在大学期间逐渐形成的。在充分考虑个人、环境和职业之间的基础上,职业生涯规划的基本步骤如下。

(一) 确定志向

志向是一个人为之奋斗的最终目标,是事业成功的基本前提。俗话说的好:"志不立,天下无可成之事。"纵观古今中外,立志是人生的起跑点,反映着一个人的理想、胸怀、情趣和价值观,对一个人的成就大小起着决定性的影响。所以首先要确定志向,这是制定职业生涯的关键。

【阅读材料四】信念值多少钱

罗杰·罗尔斯是纽约第五十三任州长,也是纽约历史上第一位黑人州长。他出生在纽约声名狼藉的大沙头贫民窟,那里环境肮脏,充满暴力,是吸毒者、流浪汉的聚集地。受环境的影响,许多孩子从小就逃学、打架、偷窃甚至吸毒。这里的孩子成年后很少有人获得较体面的职业,罗杰·罗尔斯是个例外。在他就任州长的记者招待会上,有个记者向他提了一个问题:"罗尔斯市长,您是如何登上市长宝座的?"罗尔斯对自己的奋斗史只字不提,他提起了一个大家非常陌生的名字——皮尔·保罗。

皮尔·保罗是罗尔斯的小学老师,他在1961年被聘为诺必塔小学的董事兼校长。当时正值美国嬉皮士流行的时代,皮尔·保罗走进大沙头诺必塔小学的时候,发现这儿的穷孩子比"迷惘的一代"还要无所事事:他们不与老师合作,他们旷课、斗殴,甚至砸烂教室的黑板。皮尔·保罗想了很多方法引导他们,但是没有一个是有效的。后来他发现这里的孩子很迷信,于是他想出了一条妙计——帮孩子看手相,鼓励学生学习。当罗尔斯从窗台上跳下来,伸着小手走向讲台,请皮尔·保罗给他看相。皮尔·保罗对他说:"我一看你修长的小拇指就知道,将来你是纽约州的州长"。罗尔斯大吃一惊,长这么大只有奶奶让他振奋过一次,说他可以成为5吨重的小船的船长。这一次,皮尔·保罗先生竟说他可以成为纽约州的州长!他记住了这句话,并且相信了它。从那天起,"成为纽约州的州长"成了他人生道路上的一面旗帜。他的衣服不再满是泥土,说话不再夹杂污言秽语,他成了班主席。在以后的40多年里,他没有一天不按州长的身份要求自己,51岁那年,罗尔斯真的成了州长。

在他的就职演说中有这样一段话:信念值多少钱?也许他不值钱,因为他可能是一个善意的欺骗!但是即使是欺骗,也会因为你的艰辛和坚持,而成为无价之宝。在这个世界上,信念这种东西任何人都可以免费获得,所有成功者最初都是从一个小小的信念开始的。

启示:有时,一个人的自信是通过他人一句由衷的赞扬而获得的。最残酷的伤害是对一个人自信心的伤害,最大的帮助是给人以信任和赞美。因此,不论你的学生现在是多么的"差",都要多鼓励学生,充分树立起他们的自信,学生才能步入成功的殿堂。

(二)自我认知

自我认知,就是对自己作全面分析,通过分析,认识自己,了解自己,发掘自己,激发自己。因为只有认识了自己,才能对自己的职业作出正确的选择,才能选定适合自己发展的职业生涯路径,才能对自己的职业生涯目标作出最佳抉择。自我认知的内容包括自己的兴趣、特长、学识、技能、智商、情商以及组织管理、协调、活动能力等。

【阅读材料五】留一只眼睛看自己

日本近代有两位一流的剑客:一位是宫本武藏,另一位是柳生又寿郎。宫本是柳生的师父。当年,柳生拜师学艺时,宫本全然没有柳生想象中剑侠那种气贯云天的豪迈样子,只不过是一个相貌平平的人而已。

柳生:"大师这样的身板,如何能仗剑胜过那些身高力强的强盗呢?"

宫本:(笑笑说):"柳条虽柔,你见过暴风吹折过柳条的吗?"

柳生:(顿生敬畏。刚学不久,柳生有些心浮气躁,恨不得自己一下子就能成为剑侠,然后去实现自己的愿望。他走到师父面前,踢了踢自己健壮的腿脚,又伸了伸自己有力的胳膊问):"师父,根据我的资质和条件,要练多久才能成为一流的剑客?"

宫本:(头也没抬)"最少要十年。"

柳生:(柳生有些失望)"假如我加倍苦练呢?"

宫本:(淡淡一笑)"那就要二十年。"

柳生:(柳生有些不解,一脸狐疑地问):"假如我晚上不睡觉,夜以继日地苦练呢?"

宫本:"那你必死无疑,根本不可能成为一流剑客。"

柳生:(柳生觉得师父是不是已经老糊涂了):"人不都是靠勤奋努力才会进步得更快,怎么我越努力,却需要的时间越长呢?"

宫本:"一个人不是剑法炉火纯青就能成为一名一流剑客的,要当一流剑客,双眼只盯着剑技、剑法是不行的,必须留一只眼睛注视自己,不断反省自己,不断地寻找、弥补自己的不足,只有这样才能进步得更快,如果像你说的那样一味练剑,你哪里还有眼睛注视自己呢?若不自省,即便你练得再勤奋、再刻苦,也很难成为一名一流的剑客。"

柳生:满头大汗,当场开悟,并最终成为一名一流剑客。

启示:剑道如此,人生亦然。只有经常反省自己的人,才能知道自己的优点和缺点,并不断地自我完善,找准自己的人生方向,进而走向成功;人生如同一块天然矿石,只有把自己身上的污垢去掉,才能凸显自己的价值。如果一个人用两只充满欲望的眼睛紧盯着一个目标,心灵就很容易受蒙蔽,看不清自身存在的问题和周围环境的变化，失败和挫折就在所难免。

（三）职业生涯机会的评估

职业生涯机会的评估主要是评估各种环境因素对自己职业生涯发展的影响和当今社会上实际存在的职业岗位。在设计个人的职业生涯时，要分析环境条件的特点、环境的发展变化、自己与环境的关系、自己在这个环境中的地位、环境对自己提出的要求以及环境对自己有利的条件与不利的因素等。只有对上述环境因素有了充分了解，才能做到在复杂的环境中避害趋利，职业生涯规划也才具有实际意义。

环境因素评估主要包括组织环境、社会环境、经济环境。

（四）职业选择

一个人的职业选择恰当与否，关系到其职业意愿，兴趣能否得到满足；关系到其才能是否得到充分发挥；关系到其岗位的工作状况；关系到其一生的生活道路。俗话说："女怕嫁错郎，男怕选错行"。在自我认知和生涯机会评估的基础上，充分考虑性格与职业、兴趣与职业、特长与职业、内外环境与职业相适应，选择与自己适合的职业、选择职业，最好的不如最合适的；最合适的才是最好的。

【阅读材料六】最好的不如合适的

一天，大象找到统管动物世界的山神，要求在动物世界中找点事情干。山神说："现在动物世界中最好的职位空缺是宰相，其地位和权力仅次于大王一职。我很信任你，就去担任宰相一职吧。"

不料大象却说："我不想当宰相。"山神很生气，心想，给个宰相都不愿意当，太牛气了。于是他说："你就去担任开荒大臣一职吧，爱干不干。"

"太好了。"大象高兴极了，"我一定会干好的，请你放心吧。"于是他痛快地接受了这一职位。山神想：真是怪事，大家都觉得开荒大臣是最苦最脏的差事，谁都不愿意干。大象是中了哪门子邪了，放着高高在上的宰相不当，却自讨苦吃。

大象当上了开荒大臣之后，就紧锣密鼓地组织动物们去开荒。他力气非常大，又长着又长又好用的大鼻子，正好派上了用场。在开荒过程中，他总是身先士卒，处处冲在前面，为大家作出了榜样。大家团结一心，很快就将一片荒坡变成了良田，并种上了多种庄稼。秋后，庄稼丰收了，动物世界的粮仓被装得满满的。

大象的出色表现，让动物们心服口服。它们对大象肃然起敬。大家都说大象为动物世界作出了突出贡献。大象声望和影响越来越大。大象成了动物世界中最为优秀的大臣。大象感到十分高兴。他觉得，以自己的真本领为动物世界做点有益的事情，那是一种快乐和享受呀。他心中充满了成就感和自豪感。

山神被大象的精神所感染，于是他找大象谈话。大象道出了心中的想法："在我看来，找职业，最好不如合适。宰相一职，虽然是很好的职位，但我干起来并不胜任，自己会感到很累而且很痛苦，还不会得到其他动物的认可和肯定。那才是费力不得好呢。而开荒是我的特长，我干正合适。所以，我认为自己的选择是十分明智的。"

山神听完了这番话，心悦诚服。

多年以后，大象当上了动物世界的宰相。此时，大象已练就了高超的组织管理能力并具备了相当高的威信和资历。他把动物世界治理得井井有条，一片繁荣。

一谈起大象，山神总是赞不绝口："大象是世界上最聪明的动物。"

启示：别人眼中最好的位置，不一定就是适合自己的，而自己觉得适合的位置才是最好的。人生需要经营，把方向定在经营自己的长处上，能让自己不断的升值；而把努力放在经营自己的短处上就会让你不断贬值。

（五）职业生涯路径的选择

一个人选择职业后，还要考虑向哪一条路径发展，即考虑自己是向行政管理发展，还是向专业技术发展；是先走专业技术路线，再转向行政管理路线，还是先走行政管理路线，再转向专业技术路线……由于路径不同，对职业发展的要求也不相同。即使是同一职业，职业发展要求也是不同的，有的人适合从事行政，有的人擅长研究技术，有的人适合公关销售。作出职业生涯路径的选择，以便使自己的学习、工作以及各种行动措施沿着你的选择和预定方向快速前进。

（六）设定职业生涯目标

生涯目标的设定，是职业生涯规划的核心。一个人事业的成败，很大程度上取决于有无正确的、恰当的目标。没有目标如同驶入茫茫大海的孤舟，不知道自己走向何方。目标的设定，是继职业选择、路径确定后人生目标的抉择，其依据是自己的最佳才能、最佳性格、最大兴趣、最有利的环境，可分为短期目标、中期目标、长期目标。

（七）制订行动计划与措施

在确定了职业生涯目标后，行动便成了关键。没有达成目标的行为，目标就难以实现，也就谈不上事业的成功。所谓行动，是指落实目标的具体措施，主要包括工作、训练、教育、构建人际关系网、谋求晋升等方面的措施。例如，为达成目标，在工作方面，计划采取什么措施来提高工作效益，保证工作质量；在业务素质方面，计划学习哪些知识，掌握哪些技能，提高业务能力等。这些一定要有具体的计划、明确的措施，并且这些计划要周密细致，切实具体，并要定期检查、落实。

（八）评估与反馈

评估与反馈是指达到职业生涯目标的过程中自觉地总结经验和教训，修正自我认知和职业目标，调整行动计划。在人生的发展阶段，由于社会环境的变化，自身能力的提高，诸多不确定因素的存在，原来规划好的路径、目标和行动计划等与现实实际存在偏差，这时就需要对原定的生涯路径、生涯目标和计划重新进行评估；根据反馈的信息作出适当的调整，以更好地符合自身发展和社会发展需要。它是个人对自己不断认识的过程，是对社会不断认识的过程，也是使职业生涯规划更加有效、更加科学的手段。评估和反馈的内容包括：职业的重新选择、职业生涯路径的选择、人生目标的修正、正确措施与计划的变更。

【阅读材料七】职业生涯的12种常见误区

(1) 总觉得自己不够好　改进建议：科学认识自我，增强自信心。

(2) 非黑即白看世界　改进建议：增强与他人的沟通，尤其要学会倾听，以了解不同的思想，不妨尝试一下中庸之道。

(3) 无止境的追求卓越　改进建议：克服完美主义倾向，学习宽容和善待自己及他人。

(4) 无条件的回避冲突　改进建议："冲突"也是一种有效的沟通，思想碰撞产生的火花往往会非常灿烂。

(5) 成为强横压制反对者　改进建议：学会与他人沟通的技巧，避免树敌过多。

(6) 天生喜欢引人注目　改进建议：客观地看待自己，学会欣赏自己。

(7) 被困难"绳捆索绑"　改进建议：认识和发挥自己的潜力；做好充分准备，未雨绸缪。

(8) 过分自信，急于成功　改进建议：客观地评价自我，肯定自我。

(9) 较少换位思考　改进建议：增强与他人沟通，学会推己及人，体谅他人感受。

(10) 不懂装懂　改进建议：学会脚踏实地的精神，设法提升自己的能力。

(11) 管不住自己的嘴巴　改进建议：时刻提醒自己：少说多做，言多必失，祸从口出。

(12) 我的路到底对不对？　改进建议：坚定自己选择的方向，实施目标管理，在过程中体会成就感。

【与你共勉】

　　成功来源于选择　动力来源于梦想
　　成长来源于学习　运气来源于行动
　　强大来源于合作　收获来源于付出
　　管理来源于人格　辉煌来源于持久

第四节　职业资格

一、职业资格

职业资格是对从事某一职业所必备的学识、技术和能力的基本要求。职业资格包括准入类和水平评价类。2017年，经国务院、人力资源和社会保障部印发《关于公布国家职业资格目录的通知》，公布国家职业资格目录，共计140项，其中专业技术人员职业资格 59 项，含准入类 36 项，水平评价类 23 项；技能人员职业资格 81 项，含准入类 5 项，水平评价类 76 项。这些职业资格基本涵盖了经济、教育、卫生、司法、环保、建设、交通等国家重要的行业领域，符合国家职业资格设置的条件和要求。

2013 年以来，人力资源和社会保障部按照国务院要求，连续 7 批集中取消 434 项职业资格许可和认定事项，削减比例达 70% 以上，进一步降低了就业创业门槛，有力推动了大众创业、万众创新，社会感受明显。在此基础上，人力资源和社会保障部经与各有关部门反复协商并报国务院批准，公布了国家职业资格目录，初步形成了我国职业资格目录框架。

建立公开、科学、规范的职业资格目录，有利于明确政府管理的职业资格范围，解决职业资格过多过滥问题，降低就业创业门槛；有利于进一步清理违规考试、鉴定、培训、发证等活动，减轻人才负担，对于提高职业资格设置管理的科学化、规范化水平，持续激发市场主体创造活力，推进供给侧结构性改革具有重要意义。

二、分类与等级

（一）准入类职业资格

准入类就是持证上岗。准入类职业资格关系公共利益及国家安全、公共安全、人身健康、生命财产安全，均有法律法规或者国务院决定作为依据。所谓准入类职业资格，是指对从事一些比较复杂或特殊技术工种的劳动者，包括职业院校毕业生，必须经过培训，并取得职业资格证书后，方可就业上岗。换言之，无此类证书，不得上此类岗位工作。

目前准入类职业资格简单可分为注册类资格（注册会计师，注册结构工程师，注册安全员），执业类资格（执业医师，执业律师，大法官，大检察官，执业中医师，执业护士，公务员），许可类资格（教师证，钳工证，焊工证，证券从业类，保险类）。其他未特别强调的可参照相关行业的职业资格，或无一定的职业资格要求（农民，捡垃圾，环卫工）。

准入类职业资格分别由国务院、人力资源和社会保障部门通过学历认定、资格考试、专家评定、职业技能鉴定等方式进行评价，对合格者授予国家职业资格证书。从业资格通过学历认定或考试取得。执业资格通过考试方法取得。不同类的职业资格准入取得方式不同，有的要求必须通过全国（全省、全市）性统一考试，有的无要求。有的甚至要求取得资格证书前必须在相关行业类从事相关工作一定的时间（律师，医师）。

准入类职业资格没有明确的等级划分，只是各项证书之间有所区别。比如，注册建造师分为一级和二级，注册监理工程师不分等级。

（二）水平评价类职业资格

水平评价类职业资格代表从业者的水平和业务能力。水平评价类职业资格，其所涉职业（工种）具有较强的专业性和社会通用性，技术技能要求较高，行业管理和人才队伍建设确实需要。

1. 专业技能职业资格

水平评价类专业技能职业资格分为五个等级，从高到低依次为高级技师、技师、高级技能、中级技能和初级技能。其框架结构如下。

根据原劳动和社会保障部制定的《国家职业标准制定技术规程》的规定，各等级的具体标准为：

国家职业资格五级（初级技能）：能够运用基本技能独立完成本职业的常规工作。

国家职业资格四级（中级技能）：能够熟练运用基本技能独立完成本职业的常规工作；并在特定情况下，能够运用专门技能完成较为复杂的工作；能够与他人进行合作。取得中级技能（中级工）资格，相当于技术员待遇。

国家职业资格三级（高级技能）：能够熟练运用基本技能和专门技能完成较为复杂的工作；包括完成部分非常规性工作；能够独立处理工作中出现的问题；能指导他人进行工作或协助培训一般操作人员。取得高级技能（高级工）资格，相当于助理工程师待遇。

国家职业资格二级（技师）：能够熟练运用基本技能和专门技能完成较为复杂的、非常规性的工作；掌握本职业的关键操作技能技术；能够独立处理和解决技术或工艺问题；在操作技能技术方面有创新；能组织指导他人进行工作；能培训一般操作人员；具有一定的管理能力。取得技师资格，相当于工程师待遇。

国家职业资格一级（高级技师）：能够熟练运用基本技能和特殊技能在本职业的各个领域完成复杂的、非常规性的工作；熟练掌握本职业的关键操作技能技术；能够独立处理和解决高难度的技术或工艺问题；在技术攻关、工艺革新和技术改革方面有创新；能组织开展技术改造、技术革新和进行专业技术培训；具有管理能力。取得高级技师资格，相当于高级工程师待遇。

2. 专业技术职业资格

专业技术人员职业资格是对从事某一职业所必备的学识、技术和能力的基本要求。当前，我国的水平评价类专业技术资格由人力资源与社会保障部负责资格评价和证书的核发与管理。专业技术人员职称，称为专业技术资格。职称分为初级职称（员级，助理级），中级职称，高级职称（副高级，正高级）。

依据国家职业标准，有些职业可不设立高等级或低等级。

国家职业资格目录见附录一。

第二章 职业选择

第一节 职业理想

俄罗斯大文豪托尔斯泰曾经说过,理想是指明灯,没有理想就没有坚定的方向,没有方向就没有美好的生活。理想是人们生活中不可或缺的内容。职业理想是理想的重要组成部分,它指导着人们的职业价值观和择业行为。树立正确的职业理想,对于正确处理择业问题和正确对待职业生涯无疑具有重要意义。

一、职业理想

古人云:"凡事预则立,不预则废。"这里所谓的"预"实际上就是计划、规划的意思。事实也证明,有很多人由于对自己的职业生涯毫无规划,人生的每一步都没有明确的目标,最终导致了事业的失败。而失败的原因并非是他们没有才华,没有知识,而是他们没有设计和采用最适合他们成长和发展的职业生涯规划。

什么是职业理想?职业理想,是社会历史发展的产物,是指个体在一定的世界观、人生观和价值指导下,对自己未来所从事的职业和发展目标作出的想象和设计。简言之,就是人们对未来工作的专业、部门、种类和事业成就大小的向往与追求,是个人的专业知识与能力、兴趣和职业激情三大要素为基础。职业理想属于社会意识范畴,是一定社会生产方式、职业地位、职业声望在人们头脑中的反映。职业理想的设定,要以自己的最佳才能、最大兴趣和最有利的环境等信息为依据,通常分为短期目标、中期目标、长期目标和人生目标。

(一) 短期目标

短期目标一般为一两年内的目标,是中期目标和长期目标的具体化、现实化和可操作化,是最清楚的目标。短期目标又分为日目标、周目标、月目标和年目标。

短期目标的确立有可能是自己选择的,也可能是企业或上级安排的、被动接受的,但短期目标应明确规定具体的完成时间,切合实际,具备可操作性,并且它是服从于中期目标的。

（二）中期目标

中期目标一般为三五年内的目标，中期目标相对于长期目标要具体一些，如参加一些旨在提高技术水平的培训并获得证书等。中期目标与长期目标是保持一致的，是结合自己的意愿和企业的环境及要求来设定的目标，有比较明确的实践，并且可以作出适当的调整，一定程度上有部分量化指标。

（三）长期目标

长期目标一般为五到十年内的目标，它通常比较抽象、不具体，可能随着企业内外部形势的变化而变化。长期目标的确立应该是非常符合自己的价值观，并与社会的发展需求相结合，虽然没有明确规定实现的时间，但是在一定范围内是可能实现的，极具挑战性。

（四）人生目标

对一般人来说，从23岁大学毕业开始到60岁退休，期间将有近四十年的工作时间。人生目标是指成年后的整个人生的发展目标，时间跨度有四十年左右。

一般来说，短期目标服从于中期目标、中期目标服从于长期目标、长期目标服从于人生目标。具体实施目标，通常是从具体的、短期的目标开始的。

二、职业理想的特点

职业理想的基本特征是社会性、时代性、阶级性、发展性、个体差异性。

（一）社会性

职业理想的社会性是由人的社会性决定的，人们提出职业理想是在一定的社会形态和社会条件下形成的，实现职业理想一定程度上依赖特定的社会条件，取决于一定的社会因素，比如，毕业生的双向选择是在社会市场经济的条件下产生的，与计划经济下的选择是大不相同的。因此，职业理想的实现过程也是其社会活动的过程。

（二）时代性

任何时代的职业理想都受其所处的社会生产方式的发展水平的制约。生产方式越发达，社会经济越发达，社会分工越精细，职业种类就越多。科学技术越发达，职业演化的速度就越快，人们选择职业的机会就越多，人们实现职业理想的可能性就越大。职业理想的发展是在历史的发展过程中，总是源于历史但是又高于社会现实。

（三）阶级性

职业理想是社会意识的主要组成部分，因而必然受到社会中不同阶级意志的影响，不同阶级的职业理想必然反映其所代表的阶级利益和要求。社会主义条件下，形成以社会为本位的职业理想，以为人民服务、为他人、为社会作贡献为目的，与此相符合的职业同时赢得了社会的尊重。社会对某种职业的尊重程度，一定程度上影响着人们的择业兴趣和行为。

（四）发展性

职业理想的发展性是随着人们年龄的增长、阅历的增加而逐渐由朦胧幻想变为现实，由波动变化趋于稳定。儿童时代的职业理想大多是浪漫的幻想；到中学阶段随着知识的不断增加和社会阅历的不断丰富，现实成分逐步增多；到大学阶段职业理想越来越清晰，但仍存在朦胧与波动的色彩；而到中年阶段人们的职业理想大多已稳定下来。

（五）个体差异性

职业理想源于现实，但又存在鲜明的个性特点。其一是学生自身的政治思想觉悟、道德修养水平及人生观决定着其职业理想方向；其二是本身的知识结构、能力水平影响着人们对职业理想的追求；其三是个人的性格、气质、情感、意志等非智力因素影响着人们的职业理想的形成；其四是性别、身体等生理因素使得职业理想的选择存在差异。

三、职业理想的作用和意义

职业理想是人生职业活动的目标和指南。科学的职业理想是一个人成就事业，为社会作出贡献的内在精神力量，职业理想对人生具有重大的影响作用。**职业理想是人们实现职业愿望的精神支柱和力量源泉**。职业理想可以坚定职业信仰，提高对本职工作的认识，增加工作积极性。职业信仰是指人们对自己的职业极度尊崇和信服，终生深信不疑，执著追求的一种精神，职业理想能持续不断地鞭策人们在本职岗位上尽心尽力，勤奋工作。**职业理想能强化职业情感，增加职业活动的自觉性**。职业情感是人们对自己本职工作的情绪体验，包括职业荣誉感和职业幸福感，是职业意识产生的基础。职业理想可以激发职业情感，会使人时时处处为职业目的着想，并形成一种持久的自觉意识。**职业理想可以巩固职业意志，是事业成功的保证**。职业意志是从业者在工作过程中表现出来的克服困难，顽强奋斗的坚持精神。职业理想可强化职业意志，激励从业者兢兢业业，持之以恒。**职业理想调整人的职业行为**。良好的职业行为，能大大提高工作效率，保证职业目标的圆满实现，职业理想能促使形成良好的职业行为，对职业活动有保证和促进作用。**职业理想是实现个人事业理想、生活理想和社会理想的桥梁**。总之，科学的职业理想能充分地调动自己的积极性、创造性和工作热情。最大限度地发挥自己的工作热情，多作贡献，使自己的人生价值得到最充分的实现。

四、职业理想的定位

（一）明确职业理想是作出正确的职业选择的前提

职业理想是人生理想的重要组成部分。明确职业理想，是找到理想职业的前提。

不少学生求职择业都存在一个问题，就是将职业理想与理想职业混为一谈，把一般意义上的理想职业称为职业理想，既没有明确的职业理想，也不能选准自己的理想职业。其实，理想职业有其特定内涵，不同于一般意义上的职业理想。职业理想强调的是理想，而理想职业则强调能力、理想与岗位的结合，只有当个人能力、职业理想与职业岗位最佳结合时，这个职业才是理想职业。每个人对职业的认识不同，职业理想各异，所认同的理想职业也不同。正如古人所言：人弃我取，人取我弃；三百六十行，行行出状元。

对即将毕业的学生来说，职业理想与理想职业的矛盾会经常发生。面对这种情况，既不要怨天尤人，也不要心灰意冷，而要冷静面对，要认真分析自己的职业理想是否符合自身实际。职业理想虽然因人而异，但有一点是共同的，就是它的确定必须以个人能力为依据。因此，毕业生在择业前一定要正确评估自己，给自己一个合理的定位，树立正确的职业理想，并为实现这一理想而不懈奋斗。

（二）作出正确的职业选择是实现职业理想的第一步

明确职业理想之后，要为实现职业理想而确定自己的理想职业，寻找职业理想在现实社会中的落脚点。

理想职业的选择是一个持续的过程，并不能一蹴而就。有的同学会认为，管他什么工作，只要工资高就行。许多人选择职业，只注重收入，而不管是什么样的工作，对自己想干什么、能干什么并不考虑，认为收入高的职业就是理想职业。由于择业盲目，结果干一阵之后，发现自己并不喜欢这项工作，又不想干了，只好重新择业，人为延长择业期。这是职业理想模糊的表现。其实，高收入职业并不等于理想职业，追求高收入职业，只是实现职业理想的最低层次。职业理想有三个层次：一是谋生手段，把职业当成"饭碗"，主要关注收入情况；二是满足个人兴趣，主要关注个人的满足感，没有涉及社会理想的境界；三是把职业作为创业、创造和为人类作贡献的手段，这是最高境界。

在实际生活中，职业选择与职业理想往往发生矛盾，很多人不能及时按自己的理想标准找到职业。于是，有人索性不就业，坐等理想职业的出现；有人随便找个有收入的职业混日子；也有人对不合自己职业理想的工作不断抱怨。其根源在于：没有正确认识职业理想与现实、与理想职业的关系。当一个人的职业生涯并非一帆风顺时，反而往往可以更好地锻炼其他方面的能力。

学生毕业后的头两年，人们大多会感到现实与理想的落差很大。这段时期被称为"职业探索期"。在这段时间里，职业理想与现实冲突很正常。我们应该利用这段时间积累经验，并通过增强对自己兴趣、能力等方面的认识，调整职业理想，积极寻找机会，为自己的长远发展奠定基础。同时，先就业，后择业；如果希望的岗位已无空缺，而又需要尽快就业，不妨降低一点要求。因为不进入职业状态，就没有实现职业理想的可能。而就业以后，还可以再努力向自己的职业理想靠近。

| 案例1 |

毕业生小王来自一个偏僻的小县城，直到毕业一年后他还未落实工作单位。有一次朋友参加国家医药管理局的供需见面协调会，顺便将他的应聘材料带去帮他落实单位。刚好小王所在的县城有一家制药厂要他，专业对口，又是家乡，然而他本人的择业意向却是：单位地点必须在省城，至于到省城的什么单位、具体做什么工作都无关紧要，除此以外，什么单位都不考虑。在这种心态下，结果自然难以如愿。

案例分析：小王的思想在当前毕业生的择业过程中具有一定的代表性。不少毕业生过于向往经济发达地区，尤其是沿海地区的中心城市，最低的期望也是回自己家乡所在地的中心城市。他们只注重经济文化发达、工作环境优越的一面而忽视了人才济济、相对过剩的一面；择业期望值居高不下，甚至还有逐年上升的趋势，从而导致主观愿望与现实需求之间的巨大落差。

像小王这样过分看重单位所在地的毕业生不在少数。抽样问卷调查显示，在衡量单位是否符合自己的标准时，有92%的毕业生要选择效益好、工资高的单位，超过85%的毕业生要求单位地处大中城市，愿意到急需人才的边远地区和艰苦行业的毕业生仅占2%。

第二节 择业观念

一、择业观念

择业观，通常是指人们对职业选择的基本看法。择业观对人们的求职、择业、就业准备等多个方面都有直接的影响。择业观的形成往往受三个因素的影响：经济收入、个人价值、社会价值。

经济收入是职业选择的基础因素。人们在选择职业时，会把经济收入的高低作为一项重要指标，一般都喜欢高薪的职业。职业是以付出劳动、获得报酬为主要形式的，因此，在一定范围内，追求合理的经济回报无可厚非。但重要的一点是，经济上的回报应该与所付出的劳动相适应，脱离这一点，片面追求高的经济收入则会适得其反。

人们都希望能够通过职业生涯发挥个人的聪明才智，使自己的个人价值能够得到充分的体现。因此，在选择职业时，往往会考虑哪个行业、哪个工作岗位更符合自己的兴趣爱好、特长更能发挥自己的才华，人们往往会偏爱这样的岗位和职业。有的人更是渴望"独闯江湖，建功立业"，干一番"自己的事业"以实现自己的个人价值，这一因素是人们选择职业的较高因素。

个人价值的实现，与社会价值的实现密不可分的。只有把社会需要放在优先位置，以事业为重，个人服从国家需要，到国家、社会最需要的工作岗位上去，为国家的发展、社会的进步、经济的繁荣作出自己应有的贡献，才能真正实现我们自己的人生价值。因此，社会价值是人们选择职业的最高追求。

二、择业观念影响因素

21世纪是充满机遇和挑战的时代，是实现中华民族伟大复兴的时代，也是竞争更加激烈的时代。求职择业是每个人面临的人生重大课题之一，也是每个大学毕业生最关注的问题。

事实上，毕业生就业难已经是一个不争的事实！如何应对就业压力是一个严峻的考验。严峻形势之下两大因素不容忽视：一是国家宏观调控的力度进一步增大，使得一些基础建设、能源、钢铁等行业供求关系发生变化，这必将影响这些行业对毕业生的需求；二是人民币升值和金融风险压力增大，这对纺织、服装等传统劳动密集型出口企业的用人带来影响；同时，毕业生就业结构性矛盾依然存在。从地区看，东部省市吸纳了全国50%以上的毕业生，而西部不足20%；从学历看，高职高专毕业生仍然是就业的难点和重点；从学科专业看，工科和应用性较强的学科专业就业形势较好，而一些文科专业就业出现困难。但更大程度上就业与每个个体求职者自身的因素直接相关。调查显示：目前毕业生中仅有12%的人了解自己的个性、兴趣和能力；18%的人清楚自己职业发展面临的优势与劣势；只有16%的人知道自己喜欢和不喜欢的职业是什么。

大量调查表明，目前毕业生的不良择业主要表现在以下几个方面。

① 不了解就业政策，不清楚就业形势，是"等、靠、要"就业思想的根源。随着经济体制改革的不断深入，企业用工形式发生了根本性变革，就业政策从政府规划企业安置的模式转变为"自谋职业，自主创业"，依靠政府、企业不再是解决就业问题的主要方式。从当前总的就业形势来看，劳动力市场供大于求的矛盾在不断加剧。随着生产现代化水平的不断提高，企业用工量锐减，面向社会大批量招工已不可能。但是，现在还有相当一部分毕业生，仍然死守着"等企业招工"的想法。

② 不切实际的自我价值评价，是"高不成，低不就"的择业心态形成的直接原因。初出校门的毕业生，社会阅历浅，没有多少工作经验。但在求职过程中还往往过高地估计自己的"实力"，觉得自己干什么工作都行，对用工单位挑来拣去，这儿也不行，那儿也不去，有了自己想要的工作岗位，又因个人综合条件达不到用工单位的要求而被拒之门外，想去去不了。

③ 自身的惰性和父母的庇护，是不愿外出就业创业的一个不可忽视的因素。不少毕业生虽有一定的竞争意识，但缺少竞争的勇气，当真正面对竞争时，要么畏首畏尾、疑虑重重，要么"等、靠、要"，依然认为学校、社会甚至家长给自己安排一份如意的工作是理所当然的事情，一旦要自己找工作，就满腹牢骚、怨天尤人。外出就业创业，就意味远离父母、远离亲人，就要流汗吃苦。现在大部分高校毕业生都是独生子女，从小在父母的悉心照料下长大，缺少社会历练，一方面自己不敢出去，怕吃

苦、怕受累，另一方面父母不舍得孩子自己出去，"只要父母能养得起，就不让孩子出去干"就是这部分家长的真实想法。因此，有的毕业生把外出务工当成了旅游，有的毕业生在父母"不想干就回来"的叮嘱下稍有不顺就打道回府。

> **案例 2**
>
> 在学校 2017 年 3 月份举办的小型招聘会上，毕业生小李的父母在招聘会尚未开始时，就早早地到会场打听单位的情况。招聘会开始很久以后，小李才姗姗来迟，并由家长陪同前往用人单位摊位前面谈。面谈过程中，小李发言的时间还没有其父母多，结果谈了一家又一家，最终仍一无所获。
>
> **案例分析**：小李的问题出在择业过程中过分依赖他人，其实，依赖他人是难以选择到一份满意的工作的。现在的毕业生中，独生子女所占的比例越来越大，他们的生活一帆风顺，没有经历过什么波折，再加上父母亲的过分呵护，客观上也扼杀了他们的主见，造成他们自我意识模糊，在择业中常会茫然不知所措，自己独立进行择业决策的能力差，以致在人才市场上，父母代替子女、亲友代替本人与用人单位洽谈的场面屡见不鲜。难怪有用人单位对依赖性过强的毕业生说："你本人都要靠别人来推销，企业还能靠你来推销产品吗？"

④ 过分看重职业稳定。毕业生求职择业，追求职业稳定的心情是可以理解的，但把职业稳定绝对化，将其视为择业的唯一标准，把任何具有风险的职业都排除在选择范围之外，这恰恰是择业问题上的一大误区。殊不知高风险与高收益、高价值往往成正比，而现实中，不少已毕业的人因过分看重职业稳定而遗憾、后悔。

⑤ 专业对口观。部分毕业生片面理解专业对口的含义，把专业教育等同于职业教育甚至是工种教育，因而过分强调"工种对口"，对大量工作机会冷然相对、漠不关心，往往错失良机。

⑥ 毕业即失业的"求职"观。抽样调查的结果显示，部分毕业生把"毕业即失业"作为劳动力市场的常态，习惯于从求职的字面意义去理解求职过程，把求职简单地归结为一个"求"字，即请求、恳求对方给予自己一个就业岗位，因而往往把自己置于消极被动的不平等地位。而一旦求职未果，就心灰意冷，沮丧气馁。

⑦ 盲目择业观。有的毕业生认为求职过程就是简单地递交一份简历，然后回答用人单位的几个问题，就万事大吉了。还有的毕业生不开展市场调查，不问用人单位的要求，也不了解自己的兴趣爱好与特长，一味高标准、高代价地包装自己，一旦超负荷的投入换来低效益的产出，就焦虑不安，心理严重失衡，部分经济困难的学生甚至出现压抑、绝望的心理状态。

⑧ "职业自我"与"生活自我"的同一性择业观。不少毕业生在求职过程中，刻意把生活中的形象呈现在用人单位的面前，追求一个"完全自由、无拘无束"的自我，以为会给用人单位留下一个个性鲜明的好形象，殊不知，这样会失去很好的工作机会。

| 案例 3 |

　　毕业生小张口才不错,在与用人单位代表面谈时自我感觉良好。一番海阔天空的高谈阔论以后,当对方问他的个人爱好是什么时,他竟得意洋洋地宣称是"游山玩水",结果被用人单位毫不犹豫地拒之门外。

　　案例分析: 小张的失败是典型的自负心理造成的。自负在心理学上指过高地估计个人的能力,从而失去自知之明。在这种心理的支配下,不少毕业生在求职择业过程中,总是自以为是;自负自傲,自以为自己什么都懂,什么都会,夸夸其谈,胡吹海侃,结果留给用人单位的是浮躁、不踏实的印象。试想,有哪家单位肯要一个不知天高地厚、自命不凡、眼高手低的毕业生呢?

　　⑨ 知识与素质能力等同观。中国现行教育体制下,长期的应试教育使不少毕业生不能正确理解知识与能力、素质的关系。部分毕业生认为,考分较高的学生就理所当然地应该找到较为理想的工作,因此,部分成绩较高的学生不自觉地就对就业抱有较高的期望,结果期望越高,失望越大,痛苦越深。知识不能等同于能力与素质,现实中高分低能者不乏其人。

三、择业观念的建立

　　中国的贤哲说:人贵有自知之明。意思是能清醒地认识自己对待自己,是最明智、最难能可贵的。清楚地认识自己对于我们每一个人来说都非常重要,如果一个人能对自我有一个全面、正确的认识和评价,就能扬长避短,取长补短,从而控制自己、改变自己、完善自己,就能根据自己的实际情况,选择相应的目标为之努力奋斗。想认清自己,唯有通过心中的那面镜子,正视自己的内心。

　　第一步:深刻了解自我

　　知人者智,自知者明。知己知彼,百战不殆。职业心理学的研究认为,正确认识自己是求职择业的重要前提。只有对本人情况有了正确认识和评价之后,才能从自身实际出发去谋求成功。

　　正确看待自己,既包括认识自己的兴趣、气质、性格和能力,也包括认识自己的生理素质、知识结构和职业适应性,可以归纳为主观和客观或者个人和社会两大方面。正确认识自己的个人因素,主要包括理想追求、道德品质、气质性格、能力特长、兴趣爱好、生理特征等。正确认识自己的社会因素,主要包括家庭因素、教育因素和环境因素等。正确认识自己的目的在于,真正了解自己最适合干什么,做到"知己"。把自己曾经接受过的教育和曾经参加过的社会实践明确地记录下来,并明确自己在这个过程中所承担的责任义务,你所拥有的技能和取得的主要成果,以及在这个过程中所面临的困难与不足。明确自己拥有的最强技能,最精通的知识领域和最擅长做的事情。

第二步：客观评价自我

（1）纵向比较 将现实的自我和理想的自我作比较，找出自己的差距，同时也将现在的自我与过去的自我作对比，找出自己的进步。

（2）横向比较 与自己的同学，或与自己最优秀的学长学姐，与超过自己、与自己相似经历的人比较，获得信息综合分析，从而得到较为客观的评价。既不妄自菲薄，也不夜郎自大。明确自己还有哪些提升的空间，还需要进修哪方面的知识，应该采取什么措施弥补自己的不足之处。

（3）独立客观 在评价自我时要有自己独立的意志和意见，避免以一时一事作为衡量评价自我的尺度，要对自己有一个全面、客观、合理的评价。他人对你的评价并不能等同于你对自己的评价，两者往往存在很大的差距。因此，必须经常反省自我。对自己作一分为二的分析，严于剖析自我，敢于批评自我。

著名的成功学大师拿破仑·希尔说过："一切的成就，一切的财富，都是始于自我认知。"毕业生只有在实事求是地认识自己的基础上，才可能迅速、准确地把握就业机遇。

第三步：树立正确的择业观

树立正确的择业观要处理好三个关系。一是事业与谋生的关系，要以事业为重。谋生是基础，事业是重点，我们要把职业看成是实现自己人生价值的事业，而不仅仅是谋生的手段。二是奉献与索取的关系，要以奉献为重。我们要有对社会作奉献的意识，把促进发展看成是自己的责任，默默奉献，勇于进取。三是长远发展与眼前利益的关系，要以长远发展为重，我们要把自己的职业选择与国家的强盛、区域经济的发展、所在单位的事业联系起来。要立足于自己的长远发展，不要在被眼前的利益所诱惑，也不要被短期的困难所吓倒。眼光放远一些，步子走稳一些，根子扎深一些，脚踏实地，循序渐进，才能铺就一条不断走向成功之路。现代就业观认为，一个人如果能在一个既能发挥自己能力、才干，又能服务于社会的岗位上工作，不论这个岗位是固定还是不固定，那就是就业，这是一种弹性而又广泛的就业观。传统就业观认为，就业的标志是劳动者在某一固定岗位上工作，这是一种刚性而狭窄的就业观。现代就业观较传统就业观具有更大的可变性、可容性和流动性。现代产业结构的调整和职业的变迁，要求毕业生顺应潮流，重新审视各种职业对经济社会发展的地位和作用，树立适应新形势的择业观念。

（1）勇于面对竞争的观念 竞争规律是市场经济的重要规律，对人才市场必然起作用。毕业生只有积极应对竞争，才能在求职择业中立于不败之地。一要树立强烈的竞争意识。面对人才市场上的激烈竞争，要相信自己，勇于挑战自己，敢于竞争，积极应付，不断增强竞争意识。二要不断增强自己的竞争实力。在公开、公平、公正的竞争原则下，竞争实力就是个人实现择业理想的资本。三要坚持正确的竞争原则。面对残酷而激烈的就业竞争，要诚实守信，保持人格尊严，凭自己的竞争实力并运用恰当的竞争技巧去赢得用人单位的青睐。四要保持良好的竞争心态。不论择业顺利与否，都要保持良好的竞争心态。如遇挫折，尤其注意要调整情绪，要主动分析失败的原因，及时调整心态和择业标准，鼓足勇气，争取新的工作机会，而不能从此心灰意冷，一蹶不振。社会的发展，时代的进步，给人们带来了前所未有的、多种多样的机会与诱惑，也可能带来从未有过的失落与遗憾。双向选择的结果，必然有成功的喜悦，也会有无奈的叹息。一个心理健康的人，对人生应充满自信；如果缺乏或丧失自信，就丧失了开拓新生活的勇气。

（2）正确对待待业的观念 现代职业多种多样，人们的期望不尽相同，但并非每个人的职业期望都能变成现实。

在求职择业的过程中，不少人希望自己能拥有一份既轻松愉快、待遇好，又能轻松获取事业成功的职业。其实这种期望很难实现。因为，任何一种职业的选择，都要受到自身素质、社会需求和其他社会因素的制约与影响。而且，个人择业的期望值往往会随着社会经济的发展变化而不断变化，就业是一项关系社会、经济、文化和家庭等诸多因素的复杂的系统工程，不是单凭主观愿望就能解决好。因此，毕业生在求职择业的过程中，应对自己的职业期望有一个客观科学的分析，分清哪些是合理的，哪些是能够实现的，哪些是不合理的，哪些是不能实现的，要作出明智的选择。要以自己的专业所长、自身优势和社会需求为基础，确立合理的职业期望。对那些择业期望值很高的人，建议适当降低期望值，要在正确认识社会需要与自身条件的基础上，以社会需求为自己的第一选择，先就业、后择业，有了安身之地和充分准备之后，再去寻求发展机会；否则，欲速则不达。这对自己是一种锻炼，也是一种适应。

随着就业制度的转变，部分毕业生不能及时落实就业单位，出现短期待业的情况不可避免。双向选择的就业模式，增加了毕业生和用人单位的选择自主权，同时也难免出现毕业生想去的单位进不去、用人单位想要的学生要不来的现象。面对由此带来的暂时性待业，毕业生要拥有充分的心理准备，正确地认识和处理。

（3）先就业、后择业的观念 传统观念下，国人崇尚稳定的生活，一次就业定终生的观念已经成为普遍性的就业心理。现代社会为人们提供了独立的发展空间，市场优化配置人才资源的方式是合理流动，从一而终的就业观念已不再普遍使用。因此，毕业生不必强求在短期内找到一个固定的"铁饭碗"，而要学会在流动中求生存、求发展。特别要注意的是，我国人事制度的不断完善，为人才合理流动创造了条件。因此，要打破一步到位、从一而终的就业观，树立不断进取的职业流动观念，并学会在流动中发现机会、抓住机会、把握机会。

（4）自主创业和终身学习的观念 自主创业作为劳动就业的一种特殊形式，在现实中得到了国家的大力提倡和鼓励。青年学生理应成为自主创业、努力创业的排头兵。

终身学习是适应当今社会飞速发展和现代职业迅速变化需要的必然选择。随着知识经济和信息化社会的到来，只有不断学习新知识，掌握新技术，才能适应职业岗位的要求，否则就会被无情淘汰。大学教育固然重要，但毕竟只是终身教育中的一个阶段。毕业后的延伸学习和重新学习，对于选择和重新选择职业岗位并取得职业成就，无疑具有重大意义。因此，毕业生不论在求职择业还是在从事职业的过程中，都要牢固树立终身学习的观念。

（5）勇于到基层、到农村就业的观念 学成就业，服务社会，实现自我价值，是每个毕业生的美好愿望。但有些毕业生在择业过程中，不是从自身条件和社会需求出发,而是与周围的同学盲目攀比,好像找不到一个比别人更好的岗位就不能实现自身价值。这很不利于自身的长远发展,其实,真正好的工作,是最适合自己的工作。

不言而喻,大城市大单位毕竟是有限的,一味追求大城市大单位,难免遭遇"众人挤独木桥"的尴尬。而基层尤其农村为毕业生就业提供了广阔天地。毕业生应树立到基层、到农村就业创业,不怕艰苦的就业观念。

改革开放以来,我国农村的社会、经济、文化发展发生了根本性的变化。一方面,这创造了大量的就业机会,为毕业生施展才华、实现理想创造了条件。另一方面,迫切需要大量优秀毕业生投身农村,传播星火科技,发展农村经济,带领农民致富。具有创业精神和创业技能的毕业生,到农村求职创业,更有可能大展宏图,开辟一片新天地。

(6)既发挥专业特长又注重综合素质的观念　在就业市场上,不少毕业生盲目放弃专业。其实,专业对口更容易发挥专业所长,因为专业知识是一个人知识结构的主干和知识体系的主体,专长则是其知识结构的枝干和知识体系的外延,知识结构决定就业的适用范围。因此,求职择业虽然不提倡绝对的专业对口,但首先还是应考虑所掌握主体知识的适应性及其所具专长的扩展面。要根据自己的专业特点谋求职业,以做到专业与职业要求相匹配,充分发挥专业优势。目光短浅,只顾眼前,不考虑专业特长和爱好,难免造成遗憾。

但是,如果毕业生一味强调专业对口,也会使自己在激烈的市场竞争中失去很多良机。事实上,有些用人单位聘用毕业生时并不考虑毕业生的专业对口与否,而是更加注重毕业生的综合素质和能力。毕业生应善于把握这种趋势,注重提高综合素质。

(7)克服依赖心理　有些毕业生在求职过程中缺乏自信,把希望寄托在"拉关系""走后门"上,有的甚至由家长出面与用人单位洽谈,毕业生的自身独立性太差。当今社会,挑战与机遇并存,只有自强自信,敢于拼搏竞争,才能在众多求职者中脱颖而出。

第三节　择业依据

一个即将步入社会生活的毕业生能否科学地确定自己的择业目标,对他今后的生活和成才有着十分重要的影响。那么即将毕业的毕业生如何确定自己的择业目标才能顺利就业,保证在未来的社会工作中充分展示其才华呢?毕业生在择业时要把握四个准则,即,择己所长、择己所爱、择世所需、择己所利。

一、择业依据的选择

(一)社会需求是择业之前提

毕业生要选择单位,用人单位同时也要选择毕业生,毕业生是不可能在社会提供的需求之外选择什么理想职业的。因此毕业生在择业前必须多渠道广泛了解需求信息，尤其要了解与自己所学专业接轨行业的需求现状，掌握需求信息愈多，选择的余地就愈大。

（二）个人素质是择业之依据

用人单位对所需毕业生的素质都有独特的要求，因而毕业生必须对自己的主观条件进行分析，弄清自己的智力、能力、意志、体质、性别、年龄等特点，认清自己的优势和劣势，同时还要考虑到自己的兴趣、气质、性格以及心理特征，寻求自身素质与用人单位要求的共同点。

（三）就业政策是择业之指南

就业政策包括国家以及有关地方的毕业生就业政策，也包括毕业生就业的有关实施细则，这是毕业生择业的指南。如目前执行的定向生、委培生原则上按合同就业等。如果需要在合同规定的范围之外就业，就需要办理相关的解约手续等。

（四）优选决策是择业之关键

掌握了大量的需求信息，了解了自己的素质状况而且也弄清楚当年有关毕业生就业的政策，那么经过综合分析、筛选比较，就可以确定较为理想也切实可行的择业目标。一般说来择业目标有较多的主观性，须分清先后，确定两个以上的择业目标，在第一个目标不能实现的情况下，及时作出理智的调整，努力去实现第二个目标，千万不要一意孤行，守株待兔。

二、专业择业

（一）专业设置的依据

专业设置是实现学校培养目标和体现学校办学特色的基础性工作，是教育与社会的接口。当学生选择了某个专业，基本上就选择了特定的行业、职业或岗位群，绝大部分毕业生将在这一领域终生工作。因此，只要努力学习学校所设的课程，刻苦钻研职业技能，就一定能在多彩的职业世界里找到理想的岗位。

（二）专业是通向职业的桥梁

专业包括专业知识的学习、专业技能的掌握和专业能力的培养。学校所设的专业一般面向一个岗位群：纵向可以涉及一个领域、一个行业；横向可涵盖社会各部门的某个层面。实用型人才培养，要求学生在具有一个岗位群的理论知识和基本的、通用的、熟练的职业技能的同时，又能够掌握与本专业有关的最新科技知识。

专业学习是职业生涯的必要准备。学生在校的专业学习是为将来走向社会从事某一职业做作准备。专业学习是通向职业生涯的桥梁，学生通过学习，打下牢固的文化知识和专业知识基础，并熟练掌握专业技能，正是为求职、就业作好知识、能力的准备。

（三）专业与职业的关系

专业与职业既有联系又有区别。专业为职业服务，职业对专业起导向作用。一般情况下专业要比职业涉及面宽，专业为职业群服务。学校设置专业的宽"口径"，其目的是为了适应社会需求的变化和职业的发展，以便毕业生就业时能从较宽的职业范围中去选择职业，并适应职业转换的需要。

1. 注意专业类型与职业相吻合

人的能力类型是有差异的，即人的能力发展方向存在差异。对职业研究表明，根据工作的性质、内容和环境而划分为不同类型，并且这些不同类型的职业对人的能力也有不同要求，因而应注意能力类型与职业类型的吻合。专业水平要与职业层次一致或基本一致。

对一种职业或职业类型来说，由于所承担的责任不同，可分为不同层次。不同层次的职业对人的能力有不同的要求。因而，在根据专业类型确定了职业类型后，还应根据自己所能达到或可能达到的能力水平确定相吻合的职业层次。只有这样，才能使能力与职业的吻合具体化。

2. 注意一般能力与职业相吻合

不同的职业对人的一般能力的要求不同，有些职业对从业者的智力水平有绝对要求，如律师、工程师、科研人员、大学教师等都要求有很高的智商，智力在很大程度上决定着其所从事的职业类型。

3. 注意特殊能力与职业相吻合

要顺利完成某项工作，除了要具有一般能力外，还要具有该项工作所要求的特殊能力，任何一种职业对工作者的能力都有特定的要求。

例如，从事教育工作需要有阅读能力和表达能力；从事数学研究需要具有计算能力、空间想象能力和逻辑思维能力；从事会计、统计等工作必须具有较强的计算能力；飞行员、外科医生、运动员则要具备很好的手眼协调能力；而建筑、服装设计等职业的工作者要具备空间判断能力，却不需要很好的语言表达能力。

因此，在选择职业时，不能好高骛远或单从兴趣爱好出发，要实事求是地检测一下自己的学识水平和职业能力是否适合做某项工作。

三、兴趣择业

诺贝尔物理奖获得者丁肇中先生曾经说过："兴趣比天才重要。"兴趣是迈向成功的发动机，兴趣对人的发展有一种神奇的推动力量。人们对某种职业感兴趣的时候，就会对该种职业表现出肯定的态度，在工作中调动整个心理活动的积极性，开拓进取，努力工作，有助于事业的成功。反之，强迫自己做不喜欢的工作，对精力和才能都是一种浪费。

兴趣是注意与研究某种事物或从事某种活动的积极态度与倾向，是在一定需要的基础上，在社会实践中发生和形成的，在人的职业选择过程中具有重要作用，是进行职业选择的重要依据。

很多人常常忽略这样一个事实：工作本身也是生活的一部分，工作质量的高低决定了生活质量的高低，工作并不是毫无感情的，它对于人生的意义绝不仅仅在于衣食住行；实际上，它更是实现理想的途径，是使一个人快乐幸福的隐形伴侣。

一个人如果能根据自己的爱好去选择职业生涯，他的主动性将会得到充分发挥，即使疲倦和辛苦，也总能心情愉快；即使困难重重，也会百折不挠地去克服。兴趣是成功的一个重要推动力，它能将你的潜能最大限度地调动起来。使你长期专注于某一方面，努力工作，取得成绩。美国著名的职业生涯指导专家霍兰德将职业选择看作是一个人人格的延伸。他认为，职业选择也是人格的表现。个人的人格与工作环境之间的适配和对应是职业满意度、职业稳定性与职业成就的基础。

具体来说，兴趣对职业生涯的影响主要表现在以下几个方面。

1. 兴趣是职业生涯选择的重要依据

与在日常生活中喜欢从事自己感兴趣的活动一样，具有一定兴趣类型的你更倾向于寻找与此有关的职业，特别是在外界环境限制较小的时候，每个人更倾向于选择自己感兴趣的职业。因此，对你的兴趣类型有了正确评价后，就可以预测或帮助你的职业生涯的选择。

2. 兴趣可以增强职业生涯的适应性

因为兴趣可以通过工作动机促进能力的发挥，所以兴趣和能力的合理结合会大大提高工作效率。曾经有人做过调查研究，表明一个人从事自己感兴趣的职业，会发挥自己才能的70%～80%，而对所从事的职业没有兴趣，只能发挥自己才能的20%～30%，而且容易身心疲惫。

3. 兴趣影响工作满意度和稳定性

一般来说，从事自己感兴趣的职业会让人激情飞扬，而从事自己不感兴趣的职业则很难让人感到满意，并由此导致工作的不稳定性。

四、岗位需求择业

所谓"知己知彼、百战百胜"。在正确地自我评价与定位后，毕业生应该对国内甚至国际与自己专业相关的工作领域进行充分的调查研究，以确定自己找寻的目标职业，并对目标职业所处的内外环境进行详细的分析，根据社会环境对人才的需求来准备求职和就业。了解职业，既包括了解职业活动内容、职业特点、职业环境、职业报酬，也包括了解职业对从业者素质的要求。了解职业的目的在于：增强择业针对性，减少盲目性，做到"知彼"。

任何人都有自己的优缺点，但其优点和缺点并不是绝对的。因此，在"知己知彼"的基础上，针对职业岗位的需求，有选择地利用自身条件，扬长避短，把自身优势转化为招聘单位所需要或所能接受的个人条件。要客观、准确地评价自我，必须从多个角度、多个侧面来评价。

（一）对目标职业所处的社会环境进行分析

关注社会的宏观经济，可以帮助你了解目标职业所处的社会环境，因为每个人的职业生涯设计与发展都要受到社会环境的制约。社会环境包括社会一般环境与职业的特殊社会环境。对社会大环境进行分析，可以了解到所在国家或地区的政治、经济发展趋势，所选定的职业在社会环境中的地位，社会发展趋势对此职业的影响，社会对此职业人才的需求程度等。

1. 区域状况

为什么毕业生挤破脑袋都要留在北京、上海、广州、深圳等发达城市？因为经济发展水平较高的地区，企业相对集中，优秀企业也比较多，个人选择职业的机会就比较多，因而有利于个人职业的发展。从生活上来说，城市功能更加齐全，能够带给人们更多生活上的便利；从经济上来说，薪金福利待遇更高，物质生活比较丰富。但同时，我们也应该看到，发达城市竞争更为激烈，工作生活节奏快，消费水平高，生存压力大；而经济相对落后地区的竞争则较少，生活相对悠闲，生存成本较低。毕业生应该根据自身的实际情况选择适合自己的工作区域。

2. 社会文化环境

社会文化环境包括教育条件和水平、社会文化设施等。在良好的社会文化环境中，个人在学习、进修、深造等方面都可以得到更好的教育和熏陶，从而为职业发展打下更良好的基础。

3. 政治制度和氛围

政治和经济是相互影响的，政治不仅影响到一个国家的经济体制，而且影响到企业的组织体制，从而影响到个人的职业发展；政治制度和氛围还会潜移默化的影响个人的追求，从而对职业生涯产生影响。

例如，北京的企业会比较注重求职者的学历、毕业院校、出生地、性别等；而广东的企业则更加看重求职者的实际操作能力，招聘单位不会因为学习成绩、毕业院校而特别注意或者不注意某位求职者，而是更看重其实践能力以及在面试过程中表现出来的个人特点。

（二）对目标职业所处的行业环境进行分析

选择行业是一个人人生中的重要决定。一个人选择什么样的工作，就会有什么样的工作状态，因为工作与生活息息相关，互相影响。

企业的行业环境直接影响到企业的发展状况，进而影响到个人职业生涯的发展。行业分析包括对目前所在行业和将来想从事的目标行业的环境分析。行业环境分析主要包括以下内容。

1. 行业发展现状

一般来说，有些学生学习的专业本身已经决定了以后从事的行业，如服装设计、土木工程等。但更多的专业是没有行业限制的，如会计、秘书、翻译等。因此，对目标行业进行行业发展现状的分析极为重要。

2. 目标行业所处生命周期的分析

行业的生命周期包括引入期、成长期、成熟期和衰退期。

（1）引入期产品能否被市场接受和行业的经营策略均不明朗，这一时期行业风险大，失败的可能性也大，处于这个阶段的行业要慎重加入。

（2）成长期的特征是产品被市场迅速接受，销售收入和利润快速增长，处于此阶段的行业适宜加入。

（3）成熟期则是产品已被大多数潜在购买者接受，行业增长趋势趋于平缓，处于此阶段的行业也可以加入。

（4）衰退期是指市场及技术的变化使行业的产品逐渐被替代，市场对该类产品的需求逐渐减少，处于这个阶段的行业要慎重加入。

3. 正确区分朝阳行业和夕阳行业

（1）处于朝阳行业适宜加入，如IT业、旅游业、管理咨询、电信业等，这些行业的发展空间广阔。

（2）不断萎缩的夕阳行业慎重加入，如小型采矿业、小型造纸厂等资源消耗大、环境污染严重的行业。

对目标职业所处的行业进行分析和了解，可以通过互联网查询、咨询行业内专家、查看政府机构发布的行业趋势报告等途径进行。

4. 国际国内重大事件对该行业的影响

行业的发展容易受到国内国际重大事件的影响，进而影响到该行业能否提供较多的就业机会，比如2010年上海"世博会"的成功举行给上海的旅游业和服务业等都提供了较大的发展空间和较多的就业机会。

5. 目前行业优势及问题所在

行业发展前景预测可以从两方面进行分析：一方面是行业自身的生命力，是否有技术资金支持；另一方面要考虑和研究国家对相关行业的政策是实施鼓励、扶持还是限制发展缩小规模。还特别应该关注的是，目标行业目前存在的问题是可以改进或避免的，还是无法消除的？行业是否具有优势和竞争力？这种优势持续发展的空间和能力如何？

案例4

下面是一个准备进入服装行业从事销售工作的毕业生所作的具体的行业环境分析。

1. 国内服装行业市场环境分析

中国人口近14亿，庞大的人口基数本身就组成了一个庞大的服装消费市场。国内服装市场将越做越大，市场细分将越来越小，但今后国内服装市场的消费趋势将集中在精品化和个性化上。

2. 男女服装市场分析

（1）女装市场分析　女装市场一直是服装市场的重头戏，女性购买服装的频率和金额是所有服装消费群体中最多的。因此，很多企业的资源竞争存在于女装市场中，女装品牌众多，各品牌之间的差距不大。同时，国外女装品牌纷纷进驻国内一线城市，占据高档市场。

（2）男装市场分析　我国男装业的发展已具有相当的基础，男装企业拥有现代化的设备，产品市场定位相对明确，质量比较稳定。由于中国男装市场品牌发展较早，相对于其他服装比较成熟，但由于各地新品牌层出不穷，因此竞争仍很激烈。

（三）对目标职业所处的企业内部环境进行分析

毕业生求职的时候，不仅要看重招聘单位的品牌，还要特别注意了解企业内部的企业文化、各种制度、领导者的价值观等，尽量寻找有利于个人发展的企业。

通过对企业的内部环境进行分析，可以了解企业在本行业和新发展领域中的地位和发展前景，从而作出自己的职业规划。企业内部环境的分析主要包括以下几个方面。

1. 企业文化

韩国某大型企业公司的一名清洁工，本来是一个最容易被忽视、最被人看不起的角色，但就是这样一个人，却在一天晚上公司保险柜被盗时，与盗贼进行了殊死搏斗。

事后，有人为他请功并询问他的动机时，答案却出人意料。他说当公司的总经理经过他身边时，总会不时地赞美他"你扫的地真干净"。

这正符合了中国的一句老话"士为知己者死，女为悦己者容"。事实上，企业文化决定了企业领导如何看待自己企业的员工，因此员工的职业生涯是为企业文化所左右的。一家主张员工参与管理的企业显然比一家独裁的企业能为员工提供更多的发展机会；而渴望发展、追求挑战的员工也很难在论资排辈的企业中受到重用。

当然，一个人的价值观与企业文化有冲突，难以适应企业文化，这也决定了它在企业的组织中难以得到发展。所以，企业文化是个人在制定职业生涯规划时应当考虑的一个重要因素。

2. 企业制度

企业员工的职业发展，归根到底要靠企业管理制度来保障，包括合理的培训制度、晋升制度、绩效考核制度、奖惩制度、薪酬制度等。

企业价值观、企业经营哲学也只有渗透到制度中，才能使制度得到切实的贯彻执行，没有制度或者制度制定得不合理、不到位的企业，员工的职业发展就难以实现。

3. 领导人的素质和价值观

企业的文化和管理风格与其主要领导的素质、能力和价值观有直接的关系，企业经营哲学往往就是企业家的价值观。企业主要领导人的抱负及能力是企业发展的决定因素之一。

4. 企业的组织结构

重点了解企业组织结构发展的变化趋势，例如，未来需要什么样的人才、需要多少、对人才的具体要求是什么等，这些与自己未来职业发展有关的信息对职业发展有重要的影响。

5. 企业实力

企业在本行业中是具备了很强的竞争力，还是处于一个很快就会被吞并的地位？其发展前景如何？在激烈的市场竞争中，不一定是最大、最强的企业就能生存，不是强者生存而是适者生存。只有适应环境、适应发展趋势的企业才能生存。

通过对企业内部环境进行分析，可以使个人及时了解企业的实际发展状况和发展前景，有利于个人作出合适的职业生涯规划。

第三章
职业综合素质培养

职业综合素质简单来讲就是指完成具体的职业任务的各种素质的综合。从发生学的角度讲,职业综合素质发生在一个个体进入职业后的过程,比如是否胜任岗位需求,能否有职业发展与提升等,但这种素质源于学生在校期间的受教育状况。依据不同的职业需要,职业综合素质可以分为一般职业综合素质和专业职业综合素质。一般职业综合素质是所有职业通用的能力,比如敬业精神、责任意识、团队合作、忠诚度等;专业职业综合素质是与从事不同专业岗位相关的素质,专业不同所需要的素质不一样,这个能力一般要在专业教学中培养,具有专业的特殊性。本教材只讨论一般职业综合素质。

第一节 职业素质

一、职业素质的概念

职业素质(professional quality)是劳动者对社会职业了解与适应能力的一种综合体现。一般说来,劳动者能否顺利就业并取得成就,在很大程度上取决于本人的职业素质,职业素质越高的人,获得成功的机会就越多。

二、职业素质的基本特征

一般说来,职业素质具有下列 5 个方面的特征。

(一) 职业性

职业素质带有明显的职业性,不同的职业要求的素质是不一样的。对教师的素质要求和对护士的素质要求不同,对建筑工人的素质要求和对商业服务人员的素质要求不同。"全国职业道德标兵"李素丽的职业素质始终是和她作为一名优秀的售票员联系在一起的,正如她自己所说:"如果我能把 10 米车厢、3 尺票台当成为人民服务的岗位,实实在在去为社会作贡献,就能在服务中融入真情,为社会增添一份美好。即便有时自己有点烦心事,只要一上车,一见到乘客,就不烦了。"

(二)整体性

职业素质是一个从业人员多种素质的综合,反映一个人的综合表现状况。比如,当我们评价一个人职业素质时,往往包含了这个人的思想素质和道德素质,又包含了专业技能素质和科学文化素质等。从另外一个角度讲,一个职业素质好的人,必定具备高的职业修养、专业水平、团结协作等品质。

(三)稳定性

职业素质的稳定性是指一个人的职业素质一旦形成就不容易发生改变,具有相对的稳定性。当然,职业素质的稳定性不是说绝对不会改变,在职业生涯中的学习、教育和培训等活动中还有继续提高的空间。比如,一位教师,经过三年五载的教学生涯,就逐渐形成了备课、讲课、热爱自己的学生、为人师表等一系列教师职业素质,于是,便保持相对的稳定。但教师在接受培训中还是可以进一步提高教学能力的。

(四)内在性

职业素质的内在性一方面是指职业素质的形成过程是一个有意识地内化、积淀和升华的过程;另一方面是指一旦形成相对稳定的职业素质,变成了一种稳定职业品质,其在职业中的表现都是一种不自觉的行为。我们常说:"把这件事交给小张师傅去做,有把握,请放心。"人们之所以放心他,就是因为他的内在素质好。

(五)发展性

职业素质的发展性一方面是指职业素质的形成过程不是一蹴而就的,而是在长期的职业生涯中逐步培养形成的;另一方面是指职业素质具有发展的空间,可以不断完善、不断改进,迈向更高的进步。比如,随着社会发展,人们不断地适应、满足、促进社会发展的需要,总是不断地提高自己的素质,所以,素质具有发展性。

三、职业素质的主要分类

职业素质内容丰富,大致可以作如下分类。
(1) 身体素质　指体质和健康(主要指生理)方面的素质。
(2) 心理素质　指认知、感知、记忆、想象、情感、意志、态度、个性特征(兴趣、能力、气质、性格、习惯)等方面的素质。拓展训练以提高心理素质,很多知名企业都通过拓展训练来提高员工的心理素质以及团队信任关系。
(3) 政治素质　指政治立场、政治观点、政治信念与信仰等方面的素质。
(4) 思想素质　指思想认识、思想觉悟、思想方法、价值观念等方面的素质。思想素质受客观环境等因素影响,如家庭、社会、环境等。

（5）道德素质　指道德认识、道德情感、道德意志、道德行为、道德修养、组织纪律观念方面的素质。

（6）科技文化素质　指科学知识、技术知识、文化知识、文化修养方面的素质。

（7）审美素质　指美感、审美意识、审美观、审美情趣、审美能力方面的素质。

（8）专业素质　指专业知识、专业理论、专业技能、必要的组织管理能力等。

（9）社会交往和适应素质　主要是语言表达能力、社交活动能力、社会适应能力等。社交适应是后天培养的个人能力，是职业素质的另一核心之一，侧面反映个人能力。

（10）学习和创新方面的素质　主要是学习能力、信息能力、创新意识、创新精神、创新能力、创业意识与创业能力等。学习和创新是个人价值的另一种形式，能体现个人的发展潜力以及对企业的价值。

第二节　职业综合素质

一、敬业精神

在经济飞速发展的今天，行业竞争日益加剧，企业要想在激烈的竞争中得以快速发展，个人要在企业中得以生存、得以发展，就要求企业的员工必须发挥爱岗敬业的精神。

（一）敬业精神的含义

敬业精神是社会对人们工作态度的一种道德要求，是人们基于对一件事情、一种职业的热爱而产生的一种全身心投入的精神。具体地说，敬业精神就是在职业活动领域，树立主人翁责任感、事业心，追求崇高的职业理想；培养认真踏实、恪尽职守、精益求精的工作态度；力求干一行爱一行专一行，努力成为本行业的行家里手；摆脱单纯追求个人和小集团利益的狭隘眼界，具有积极向上的劳动态度和艰苦奋斗精神；保持高昂的工作热情和务实苦干精神，把对社会的奉献和付出看作无上光荣的事情；自觉抵制腐朽思想的侵蚀，以正确的人生观和价值观指导和调控职业行为。它的核心是无私奉献精神。

（二）基本要求和构成要素

敬业精神要求热爱本职工作，忠于职守，持之以恒；有强烈的事业心，尽职尽责，全心全意为人民服务；有勤勉的工作态度，脚踏实地，无怨无悔；有强烈的进取意识，不断创新，精益求精；有无私的奉献精神，公而忘私，忘我工作。

职业素质的构成要素包含职业理想、立业意识、职业信念、从业态度、职业情感、职业道德等。

职业理想：人们对所从事的职业和要达到的成就的向往和追求，是成就事业的前提，能引导从业者高瞻远瞩，志向远大。立业意识：确立职业和实现目标的愿望，其意义在于利用职业理想目标的激励导向作用，激发从业者的奋斗热情并指引其成才方向。职业信念：对职业的敬重和热爱之心，表示对事业的迷恋和执著的追求。从业态度：持恒稳定的工作态度，勤勉工作，笃行不倦，脚踏实地，任劳任怨。职业情感：人们对所从事职业的愉悦的情绪体验，包括职业荣誉感和职业幸福感。职业道德：人们在职业实践中形成的行为规范。

（三）如何培育敬业精神

在培育敬业精神的基本构成要素中职业理想是贯彻始终的重要方面，关系到一个人如何看待自己所从事的职业和岗位，是否认同和追求岗位的社会价值等重要问题。因此，培育敬业精神首先应从树立职业理想入手，突出以下几个方面内容。

1. 牢固树立职业理想

职业理想是敬业精神的思想基础。每位职工都应把自己的职业看成是为社会作贡献，为人民谋幸福，为企业创信誉的光荣岗位，看成是社会、企业运转链条上的重要环节。只有这样才能树立起富有时代精神、健康向上的职业理想和目标，并以最顽强最持久的职业追求把它落实在职业岗位上。

2. 准确设定岗位目标

高标准的岗位目标是干好本职、争创一流的动力。有了岗位目标，才能做到勤业精业，在本职工作岗位上创造性地开展工作。

3. 大力强化职业责任

发挥本职和岗位的职能、保持职业目标、完成岗位任务的责任，遵守职业规则程序、承担职权范围内社会后果的责任，保持本岗位、本职业与其他岗位职业有序合作的责任，是职业责任的全部内涵。职业责任是主人翁意识的体现，作为企业的一员应视企业发展为己任，自觉履行职业责任和义务。

4. 自觉遵守职业纪律

职业道德规范、企业的各项规章制度，是职业纪律的内容。精心维护、模范执行是维护企业正常工作秩序的重要保证。

5. 不断优化职业作风

职业作风是敬业精神的外在表现。敬业精神的好坏决定着职业作风的优劣，而职业作风的优劣又直接影响着企业的信誉、形象和效益。从某种意义上讲，职业作风关系到企业的兴衰成败，关系到企业的生死存亡。优化职业作风，就要反对腐败和纠正行业不正之风，以职业道德规范职业行为。

6. 全面提高职业技能

企业内部要营造浓厚的学习氛围，促使职工不断掌握新技术、新工艺，不断增加技术业务能力的储备，不断更新知识结构，不断提高管理水平，成为本单位的业务骨干和技术尖兵，以过硬的职业技能实践敬业精神，为国家作贡献，为企业创效益、树信誉、争市场。

二、责任意识

责任意识是一种自觉意识,有责任意识,再危险的工作也能减少风险;没有责任意识,再安全的岗位也会出现险情。责任意识强,再大的困难也可以克服;责任意识差,很小的问题也可能酿成大祸。有责任意识的人,受人尊敬,招人喜爱,让人放心。

(一)责任意识的涵义

责任意识是我国的一种传统美德,是指一个人清楚、明了地知道什么是自己在职业中的责任,并自觉、认真地履行职业职责,参加职业活动,把责任转化到行动中去的心理特征。"天下兴亡,匹夫有责",强调的是热爱祖国的责任;"择邻而居"讲述的是孟母历尽艰辛、勇于承担教育子女的责任;"卧冰求鱼"是对晋代王祥恪尽孝道为人子的责任意识的传颂。

现实生活中,人类文明发展要求人要具有沿袭文明、发展文明的责任意识;关心国家政治生活的责任意识;承担生活角色的责任意识。一种良好意识的形成不是一朝一夕的事,一个人的责任意识要从孩提时代就开始培养,一个人在职业中的责任意识要从首次进入职业生涯就要引起足够的重视,在纪律约束、制度约束、文化熏陶中逐步形成。

(二)责任意识的重要性

责任意识的体现在我们的生活中无处不在。其实只要稍微留意就不难发现,总有这样一些人让我们感动,他们用行动诠释着责任意识的最高境界。党的好干部牛玉儒以勤政为民、忘我工作诠释"生命一分钟,敬业六十秒";桥吊工人许振超在普通岗位上创出世界一流的"振超效率";乡村邮递员王顺友二十年如一日在大凉山中用脚步丈量工作的苦乐;公安卫士任长霞以炽热情怀书写执法为民的人生壮歌;导弹司令杨业功用赤胆忠心浇铸共和国的和平之盾;医学专家钟南山在抗击"非典"这场没有硝烟的战斗中敢医敢言;科学家马祖光在实验室里以生命之火点燃科学之光;艺术家常香玉用德艺双馨八十人生唱响"戏比天大"。同样,在我们的身边也时刻能看到众志成城抗台风、挥汗如雨战高温、连夜施工抢进度、扶贫捐款献爱心⋯⋯从中,我们无不感受到一种品格、一种境界,这就是对国家、对人民、对事业的责任。

相反,没有责任意识会出现什么样的情况呢?一起起惨痛矿难带给人民生命财产的重大损失,一种种假劣食品导致许多无辜百姓的伤害,一次次严重污染造成难以挽回的生态灾难,一例例触目惊心的腐败案例引发的沉痛教训,甚至一次次小小的操作失误造成的无可挽回的损失⋯⋯从这些事情中,我们看到的是什么?是共同的祸根——责任的缺失!不仅表现在对个人的不负责,更表现在对家庭、集体甚至国家的不负责。

（三）如何培养责任意识

培养责任意识要经过一个较长期的过程，要从教育、制度、文化等多方面做工作，为职业生活中的每一个员工提供一个有利于培养责任意识的大环境，负责任光荣，不负责任可耻。要求每一个员工从小的方面是做好自己的本职工作，每个人的尽责是对集体的尽责，每个集体的尽责是对社会的尽责。

1. 教育的作用

在培养责任意识中要充分发挥教育的作用，通过教育使人们认识到责任意识的重要性及如何培养自己和他人的责任意识。一方面，引导人们树立正确的世界观、人生观和价值观，把个人的前途命运融入中国特色社会主义的伟大事业中，着眼于服务和奉献，引导人们服务他人、奉献社会；另一方面，引导人们把职业目标同远大理想结合起来，把国家、集体、个人的利益有机结合起来，坚持国家利益、集体利益高于个人利益，在"全心全意为人民服务"的行动中实现个人的正当利益。

2. 制度约束的作用

制度约束通过强制手段，落实责任追究机制，打击不负责任的现象，培养负责意识。在制度约束中重视问责机制，没有问责，制度形同虚设。问责要贯穿到履责的全过程。事前问责是提醒，事中问责是督促，事后问责是诫勉。对认真负责的，要给予奖励和表彰；失职渎职的，要予以追究和惩罚。只有把责任和责任制统一起来，把履责和问责结合起来，才能在全社会确立一种良性的责任导向，增强责任心、培育责任感、提高责任意识。

3. 环境影响的作用

在一个国家、一个公司、一个部门形成良好的讲责任、负责任的良性环境，使深入其中的每一个成员都深受环境的影响，形成一种自觉行为。比如，有的单位实行了"首问负责制"，要求每一个人都有责任解决所遇到的一切问题，并跟踪跟进，直到问题解决了，这无疑营造出了负责任的好环境。

4. 培养勇于负责、敢于负责的精神

勇于承担责任是中华民族的优良传统，责任是一种发展自我分内和不得不做的事情。大禹治水"三过家门而不入"；诸葛亮治国"鞠躬尽瘁，死而后已"；范仲淹挥写"先天下之忧而忧，后天下之乐而乐"；文天祥高歌"人生自古谁无死，留取丹心照汗青"；林则徐铭志"苟利国家生死以，岂因祸福避趋之"。不怕牺牲、尽忠职守、利居众后、责在人先，是志士仁人薪火相传的思想标杆，是后世子孙生生不息的精神动力。

三、职业忠诚

职业忠诚主要是对于自己所从事职业的认真负责态度及愿意为此献身的精神。对于一个职业人来讲，忠诚于自己的职业，忠诚于职业的发展和提升至关重要！

(一) 职业忠诚的含义

职业忠诚是每位工作者都应具备的一种品质，是对事业的献身精神和忠诚意识，也是对职业追求的责任心和使命感。它要求职业工作者必须热爱自己所从事的工作和所献身的事业，竭诚地为之奋斗，并将自己的一生与其所从事的事业联系起来，在事业的成功中实现人生的价值。

(二) 层次划分

全球人力资源管理服务和咨询公司翰威特的研究指出，职业忠诚可以分为三个层次：第一层是乐于宣传（say），就是员工经常会对同事、可能加入企业的人、目前的与潜在的客户说组织的好话；第二层是乐意留下（stay），就是具有留在组织内的强烈欲望；第三层是全力付出（strive），就是员工不但全心全力地投入工作，并且愿意付出额外的努力促使企业成功。劳动与工作是人类社会产生和发展的前提条件，也是每一个有劳动能力的普通公民的基本义务，是一切财富的源泉。对劳动的热爱，对工作的虔诚，常常会超越个人的私欲，将自己从事的职业看成是民族大业和国家大业的一部分，哪怕是点滴的成功，都与大业息息相关，"创业守业皆须敬业，国情世情总观我情"。以此为乐，以此为荣。

四、团队合作

(一) 团队合作的含义

团队合作指的是一群有能力、有信念的人在特定的团队中，为了一个共同的目标相互支持合作奋斗的过程。它可以调动团队成员的所有资源和才智，并且会自动地驱除所有不和谐和不公正现象，同时会给予那些诚心、大公无私的奉献者适当的回报。如果团队合作是出于自觉自愿时，它必将会产生一股强大而且持久的力量。

(二) 如何加强团队合作

1. 建立信任

建立信任是建立团队的基础。清华中旭商学院院长郭鹏讲，要建设一个具有凝聚力并且高效的团队，第一个且最为重要的一个步骤，就是建立信任。这不是任何种类的信任，而是坚实地以人性脆弱为基础的信任。

2. 正确对待良性的冲突

如果企业的领导们相信通过避免破坏性的意见分歧来巩固自己的团队。这很可笑，因为他们的做法其实是扼杀建设性的冲突，将需要解决的重大问题掩盖起来。久而久之，这些未解决的问题会变得更加棘手，而管理者也会因为这些不断重复发生的问题而越来越恼火。

企业领导和他的团队需要做的，是学会识别虚假的和谐，引导和鼓励适当的、建设性的冲突。这是一个杂乱的、费时的过程，但这是不能避免的。否则，一个团队建立真正的承诺就是不可能完成的任务。

3. 坚定不移的行动

要成为一个具有凝聚力的团队，领导必须学会在没有完善的信息、没有统一的意见时作出决策。而正因为完善的信息和绝对的一致非常罕见，决策能力就成为一个团队最为关键的行为之一。

五、团队精神

（一）团队精神的含义

团队精神是组织文化的一部分，反映的是个体利益和整体利益的统一，能保证组织的高效率运转；是大局意识、协作精神和服务精神的集中体现，核心是协同合作。

（二）团队精神的作用

(1) 团队精神能推动团队运作和发展　在团队精神的作用下，团队成员产生了互相关心、互相帮助的交互行为，显示出关心团队的主人翁责任感，并努力自觉地维护团队的集体荣誉，自觉地以团队的整体声誉为重来约束自己的行为，从而使团队精神成为企业自由而全面发展的动力。

(2) 团队精神培养团队成员之间的亲和力　一个具有团队精神的团队，能使每个团队成员显示高涨的士气，有利于激发成员工作的积极性，形成集体意识、共同的价值观、高涨的士气、团结友爱的工作氛围，团队成员才会自愿地将自己的聪明才智贡献给团队，同时也使自己得到更全面的发展。

(3) 团队精神有利于提高组织整体效能　通过发扬团队精神，加强团队建设能进一步节省内耗。如果总是把时间花在怎样界定责任，应该找谁处理，让客户、员工团团转，这样就会降低企业成员的亲和力，损伤企业的凝聚力。

（三）如何培养个人的团队精神

(1) 充分发挥自我个性　团队所依赖的是个体成员的共同贡献而得到实实在在的集体成果，要求团队成员都发挥自我去做好这一件事情。团队精神的培养与形成，就是要尊重个人的兴趣和成就。设置不同的岗位，选拔不同的人才，给予不同的待遇、培养和肯定，让每一个成员都拥有特长，都表现特长。

(2) 加强协作意识　社会学的相关实验表明，两个人以团队的方式相互协作、优势互补，其工作绩效明显优于两个人单干时绩效的总和。团队精神强调的不仅仅是一般意义上的合作与齐心协力，它要求发挥团队的优势，其核心在于大家在工作中加强沟通，利用个性和能力差异，在团结协作中实现优势互补，积极发挥协同效应，带来"1＋1＞2"的绩效。

（3）具有向心力　全体成员的向心力、凝聚力是从松散的个人集合走向团队最重要的标志。在这里，有一个共同的目标并鼓励所有成员为之奋斗固然是重要的，但是，向心力、凝聚力来自于团队成员自觉的内心动力，来自于共同的价值观，很难想象在没有展示自我机会的团队里能形成真正的向心力；同样也很难想象，在没有明确的协作意愿和协作方式下能形成真正的凝聚力。

（4）充满奉献精神　团队总是有着明确的目标，实现这些目标不可能总是一帆风顺的。具有团队精神的人，总是以一种强烈的责任感，充满活力和热情，为了确保完成团队赋予的使命，和同事一起，努力奋斗、积极进取、创造性地工作。在团队成员对团队事务的态度上，团队精神表现为团队成员在自己的岗位上"尽心尽力"，"主动"为了整体的和谐而甘当配角，"自愿"为团队的利益放弃一己私利。

六、毅力

（一）毅力的含义

毅力是人的一种"心理忍耐力"，具有坚强、持久的意志，是一个人完成学习、工作、事业的"持久力"。当它与人的期望、目标结合起来后，就会发挥巨大的作用，所以有人把毅力也称为意志力；毅力是一个人会不会专注、是不是果断、能不能自制、有没有自信并忍受挫折的综合体现，是一个人走向成功必须具备的重要素质之一。

（二）毅力的形成

毅力的形成是需要多方面的因素，坚定的信心、强烈的愿望、明确的目标、有组织的计划、积极行动、克服消极的心理因素等都会影响毅力的形成。相反，以下几种情况则难有毅力。①心不专者，难有毅力。目标太多，三心二意，缺乏恒心，结果什么事情都办不了，什么事情都办不好。②不自信者，难有毅力。对自己缺乏信心，不相信自己的力量。③办事不果断者，难有毅力。没有主见，没有气派，优柔寡断，易改变自己的初衷，将事情搞得不伦不类。④不能自制者，难有毅力。这类人随心所欲，好情绪化，好冲动，不能顺从理性，不知道如何克制自己，将事情搞得一塌糊涂。⑤不能忍受挫折者，难有毅力。法国拿破仑有这样一句话："人生之光荣，不在永不失败，而在能屡仆屡起。"毅力能够决定我们在面对困难、失败、诱惑时的态度，看看我们是倒了下去还是屹立不动。

（三）培养毅力的具体措施

毅力是一个心理因素，毅力的培养可以从以下几个方面进行。

（1）明确的目的是培养毅力的第一步，也是最重要的一步，知道自己想要什么，强烈的动机会驱使人克服困难。

(2) 欲望　如果对追求的目标充满强烈的欲望，那么相对容易保持毅力。

(3) 自信　相信自己有能力实施一项计划会激励人坚持不懈地遵循计划。

(4) 明确的计划　调理清晰的计划，哪怕计划不周全或并不完全可行，也会激励人的毅力。

(5) 认清自我　知道自己的计划非常可靠，再加上经验或间接知识，会激励人的毅力。如果认不清自我，而只靠猜测就会毁掉一个人的毅力。

(6) 意志力　集中精力为实现一个确定的目标而创建计划的习惯，会使人产生毅力。

(7) 合作　对他人的同情、理解，以及密切的合作往往使人产生毅力。

(8) 习惯　毅力是习惯的产物。

七、意志品质

意志品质是指构成意志的诸因素的总和。主要包括独立性（自觉性）、果断性、自制性和坚持性（坚韧性）。

(一) 意志的自觉性

意志的自觉性是指对行动目的有明确的认识，尤其是认识到行动的社会意义，主动支配行动方面的意志品质。自觉性是意志的首要品质，贯穿于意志行动的始终。自觉性强的人，能够广泛地听取别人的意见并进行取舍，吸收有益的成分，独立自主地确立合乎实际的目标，自觉地克服困难，执行决定，对行动过程及结果进行自觉反思和评价。在行动中能主动积极地完成符合国家和人民赋予的任务，并能自觉调整个人利益与集体利益、国家利益三者之间的关系，不为物质利诱而动心。

与自觉性相反的意志品质是易受暗示性与独断性。易受暗示性的人，行动缺乏主见，没有信心；容易受别人左右，因而会随便改变自己原来的决定。独断性的人则盲目自信，拒绝他人的合理意见和劝告，一意孤行，固执己见。易受暗示性与独断性都是缺乏对事物自觉、正确的认识，分不清是非曲直，而去遵循盲目的倾向。

(二) 意志的果断性

意志的果断性是指一个人是否善于明辨是非，迅速而合理地采取决定和执行决定方面的意志品质。果断性强的人，当需要立即行动时，能迅速地作出决断对策，使意志行动顺利进行；而当情况发生新的变化，需要改变行动时，能够随机应变，毫不犹豫地作出新的决定，以便更加有效地执行决定，完成意志行动。

与果断性相反的意志品质是优柔寡断和草率决定。优柔寡断的人遇事犹豫不决，患得患失，顾虑重重；在认识上分不清轻重缓急，思想斗争时间过长，即使执行决定也是三心二意。草率的人则相反，在没有辨明是非之前，不负责任地作出决断，凭一时冲动，不考虑主、客观条件和行动的后果。优柔寡断和草率决定都是意志薄弱的表现。

(三)意志的自制性

意志自制性是指善于控制和支配自己行动方面的意志品质。自制性强的人,在意志行动中,不受无关诱因的干扰,能控制自己的情绪,坚持完成意志行动,同时能制止自身不利于达到目的的行动。比如,邱少云在敌人阵地前埋伏,被敌人的燃烧弹火焰烧着,仍严守纪律,克制着自己一动不动,最后壮烈牺牲,使部队完成了潜伏任务,就是意志自制性的范例。

与自制性相反的意志品质是任性和怯懦。任性的人自我约束力差,不能有效地调节自己的言论和行动,不能控制自己的情绪,行为常常为情绪所支配;怯懦的人胆小怕事,遇到困难或情况突变时惊慌失措,畏缩不前。

(四)意志的坚持性

意志的坚持性是指在意志行动中能否坚持决定,百折不挠地克服困难和障碍,完成既定目的的意志品质。这是最能体现人的意志的一种品质。坚持性强的人能根据目的要求,在长时间内毫不松懈地保持身心的紧张状态,在任何情况下,都坚持不变,直至达到目的。在遇到困难时,它能激励自己树立起克服困难的信心,始终如一地完成意志行动。所谓"锲而不舍,金石可镂",是意志坚持性的表现。凡有成就的人,都有极强的意志的坚持性。正如贝弗里奇所说的,几乎所有有成就的科学家,都有一种百折不回的精神。可见,意志的坚持性品质是事业成功的重要条件。

与坚持性相反的意志品质是顽固执拗和见异思迁。顽固执拗的人对自己的行动不作理性评价,执迷不悟,或者是明知不可为而为之。见异思迁者则是行为缺乏坚定性,容易发生动摇,随意更改目标和行动方向,"这山望着那山高",结果就是庸庸碌碌、终生无为。

第三节 职业化心态和意识

探究众多成功职业人士的秘诀,有一条惊人的一致,那就是积极的态度。积极态度是他们成功的最大资产。积极态度对职业成功有一种魔力,能够极大地改变一个人的事业和生活。职业化心态就是一种工作状态的标准化、规范化、制度化,即在合适的时间、合适的地点,用合适的方式,说合适的话,做合适的事。使员工在知识、技能、观念、思维、态度、心理上符合职业规范和标准。

初入职场有四个意识的转变。一是个人导向到团队导向。放下个人英雄主义,寻求团队合作,在共赢中实现自己。二是情感导向到职业导向。放下个人情绪,聚焦团队目标,树立职业形象。三是成长导向到责任导向。放下"小我",主动承担团队责任,在责任中成长。四是思维导向到行为导向。放下"光说不练",快速行动,在行动中寻找有效方法。

人在职场应该具备以下几种心态：一是正面积极：面对挫折，绝不抱怨，迎接挑战，在不断的挑战中成长自己。二是空杯学习：学历不等于学习力，社会上考验的是学习力。三是主动负责：一个人能负多大的责任，就能成就多大的事业。四是合作共赢：能和多少人合作，和什么样的人合作，决定了成就有多大。五是树立人生目标：明确的人生目标，能让你利用一切资源、一切机会去实现它。

一、职业角色

（一）职业角色的含义

职业角色是人们在一定的工作单位和工作活动中所扮演的角色，是指社会和职业规范对从事相应职业活动的人所形成的一种期望行为模式。职业角色是职业化心态和意识形成的起点。

随着社会的发展，职业角色作为一个最重要的社会角色越来越受到人们的关注。职业角色是以广泛的社会分工为基础而形成的一整套权利和义务的规范、模式。由于社会地位是社会角色的内在本质，因此社会地位的多样性也就决定了社会角色的多样性。职业角色作为社会角色的一种类型，除具有社会角色的一般特征外还具有专门性、盈利性、相对稳定性、合法性和社会性等特征。

（二）角色与职业角色的区别

1. 社会责任不同

社会责任包括学好科学文化知识，掌握为人民服务的本领，使自己的德智体全面发展等。学生在校期间是以学习探索为主要任务，整个角色过程是一个受教育储备知识锻炼能力的过程。而在职位上每一个人都是以特定的身份去履行自己的职责，依靠自己的本领或技能去为社会和他人服务，完成某项工作，通过对工作对象的履行情况来体现。作为职业人必须适应社会服从领导和管理，适应上级的管理风格，在工作中犯了错误则必须承担相应的成本和风险的责任，并承担相应的社会责任。

2. 社会规范不同

规范主要反映在国家制定的和学校制定的各种行为准则之中，告诉大家怎样做人、如何发展等。因为学生是受教育者，在违反角色规范时，主要还是以教育帮助为主。而对于职业人职业角色的规范因职业的不同而不同，但是肯定是更严格，违背了就要承担一定的责任，甚至是法律责任。

3. 社会权利不同

学生的权利主要是依法接受教育，并取得经济生活的保证或捐助；而职业人的主要权利是依法行使职权，开展工作，运用自己的知识和能力，向外界提供自己的劳动，即使运用和输出，要求结合实际创造性地发挥水平，并在履行义务的同时取得报酬。

4. 活动方式不同

在学校里我们需独自完成学习任务，在学业上的合作相对较少，学生可自由参加课外活动；然而在相应的职位上完成企业的某项任务需要多位职工的合作，各职位的工作之间有很大的联系，团队效益尤为突出。

5. 面对的环境不同

在学校里，寝室—教室—图书馆—食堂"四点一线"的简单而安静的生活方式，单纯而简单的校园文化气氛，学习时间可弹性安排，少许逃课没人管，有较长的节假休息日，教学大纲提供清晰的学习目标，学术上多鼓励师生讨论甚至争论，布置作业或工作在规定时间完成。而职业角色面临的社会环境是快速的生活节奏、紧张的工作和加班；在单位里，规定上下班时间，不能迟到早退，经常加班，节假日很少，工作任务繁重，老板通常对讨论不感兴趣，多数老板比较独断，待职工不一定很公平；一切以经济利益为导向；要完成上司或老板交给的具体工作。

（三）学生职业转变中易出现的问题

1. 对学生角色的依恋

相信每一个学生都对自己的母校有着深厚的感情。我们在入职之前的十几年时间里都在学校里过着衣食无忧的安逸生活，走向社会走向职场将面临着很大的挑战，因此许多学生被动地接受和面对社会，甚至有的人不愿面向社会。

2. 对职业角色的畏惧

出于对新的职位的不了解以及经验的缺乏，新入职的职员在做事时畏首畏尾，不愿去主动承担责任，缺乏自信心。

3. 主观思想上的自傲

当然，还有一小部分同学，认为自己是满腹经纶的天之骄子，过于自信，目中无人，好高骛远，眼高手低。

4. 客观作风上的浮躁

做事总是缺乏责任心，一味地追求高速度，不愿去做一些细节的事情，这也就难免在工作中出现失误或是败在细节上。

5. 心理问题

主要有苦闷压抑的孤独心理、消极退缩的自卑心理、观望等待的依赖心理等。

（四）如何解决学生职业角色转变中的问题

1. 积极工作

唯有态度积极，才能全心投入到工作中，才能在工作中忘我，在工作中得到快乐与满足，并最终取得成功。

2. 有效的工作行为

衣着整洁、讲究仪表；言行举止要得体；遵守纪律；多请教，不可不懂装懂；少说多做，严守秘密。

3. 工作中的人际沟通

本着真诚的态度主动沟通，正确处理工作中与领导、同事、下属、客户等人的关系，加强归属感，形成团队意识。

二、岗位适应能力

学生走出校园进入职场，在新的工作岗位上都要有一个职业适应的过程，岗位适应能力强的人，适应过程较短；反之，岗位适应能力差的人，适应的时间较长，影响了工作效率。而怎么样才能更快地适应新职业，这就需要提高职业适应能力。

第一，确立专业的职场目标。新员工进入组织后，所面临的是纷纷繁繁的职业工作景况，如果没有追求的目标，不知道自己要干什么，朝秦暮楚，用心不专，只能无意义地耗费宝贵的时间和精力。所以步入新的职业环境，应当尽快选定目标，努力地去适应。适应是需要时间和经验的，只有专注于某项职业活动，才能渐渐体味其中的甘苦，慢慢总结出存在其中的技巧；才能与该职业群体中的人相交，彼此相知，融洽相处。

第二，学会动态地适应职场环境。任何事情不能期望一劳永逸、稳固不变，应对发展和变化要有足够的心理准备，对新兴事物要持开放、悦纳和不断吸收的态度。与此同时，积极适应不断发展变化的职业工作环境，必须要有一定的知识技能储备。随着知识内容、知识结构的不断更新，要不断学习和掌握新知识、新技能，要锻炼出一种动态的科学的思维方式和判断问题的能力。

第三，尽快适应新的职业环境。在新的工作环境中首先要端正工作态度，遵守和熟悉该工作的角色规范，如纪律、道德、技术规范等；并且要迅速掌握工作技能，提高工作效率；还要积极参加职业培训，虚心求教于师傅和同事们。这样做才有利于尽快进入新的角色，易得助于他人。另外还要尽快适应新的人际关系，融入到新的工作环境中去。

第四，学会能力替代或补偿。一个人的职业适应能力与其能力结构正相关。如果一个人的能力结构与职业要求相符，职业适应性就很强；反之，则较弱。一个人还可以通过其他的能力补偿效应，来增进新职业的适应性。这种补偿，不仅发生在自身具有的不同能力之间，而且还发生于外在的气质与能力、个人性格与能力、个性与能力等之间的相互替代。

第五，培养工作兴趣、扩展新知识。个人兴趣是员工职业活动中的心理动力之一，兴趣爱好是个性倾向性的重要内容。它能培养员工在工作中积极进取、主动热情的心境。这种很有必要的心理动力和个人情感上的支持，将会有效地增强新职业中的适应能力。

第六，脚踏实地、安心适应单调乏味的工作。一个人的职业目标并非朝夕就能够实现，通往职业和事业的目标要行走很长的路才行。在日常的工作中千万不要对那些繁琐、乏味的例行事务感到厌烦，要知道这是通往自己职业目标进程中的铺路石和基础，要学会以良好的、积极的心态去面对，勇于承担低级别的或枯燥乏味的工作，这样才能够对自己感兴趣、而又富于创造性和挑战性的工作打好基础，从而能够更快地适应较高级的工作。

三、职业道德

良好的职业道德是每一个员工都必须具备的基本品质，也是企业对员工最基本的规范和要求，同时也是每个员工担负起自己的工作责任必备的道德要求。

（一）职业道德的含义

职业道德，就是同人们的职业活动紧密联系的符合职业特点所要求的道德准则、道德情操与道德品质的总和，它既是对本职人员在职业活动中的行为标准和要求，同时又是职业对社会所负的道德责任与义务。职业道德属于自律范围，它通过公约、守则等对职业生活中的某些方面加以规范。

（二）职业道德的特点

（1）职业道德具有适用范围的有限性　每种职业都担负着一种特定的职业责任和职业义务。由于各种职业的职业责任和义务不同，从而形成各自特定的职业道德的具体规范。

（2）职业道德具有发展的历史继承性　由于职业具有不断发展和世代延续的特征，不仅其技术世代延续，其管理员工的方法、与服务对象打交道的方法，也有一定历史继承性。如"有教无类""学而不厌，诲人不倦"，从古至今始终是教师的职业道德。

（3）职业道德表达形式多种多样　由于各种职业道德的要求都较为具体、细致，因此其表达形式多种多样。

（4）职业道德兼有强烈的纪律性　它既要求人们能自觉遵守，又带有一定的强制性。就是说，一方面遵守纪律是一种美德，另一方面，遵守纪律又带有强制性，具有法令的要求。例如，工人必须执行操作规程和安全规定；军人要有严明的纪律等。职业道德有时又以制度、章程、条例的形式表达，让从业人员认识到职业道德具有纪律的规范性。

（三）如何遵守职业道德

1. 忠于职守，乐于奉献

从业人员，首先要安心工作、热爱工作、献身所从事的行业，把自己远大的理想和追求落到工作实处，在平凡的工作岗位上做出非凡的贡献。敬业奉献是从业人员默默无闻无私奉献的道德品质，"不唯上、不唯书、只为实"的求实精神。要求广大从业人员要有高度的责任感和使命，热爱工作，献身事业，树立崇高的职业荣誉感。要克服任务繁重、条件艰苦、生活清苦等困难，勤勤恳恳，任劳任怨，甘于寂寞，乐于奉献。

2. 实事求是，不卑不亢

实事求是，不仅是思想路线和认识路线的问题，也是一个道德问题，要求必须办实事，求实效，坚决反对和制止工作上弄虚作假。如果夹杂了个人的私心杂念，为了满足自己的私利或迎合某些人的私欲需要，弄虚作假、虚报浮夸就在所难免，也就会背离实事求是这一最本的职业道德。

3. 依法行事，严守秘密

严守秘密是职业道德必需的重要准则。作为员工要维护行业、企业的秘密，提高企业的信誉。进一步加大执法力度，严厉打击各种违法乱纪的现象，依靠法律的强制力量打击泄密现象。

4. 公正透明，服务社会

优质服务是职业道德所追求的最终目标，优质服务是职业生命力的延伸。

第四节 社会适应能力

托尔斯泰说，"世界上有两种人：一种是观望者，一种是行动者。大多数人都想改变这个世界，但没有人想改变自己。"有时候，我们改变不了周围的环境，可是我们却可以改变自己，改变自己看待周围环境的心态以及目光，到了那个时候，你会发现其实身边每一样事物看上去都是那么美好，那么环境不就是已经改变了吗？这种改变的能力就是社会适应能力，它是指人为了在社会更好生存而进行的心理上、生理上以及行为上的各种适应性的改变，与社会达到和谐状态的一种执行适应能力。

社会适应能力顾名思义是顺利进入社会、正确认识社会、尽快适应社会，并在社会中得到发展，实现自我价值和社会价值的能力，从这个角度讲，它是一种综合能力，其内容如下。

一、学习精神和自主学习能力

1. 重要性

学习精神和自主学习能力已经成为适应社会的主要能力，不能敏锐地发现学习目标，并进行有效的学习，就难以成为一个具有良好社会适应能力的人。但现实是很糟糕的，很多的人，普遍反映不知道如何学习，很难掌握有效的学习方法；也有的人反映对于学习很茫然，一本书有的人读得津津有味，而有的人却无论如何读不懂什么意思。即使在大学中，这种现象也很普遍，针对某理工科高校一项调查表明，在大一至大四各个年级随机抽取的大学生中，有 39.7% 的同学常感到学习困难，有大约 58% 的同学被各种学习问题困扰着。

2. 存在的问题

（1）对"自主学习"不了解，只停留在意识上，没有落实到行动中。在他们看来，自主学习就是自己一个人学习，这个误解让很多人只是靠自己在漫无目的学，却没有真正做到自主地去学。也不会与人讨论，只是自己一个人钻在书堆中，最后成了名副其实的书呆子。而很大一部人清楚自主学习，也尝试着用这种学习方法学习，但是坚持不了多久。

（2）有"自主学习"的意识，但学习依赖性强。自主学习是与传统的接受学习相对应的一种现代化学习方式。以人作为学习的主体，通过学生独立的分析、探索、实践、质疑、创造等方法来实现学习目标。大部分人都已经意识到自主学习的重要性，都希望有自我学习的时间。但是在具体的学习过程中仍然依赖于教师、教室以及面授辅导课，只是被动地听课、被动地记笔记，而获取学习资源的主要途径也是依靠老师或书本，由此可以看出这些人的学习依赖性强，主动性差。

（3）对时间管理意识不强。一个人自由支配的时间相对多了很多的时候，他不知道该干什么，不会合理安排时间，就开始变得懒散。学习往往出现"先松后紧"的情况，即开始时学习抓得不紧，往后拖延，但任务完成的最后期限抓得很紧。其结果是自主学习能力不高，甚至还有可能导致考试焦虑情绪的产生。时间管理得如何，直接影响自主学习的效果。

（4）对学习没有明确的目标。生活没有明确的目标，不知道上学的目的是什么，是很多学生不努力学习的一个借口。不喜欢自己的专业，对所学专业没有兴趣，也成了学生漫无目的生活的一个很有说服力的理由。因此，对于学习没有目标，甚至说上学只是为了混一张文凭，只注重学分，平时就在宿舍上网聊聊天，打打游戏，看看电视剧，星期天干脆就大睡一场。这些同学不要说自主学习，他们连学习都不会，上大学，好像就只是混混日子而已。

3. 如何提高自主学习能力

（1）首先要端正自己的学习目的，要明确自身的需要，尤其是学习的最终目的，上学不是只为了拿张文凭，更不是来混日子。而是为了提升自身素质，为了自己的理想。要认清自己，知道自己需要的是什么。给自己定一个目标，为自己的人生作一次规划。从意识上先做好自己，再付诸行动。

（2）进一步去了解自己的专业，兴趣是最好的老师，只有对一个事物感兴趣，才会想进一步地了解它。真正弄懂自己的专业是怎样的一个专业，这个专业可以做些什么。如果真的不喜欢你的专业的话，也不要紧，在大学，自己掌握的时间还是比较多的。可以选择在保证专业课不挂科的情况下，学习自己想要学习的东西，前提是：知道自己想要的是什么。

（3）学会合理地安排自己的时间。在校期间，除了上课，留下的时间都是自由支配的。这时，学生需要学会如何安排自己的时间。最好给自己的时间作一下规划，计划好自己一天、一星期、甚至一个月、一学期的时间。计划的时候注意分好平时、周末，以及假期。只要合理地安排好时间，就会觉得生活很有条理，对自己的生活也会比较有信心。

二、实践能力

当今社会能力比知识重要，如果只有知识而没有技能或者动手操作能力差，如同缺乏建设高楼的设计方法的一堆瓦砾，无意义地堆积知识，无法实现价值转化。从用人单位的角度，他们都希望进入职场的新人不需要太多的教育和培训就能尽快进入职业角色，产生效益。具体来说，动手操作能力就是将理论知识转化为实践活动的能力。

（一）实践能力的含义

实践能力是一个使用频率高而研究较少的概念，学术界一直偏重于对认知能力的研究，对实践能力鲜有涉及。有人认为，实践能力是个体在生活和工作中解决实际问题所显现出的综合性能力，是个体生活、工作所必不可少的；它不是由书本传授而得到的，而是由生活经验和实践活动磨炼习得的。也有人认为：实践能力就是对个体解决问题的进程及方式，直接起稳定的调节控制作用的个体生理和心理特征的总和。总之，实践能力是运用知识、技能解决实际问题的能力。

（二）实践能力的类型结构

在分专业进行的学习中，每个专业的学生都必须掌握多种实践能力，概括起来，这些实践能力包括一般实践能力、专业实践能力和综合实践能力。

1. 一般实践能力

一般实践能力是指各专业学生必须掌握的一些适应当前和未来职业活动、生活活动和社会活动的基本实践能力，主要包括独立生活能力、环境适应能力、交往合作能力、语言表达能力、计算机应用能力和外语应用能力等。

2. 专业实践能力

专业实践能力是指完成某种职业活动所必须具备的实践能力。由于每所院校的每个专业培养目标定位不同，学生的专业实践能力要求是不一样的。如工科类专业学生需具备绘图能力、实验能力、设备仪器使用能力、加工操作能力、数学运算能力、设计能力等专业实践能力；教师教育类专业学生则需具备教学设计能力、课堂教学能力、班主任工作能力、语言表达能力、板书能力、教育技术使用能力、组织管理能力等。

3. 综合实践能力

综合实践能力是指完成复杂任务和解决新问题所具备的实践能力。完成复杂任务和解决综合问题常常涉及技术、经济、社会、环境、心理等各种问题，不仅要综合地运用一般实践能力、专业实践能力和本专业的知识，还要运用跨学科跨专业的知识和技能。综合实践能力具有多学科知识运用的综合性、解决实际问题的实战性和一定程度的创造性等特点。

（三）如何培养学生实践能力

1. 充分认识实践能力培养的重要性

原教育部部长周济同志在第二次全国普通高校本科教学工作会议上的讲话中指出：

"要大力加强实践教学,切实提高学生的实践能力。知识来源于实践,能力来源于实践,素质更要在实践中不断提高。"通过广泛的讨论、交流和深入的实地考察等方式,让广大师生充分认识实践能力培养的重要性、紧迫性,有利于促进师生观念的根本转变。

2. 创设多样化的实践活动环境

实践活动环境是指学生进行实践活动所需要的一系列外部条件的组合。学生实践能力的培养离不开多样化的实践活动环境。一是通常采用校企合作模式和学校引进(创办)企业等模式,创设一种真实的工作环境。二是在校内建立实验、实训中心,创设一种类似于实际工作环境的教学实验、实训环境。三是在实践教学环节中,要创设人人动手、动口、动脑的实践活动氛围;在理论教学中,可广泛运用图片、图表、模型、标本、声像、多媒体教学等直观教学手段和学习用具,创设学生进行认知和练习的活动环境,增强学生的感性认识,进行绘图、设计等训练。

3. 采用有利于实践能力发展的教学模式

要改革传统的以知识信息传授为主的单一的传递——接受教学模式,创建有利于学生实践能力发展的教学模式,如探究教学模式、体验——反思型教学模式、案例教学模式、专项技能训练模式、基于项目的教学模式等。另外,要给予学生自主练习和独立处理问题的机会,给学生布置充足的课外练习和独立处理问题等任务,规定完成期限,并采取有效方式进行检查、评价。

三、应对挫折的能力

在职场中经受挫折是常有的事情,我们没有办法减少或消除挫折与压力,但我们有办法锻炼自己承受挫折和压力的能力。只有提高应对挫折的能力,才是顺利应对挫折的关键。

(一)摆正心态,正确认识挫折

挫折是每个人成长过程中所必须经历的,可以说没有挫折就没有成长。因此,当我们遇到挫折的时候应该庆幸,因为这是上天给予我们成长的机会,我们需要的不是畏惧而是感激,进而摆正心态,从容地面对挫折。

(二)积极应对挫折

要采取科学、理智的方式应对挫折。遭受挫折时,要避免愤怒、生气,避免自暴自弃。美国心理学家爱尔马为了研究心理状态对人的心理健康的影响,设计了一个简单的实验:把一支玻璃试管插在有冰有水的容器里(温度为0℃),然后收集人们在不同情绪状况下呼出的水汽。结果发现,当一个人心平气和时,他呼出的气体变成了水后是澄清透明的;悲痛时水中有白色沉淀。悔恨时有蛋白色沉淀;生气时有紫色沉淀。爱尔马把人生气时呼出的生气水注入白鼠体内,几分钟后,白鼠死了。由此,爱尔马分析,人生气(10分钟)会消耗人体精力,其程度不亚于参加一次3000米的赛跑;生气时的生理反应十分强烈,分泌物比任何情绪都复杂,都更具有毒性。有很多时候，人都是由于愤怒导致情绪失控，发生了某些悲剧。一般而言，遇到挫折时，积极的心理防御机制，如升华、补偿、幽默等是较佳的应对措施。

（三）提高挫折承受力

首先，应该具有挫折心理准备。生活不会是一帆风顺的，有挫折心理准备，将挫折的出现视为正常的人，相较于对挫折毫无准备的人更能接受挫折，正确应对挫折。

其次，保持适当的自我期望水平。个人的期望水平应该符合自己的实际情况，如果期望过高，脱离自己的实际情况，在现实生活中肯定会碰壁，使自己总是处于失败的折磨中，不仅有损自尊，还可能因为严重的情绪冲突而有损身心健康。有人曾做过这样的实验：将一只跳蚤放进玻璃杯中，跳蚤能够立即轻松地跳出来。一般跳蚤能跳的高度，是身体高度的 400 倍。如果在杯口盖上一块玻璃板，跳蚤就会一次次撞在玻璃上，不过，它很快就变得聪明起来，开始调整所跳的高度，只在玻璃板下面跳动，再也不会撞到玻璃上了。一天以后，实验者拿走玻璃板，跳蚤仍然在原有高度跳动。一周以后，它虽然还是不停地跳动，但已经无法跳出这个玻璃杯了。在我们奋斗失败后，如果只是不停地抱怨自己的运气不好，或者怀疑自己的能力不够，从而降低自己的目标，最终会因为害怕挫折而一辈子过着碌碌无为的生活。

最后，可以采取正确的自我疏导和合理宣泄方式。受挫后，心理上会处于焦虑、愤怒、冲动的应激情绪状态之中，如果不能妥善地化解，会出现攻击、轻生等消极行为反应。因此，采取可控的、合理的方式，宣泄受挫后的紧张心理、恢复心理平衡，对于我们十分必要。自我疏导是受挫后，以语言或文字方式主动与他人倾诉，从而消除受挫引起的不良情绪，恢复心理平衡的方法，这是一种简单而有效的疏导方式，实际上也是情绪宣泄的一种方式。

四、心理素质能力

（一）心理素质的定义

心理素质是人的整体素质的组成部分。中国全民健心网负责人肖汉仕教授认为：心理素质是在遗传基础之上，在教育与环境影响下，经过主体实践训练所形成的性格品质与心理能力的综合体现。

（二）心理素质的组成

心理素质是先天因素与后天因素的"合金"。简单地说，心理素质是以生理素质为基础，在实践活动中通过主体与客体的相互作用，而逐步发展和形成的心理潜能、能量、特点、品质与行为五个方面的综合。

1. 心理潜能

国内外的一般共识是，每个人生来都具有一定的潜能，特别是现代人本主义心理学家还肯定，每个人生来都具有优秀的潜能；每个人都亟欲把自己的潜能发挥出来或得到实现；每个人只要自己努力都可以充分发挥或实现自己的潜能。潜能并不神秘，它是人的心理素质乃至社会素质赖以形成与发展的前提条件或某种可能性。或者说，正因为人具有一定的潜能，所以就能把他们培养成为真正的人；而动物没有此种潜能，所以虽然花费九牛二虎之力，也不能使它们向着人的方向发展。

2. 心理能量

亦称心理力量或心理能力，也可简称为能或力。世界上的万事万物（包括精神）都有一定的能量，即都是有"力"的。人也是如此，"人生莫不有力"（《论衡·效力》），可称之为人力。人是一个系统，它又是由身体系统与心理系统构成的，而这两个子系统也是有力（能量）的，前者为体力即身体之能力，后者为心力即精神之能力。这种心理能量乃是人的心理素质的体现，也是用意识来调节的能量作用，其大小强弱也能够反映出一个人的心理素质水平。

3. 心理特点

人的心理活动特点，可以把它归结为六对"统一"：客观性与主观性的统一、受动性与能动性的统一、自然性与社会性的统一、共同性与差别性的统一、质量与数量的统一、时空性与超时空性的统一。人的各种心理现象也具有各自的特点，如感知的直接性与具体性、思维的间接性与概括性、情感的波动性与感染性、意志的目的性与调控性等。心理特点也是心理素质的具体标志。

4. 心理品质

心理品质与心理特点有联系，但二者也有区别，不能混为一谈。它并非心理活动本身所固有，而是后天习得的。品质有两个方面的涵义：一是个别差异，即人与人之间各具有不同水平的心理品质；二是培养标准，即要求人们的心理所应当达到的水平。几乎每一种心理现象都具有一定的品质，如记忆的敏捷性、持久性、准确性、备用性，思维的灵活性、深刻性、独立性、批判性，情感的倾向性、多样性、固定性、功效性，意志的自觉性、果断性、坚持性、自制性等。心理品质的优劣最能表现出人的心理素质的水平。

5. 心理行为

人们无论简单的行为还是复杂的行为，归根结底都受人的心理支配，都是人的心理的外部表现。因此，从这个意义上说，人的一切行为都可以称为心理行为。这种心理行为是心理素质的标志，通过它可以检验心理素质水平的高低。而且，前述心理素质的4个组成因素如心理潜能、能量、特点、品质等，也都会明显地或不明显地在行为上反映出来。可见，心理行为是构成心理素质的一个重要成分。

（三）如何提高心理素质

1. 自我认识

自己的心理素质究竟如何？这是一个想要提高心理素质的人首先要对自己问的问题。心理素质体现的方面不一定一样，有些方面是强项，而有些方面可能是弱项。例如有的学生一到考试就焦虑，看到题目就忘答案，越做越紧张。而可能他在人际交往上却轻松自如，即便遇到十分棘手的人际问题，他也能不急不躁、游刃有余地化解开来。因此，首先要先看清楚，哪些是自己心理把握能力的弱项，哪些是强项。中国有句俗话：知己知彼，方能百战百胜。所以看清自己的弱项和强项是第一步。只有看清楚了缺点才有改正它的目标和动力。

2. 把握自己的情绪

情绪是一个人心理活动的最直接也是最真实的外在反映，认知心理学家认为，思维决定情绪，也就是对人对事件、对环境进行的解释，内心有什么样想法就会有什么样的情绪体验和情绪表现。一个正常的人，在他遭受屈辱、义愤填膺的时候绝对不会开怀大笑，一个正在同自己心爱的伴侣花前月下的时候绝对不会恼羞成怒。那么一个人在面对困境、面对挫折的时候，他会表现出怎么样的情绪来呢？其实通常情况下无非就是紧张、焦虑、烦躁、失落和抑郁等消极情绪体验，试想在这样的情绪体验下，能做好什么样的事情呢？再有能力的人又能发挥出多高的水平来呢？因此把握自己的情绪是有效克服和提高心理素质的关键。

3. 提高遭遇挫折的承受力

挫折教育作为新的教育理念，已经越来越受到关注。适当的挫折不但有助于更好的认识自我，也能很好地培养心理素质。因为，人其实是个感知耗损型的动物，人对同一事物的感觉，随着次数的增加和时间的推移，会由激烈逐渐趋于平缓，感觉敏感度会形成一个下滑的趋势。

第二篇
就业指导篇

第四章
就业形势与社会环境

　　位于四川德阳市的东方汽轮机有限公司，2010 年招聘了 6 名清华大学毕业生。该公司人力资源处负责人说："我在企业负责招聘工作 20 多年了，今年第一次出现 30 多名清华大学毕业生到我们企业求职的情况。"这在一定程度上反映出当今社会的就业压力。我国是人口大国，人口基数大，需要就业的人口多，社会整体就业压力偏大。特别是近年来，各类学校毕业生人数每年呈现快速递增状态，就业压力不断增大。毕业生需要正确认清当前的就业形势及趋势，了解毕业生就业市场体制和就业方向，把握毕业生就业方向选择的原则，准确定位，制定合理的职业生涯规划，不断提高运用市场行为求职的能力，以顺利实现自己的职业理想。

第一节　就业形势分析

一、当前我国的就业形势

1. 2006～2010 年我国就业情况统计表

2006—2010 年我国就业情况统计如下表所示。

年份统计指标	2006	2007	2008	2009	2010
就业人员合计/万人	74978	75321	75564	75828	76105
就业人员产业分布/万人					
第一产业	31941	30731	29923	28890	27391
第二产业	18894	20186	20553	21080	21842
第三产业	24143	24404	25087	25857	26332
就业人员产业构成比（合计=100）					
第一产业	42.6	40.8	39.6	38.1	36.7
第二产业	25.2	26.8	27.2	27.8	28.7
第三产业	32.2	32.4	33.2	34.1	34.6

续表

城镇就业人员单位所有制成分构成/万人					
国有单位	6430	6424	6447	6420	6516
城镇集体单位	764	718	662	618	597
股份合作单位	178	170	164	160	156
联营单位	45	43	43	37	36
有限责任单位	1920	2075	2194	2433	2613
股份有限公司	741	788	840	956	1024
私营企业	3954	4581	5124	5544	6071
港澳台商投资单位	611	680	679	721	770
外商投资单位	796	903	943	978	1053
个体	3012	3310	3609	4245	4467
城镇登记失业人数/万人	847	830	886	921	908
城镇登记失业率/%	4.1	4.0	4.2	4.3	4.1

(以上数据来源《中国统计年鉴（2011）》，中国统计出版社，2011年版。)

2. 当前我国就业形势的特征

根据国家统计局2006—2010年统计的数据，我国当前整体就业形势呈现以下几个特征。

（1）就业人数增长较快，就业总量压力持续不减。1978年我国的就业人数为40152万人，1990年为64749万人，2000年为72085万人，2010年为76105万人。可见改革开放以来，随着经济的较快增长以及人口的增加，特别是进入劳动力市场的人口数量的增加，我国就业人口数呈激增状态。虽然我国GDP（即"国内生产总值"）保持了平均8%以上的增速，但与就业人口数的快速增长相比，就业总量压力仍然非常大。

（2）劳动者技能素质与用人单位需求不相适应的矛盾十分突出，劳动力素质亟待全面提高。许多地区和行业出现了技能劳动者短缺的现象，成为制约经济发展的瓶颈。尤其是沿海经济发达地区，高素质劳动者特别是高级技能人才更显匮乏。

（3）城镇登记失业人数有所上升。据统计，1978年我国城镇登记失业人数为530万人，1990年为383万人，2000年为595万人，2009年为921万人，近五年城镇登记失业率中位数约为4.2%。从数据上看，近年来我国城镇登记失业人口有大幅增加，且鉴于目前我国统计工作的局限，实际失业人口数可能远超过登记人数，这些失业人口绝大多数都面临着再就业问题，这更加剧了目前就业市场的竞争性。

（4）第三产业就业人数呈明显增长趋势。纵观近五年来从事三大产业的人口数变化，第一产业（通常包括农业、林业、牧业、副业和渔业）就业人口数正缓慢下降，第二产业（通常包括制造业、采掘业、建筑业等）就业人口数保持平稳，而第三产业（通常包括商业、金融、保险、运输、通信等现代服务业）就业人口数则呈现快速增长势头。这也符合国际通行的现代化发展的指标，即随着社会经济和科学进步，国民经济各部门的产值和就业人员的比例不断发生变化,最显著的变化趋势是第三产业的比重将持续上升。到目前为止,发达国家第三产业的产值和就业人口的比重一般都在50%以上,成为规模最大、增长最快的产业。相比之下我国第三产业就业人数还有较大的增幅空间。

(5) 国有单位就业人口数量占主导,但在其他所有制成分企业就业人数增长较快。由于我国的社会主义性质,以公有制为特征的国有企业在国民经济生活中依然占据了绝对的比重。纵观近五年我国城镇就业人员单位所有制成分的构成,国有单位依然是吸纳就业的主要部门,但民营企业、外资企业、个体经济等吸纳就业的能力明显提升,并呈现继续增长态势。

总之,目前我国的市场就业机制日趋完善,就业规模持续扩大,就业结构逐步优化,就业渠道不断拓宽,就业形式更加灵活,总体上保持了就业形势的基本稳定。但是,我们要清醒地看到,在今后一个较长的时期还面临着许多困难和问题,就业形势依然严峻。主要反映在:劳动力供求总量矛盾和就业结构性矛盾并存,城镇就业压力加大和农村富余劳动力向非农领域转移速度加快的问题同时出现,新成长劳动力就业和失业人员再就业问题相互交织。

二、当前毕业生的就业形势

近年来,随着社会主义市场经济体制的逐步建立与完善,职业院校毕业生的就业形势呈现出一些新的规律和特点。

1. 社会需求量大,就业率较高

近年来,职业教育改革发展取得了显著成就。2013年全国共有职业院校1.36万所,年招生1016.7万人,在校生2933.8万人,其中中等职业学校1.2万所,年招生698.3万人,在校生1960.2万人,分别占高中阶段教育的45.9%、44.5%。高等职业院校1321所,年招生318万,在校生973.6万,分别占高等教育的45.5%、39.5%。另外有非学历教育注册学生5593万人。"十一五"以来,职业院校累计为国家输送了近8000万名毕业生,占新增就业人口60%,成为我国中高级技术技能人才的主要来源。

随着我国发展实体经济、转变经济发展方式、推进产业结构调整和新型城镇化建设的发展进程,迫切需要大量高素质劳动者和技能人才。以加工制造、高速铁路、城市轨道交通、民航、现代物流、电子商务、旅游服务、信息服务、汽车维修等行业为例,近年来一线新增从业人员中,职业院校毕业生占七成以上,就业率也远远超过本科毕业生。

2. 就业结构性矛盾突出

未来二三十年,我国劳动力规模都保持在8亿人以上,就业总量压力长期存在。与此同时,随着经济发展方式转变、产业结构调整、技术革新步伐加快,劳动力供求不匹配的结构性矛盾将会越来越突出,"就业难"与"招聘难"并存的现象愈加凸显。特别是我国技能型劳动者总量严重不足,仅占就业人员的19%,高技能人才数量不足

5%；技能劳动者的求人倍率一直在 1.5∶1 以上，高级技工的求人倍率甚至达到 2∶1 以上的水平，许多地区和行业出现了技能劳动者短缺的现象，成为制约经济发展的瓶颈。近年来，沿海经济发达地区的高素质劳动者特别是高级技能人才更显匮乏。这种人才紧缺现象逐步从东部沿海扩散至中西部地区，从季节性演变为常态化。同时，社会对毕业生的专业需求结构与院校生源结构不一致，能力素质要求与院校的培养取向不一致，也导致毕业生数量、层次、专业、质量与社会需求不完全适应，部分专业毕业生就业困难。

3. 毕业生整体就业质量不高

虽然毕业生的就业期待日益变得更为理性化，但大部分毕业生仍期望能够进入单位层次高、地域环境好、薪酬待遇高的单位。在实际就业中，绝大部分毕业生在初次就业时很难实现自己的职业期待。毕业生初次就业的薪酬普遍比预期低；专业对口率虽然不断提高，但整体还不高；如果遭遇管理不规范的企业，工作待遇差、工作环境差、工作前景差，更会造成毕业生不安于现状，导致职业流动性加大。

4. 毕业生就业渠道呈现多元化的发展趋势

随着我国经济政策的调整和产业结构的转型升级，毕业生的就业渠道呈现多元化的发展趋势。纵观目前毕业生就业渠道：一是继续升学，如升入对口高职、专升本、考研、考博、出国留学等；二是通过公务员考试，进入到各级国家机关工作；三是进入教育科研、医疗卫生等国家事业单位工作；四是进入国家大中型企业工作；五是进入民营、三资企业工作；六是自主创业；七是应征入伍。许多学生往往受传统思想和社会现实的影响，趋向到政府、事业单位和国有企业就职。但近年来，随着毕业生人数的急剧上升，这种就业观念正悄然发生改变，后三种就业渠道正快速上升，并呈现继续上升的态势。

三、毕业生就业的趋势展望

由于总体上我国就业人口数正处于高峰期，毕业生人数也处于历史的高位状态，未来数年内毕业生就业形势依然严峻，这就要求毕业生必须积极转变就业心态，拓宽就业渠道。

1. 就业竞争将继续呈增大态势

就业是民生之本，也是社会和谐稳定的重要基础。党和政府一直非常重视就业问题，出台了一系列的政策来鼓励、扶持就业和创业。但由于我国各类学校毕业生近年来仍处于一个顶峰期，且还呈现不断增长态势。未来相当长的时间内，就业要求高，就业压力大将成为毕业生就业的常态。毕业生必须要认识到这个现实，积极转变就业心态，在校期间，及早作好职业生涯规划，扎实学习，提高综合素养和专业素养，勇于竞争，拓宽就业渠道。

2. 到中西部地区就业，到中小城市就业，到基层就业将成为必然选择

目前，东部发达地区的就业门槛高，竞争力强，生活成本高居不下，以至于近年来出现"逃离北上广"的社会现象。而与之相对应的是，随着经济社会的发展和我国产业结构的变迁，国家西部大开发政策、中部崛起战略深入实施，中西部地区正迎来发展的巨大机遇期。到中西部就业、到中小城市就业、到基层就业、到私营企业就业，勇于创业，必将成为当代年轻人明智的选择。

第二节 就业市场

一、我国的就业方针

就业是民生之本，是人民改善生活的基本前提和途径。为此，我国政府实行积极的就业政策，确立了"劳动者自主择业，市场调节就业，政府促进就业"的就业方针。

1. 劳动者自主择业

劳动者自主择业，是指劳动者进入劳动力市场，通过各种渠道自谋职业。在劳动力市场上，劳动者是就业的主体，有宪法赋予的就业权利和选择自由。因此，解决我国的就业问题，一个重要途径是鼓励劳动者"自主择业"。实践证明，劳动者转变依靠政府解决就业的传统就业观念，树立市场经济条件下自主择业的新观念，就能积极参加培训，提高素质和市场竞争力，自己主动寻找职业，主动开发就业岗位和自谋职业，尽快实现再就业。自主择业也是市场经济的条件下，按劳动力市场规律办事的具体体现。自主择业不仅有利于社会经济的发展，减轻政府包揽就业的压力，而且可以充分发挥劳动者的主观能动性和聪明才智。

2. 市场调节就业

市场调节就业，是指通过培育和发展劳动力市场，以市场机制为配置劳动力资源的基础性调节手段，实现用人单位和劳动者的双向选择。市场调节就业的目标主要是企业自主用人，劳动者自主就业，二者相互选择，能够使劳动力合理流动，充分发挥作用。坚持市场调节的基本方向，是社会主义市场经济体制的内在要求。市场调节就业有利于劳动力在竞争中实现最优化配置，有利于劳动力不断提高自身素质，有利于劳动力资源从总体上得到充分利用和开发。

3. 政府促进就业

政府促进就业，是指政府促进宏观经济与就业的协调发展，通过发展经济，增加就业岗位；制定积极的就业政策，健全和发展就业服务体系；采取必要措施，帮助失业人员、下岗职工和其他就业困难群体实现就业。在市场经济条件下，政府在劳动力市场上仍然大有作为，但其促进就业的职能与计划经济条件下有根本不同：既不是把劳动者就业包下来，也不是把就业完全交给市场去调节。政府可以通过调整宏观经济政策，使宏观经济与就业协调发展，拓展就业领域，调节劳动力需求；还能通过调整就业政策，调节劳动力供给，促进企业合理用人，促使劳动者尽快实现就业。政府应该为市场就业竞争建立公平合理的原则，健全就业服务体系，并为就业竞争中的弱势群体提供必要的保护。

二、毕业生就业市场的形成与特征

近年来，国家和各省、自治区、直辖市正在积极培育和发展与市场经济体制相适应，以政府为主导，以院校为基础，以市场调节和配置为主要形式的毕业生就业市场。

（一）毕业生就业的有形市场

就业市场按照其外在表现形式可分为有形市场和无形市场。有形市场是指有明确固定的场所、具体的时间和地点、特定的参加对象的开放市场。职业院校毕业生就业的有形市场主要有以下几种。

1. 学校组织的招聘洽谈会

学校举办的一般为本校毕业生服务的就业市场（一般又称"供需见面会""招聘会""洽谈会"）。由学校邀请用人单位来校直接与毕业生见面，毕业生与用人单位供需双方直接见面，双向选择，落实就业单位。其优点是针对性强，需求信息直观可靠，服务到位，方便毕业生。

2. 分科类、行业性或大型企业就业市场

分科类毕业生就业市场，主要是各省、市毕业生就业主管部门从用人单位和学校两方面考虑，从市场细化的角度出发，把不同科类的毕业生分别集中起来与相应的用人单位供需见面，双向选择。

行业性毕业生就业市场，主要是由中央部委主管毕业生就业部门举办的为本系统、本行业毕业生和用人单位服务的就业市场。

3. 区域性就业市场

区域性就业市场是指区域毕业生就业主管部门举办的毕业生就业市场。由地方（省、市、自治区）区域主管毕业生就业的政府职能部门组织，主要为用人单位和当地、本地区域高校毕业生服务的毕业生就业市场。其优点是需求信息量大，毕业生能有较多的选择机会，方便用人单位和毕业生，节约经费，现场即可签订就业协议并履行鉴证手续。

4. 国际性就业市场

国际性就业市场指国外企业在中国招聘毕业生，中国企业招聘外国留学生或直接在国外招聘当地毕业生。在国内招聘毕业生到国外分公司就职的情况也有新的发展空间，加入世贸组织后，这种招聘模式将显著增加。

（二）毕业生就业的无形市场

毕业生就业无形市场主要指不受时间、地点、场所限制，而由毕业生和用人单位自行选择的就业市场。

1. 网络求职

毕业生网络求职是利用毕业生就业信息管理和决策支持系统、毕业生生源信息库、用人单位用人信息库和全国就业信息网络等网络媒介，来达到就业目的的就业形式。许多学校和用人单位已经建立了自己的网站，提供丰富的信息资料供用人单位查询，毕业生也可以将个人的详细资料做成个人主页供查询。现在，网络求职已经成为当代毕业生就业的一个重要手段。同有形市场相比，运用计算机进行信息交流并实现信息资源共享的目的，使网上求职择业获取信息更方便、快捷，使双向选择既省时又省力，提高了就业工作效率。

毕业生利用网络求职时可以采取以下几种方式。

（1）利用本校就业网站发布自己的择业信息　随着网上就业工作的深入开展，许多院校都建立了自己的毕业生就业网站，毕业生可以方便地在学校的就业网站上发布自己的择业信息。

（2）利用专门的求职网站求职择业　很多专门的求职网站每日动态地发布大量工作职位和个人发展信息，而且专门为求职者发布求职主页，方便求职者注册使用。

（3）利用用人单位的招聘网站求职择业　现在很多用人单位都建立了自己的网站，用于展示企业形象、宣传自己的产品、扩大自己的知名度、拓展自己的业务范围等，其中一个重要的方面就是招聘人才。毕业生可以直接登录它们的网站，或者在其他网站上查找企业的网站，录入自己的求职信息。

2. 电话求职

电话求职是毕业生通过电话自荐的一种求职方式，在求职过程中，电话自荐起着"敲门砖"的作用。充分利用电话接通后短暂的时间，用最简洁明了的语言展示个性，尽可能给对方留下一个清晰、深刻、良好的印象，为面试打下良好的基础。

3. 求职广告

这是近年来出现的一种新的借助于新闻传播媒介，进行自我推销的求职方式。这种方式覆盖面宽，可以扩大求职范围。部分长线专业、非通用专业的毕业生及一些有特殊专长的毕业生乐于采用此种求职方式。有些报刊也设有求职广告专栏，刊登求职者的简历、特长等求职意向。

（三）毕业生就业市场的特征

1. 群体性

每年都有大量毕业生走出校门、走向社会，因此，毕业生就业是一种集体的、聚合的、具有鲜明群体的行为，它不同于社会其他成员零散就业的情况。

2. 时效性

毕业生就业一般应在当年完成。从取得毕业资格开始与用人单位双向选择，到落实就业单位，时间紧、任务重且相对集中具有很强的时效性。

3. 影响力、关注度

毕业生就业既涉及人才资源的合理配置，又涉及毕业生、学生家长、用人单位的利益，同时更关系到学校、社会的稳定和经济的发展，因此，历来受到党和政府的高度重视。

4. 需求多变性

对毕业生的需求状况不仅取决于国家或地区的经济和社会发展，与国际经济发展也有一定联系。同时也取决于学校适应社会需要的应变能力，还取决于国家职业教育政策对未来经济与社会发展趋势及对人才需求类别的预测。

5. 形式多样化

毕业生就业市场形式灵活、多样，既有有形的，也有无形的；既有公开的，也有不公开的；既有规模大的，也有规模小的；既有综合的，也有分类的；既有区域的，也有部门的。

6. 年轻化

职业院校毕业生，不仅年龄较小，而且所拥有的知识也"年轻"。他们具有蓬勃的朝气和锐气，是社会所必需的新生力量。

7. 初始性

从广义上说，毕业生就业市场是劳动力市场的重要组成部分，目前正处在发育、探索阶段，尚不成熟。毕业生面临初次就业与择业，没有实践经验，需要进行就业指导。

三、就业市场体系及运行

在市场经济体制下，毕业生通过就业市场择业的方式已成为必然。目前，以市场机制为主导和政府调控相结合的毕业生就业市场已成为我国毕业生就业市场培育和发展的目标模式。

（一）毕业生就业市场的机制

1. 供需机制

供需机制是通过确立市场主体，实现人才供求双方的自主用人和自主择业。这种机制体现出学校毕业生供给与社会需求的内在运行关系。当供大于需时，依靠市场调节，控制学校人才的培养；当供需不对路时，通过市场的调节与引导，实现供需的动态平衡。而供求机制是毕业生就业市场的动力机制。今后，除国家重点项目和特殊行业必须用计划来确保人才外，其余用人单位和人才个体都要进入市场，由市场进行配置，通过供求机制的建立，实现用人单位和毕业生人才个体的优化配置。

2. 价格机制

劳动力的价格形成机制是劳动力市场运作的中心环节，体现着供需与价格之间的内在运行关系。当供需对比发生变化时，市场进行调节，使价格发生变化；当价格发生变化时，市场进行调节，又将引起供需的新变化。这种周期性的运动，导致劳动力供需趋向一致，实现价值运动规律。毕业生就业市场也不例外，并成为其核心机制。

3. 竞争机制

竞争是市场的特征之一。竞争机制是劳动力供需的外在运行关系。表现为：当供大于求时，供方竞争激烈，直接影响着毕业生的就业；当供小于求时，需方竞争加剧，促进需方加大引进人才的力度。因而可以说，竞争机制是毕业生就业市场的实现机制。

供需是动力机制，价格是核心机制，竞争是实现机制，共同形成了毕业生就业市场的运行机制。院校培养的专业人才的价值，通过供给、需求、竞争等内在机制表现出来。

（二）毕业生就业市场的宏观调控

1. 法律、政策调控

这是就业市场宏观调控最基本的手段。主要是为维护市场秩序，保障市场公平竞争和健康有序发展，以规范市场参与者的行为，维护各方合法利益。具体来说，就是通过立法和制定政策来确定市场供求双方的主体地位以及各主体间的平等地位，保障用人单位自主择人和个人自主择业，调整用人单位与毕业生之间的人事关系。

2. 经济调控

这是就业市场宏观调控的主要手段。运用价值规律和经济杠杆，对人才资源配置加以引导、调节和控制，这对于落后地区人才的供给可以产生积极作用。我国目前对自愿到落后地区工作的院校毕业生提供较高经济待遇等优厚条件，以及免还贷款、取消见习期、提高工资级别等，收到良好效果。

3. 信息调控

这是毕业生就业市场宏观调控的技术手段，主要依靠市场信息服务，实施人才资源的宏观调控。我国人才资源缺乏，各行业之间的分布极不平衡，要使人力资源得到充分利用，必须打破行业间的相互封锁，沟通人才供需信息。这方面有些单位已进行一些探索。国家教育部和各省、市每年都会就有关毕业生就业工作制定新的文件，发布当年就业信息，并通过毕业生就业指导中心向各有关单位介绍毕业生情况。每年各地、各部门和部分院校都面向社会举办毕业生供需洽谈会，为"供需见面、双向选择"提供机会。各院校毕业生推荐机构从摸清社会需要、毕业生情况入手，为社会有关部门和毕业生提供有关情况，以促进毕业生合理分流，适应社会实际需要就业。

职业点拨

增强市场就业意识

随着我国市场经济的深入发展，我们青年学生需增强市场就业意识，不等不靠，积极、主动寻求就业，自己把握自己的命运。

（1）认识市场、适应市场　市场就业就是个人通过劳动力市场来寻找职业、获得工作岗位，如同在市场上买卖商品。在劳动力市场上，求职者是市场物品的供给者，用人单位则是市场物品的需求者，双方的"付出劳动力、获得工资收入"与"获得劳动力、付与工资"的交换行为是在市场上进行的。

在市场就业体制下，劳动者个人有就业的权利和择业的自由，但是，存在一个人的自由择业权利，必然也存在他人的同等自由择业权利，这就产生了就业竞争；存在个人的自由择业权利，也就相应存在着用人单位选择人员和辞退人员的权利，这就产生了失业的风险。在市场经济体制下，政府通过劳动法、劳动合同和各项管理制度，维护劳动力市场的秩序，保障劳动者以及用人单位的合法权益。在劳动力市场上，同样遵循着商品经济的价值规律。我们都希望劳动力交换顺利实现并获得最大经济效益，但是交换的成功与否及劳动收入的多少，不取决于我们的主观愿望，而取决于劳动力素质水平、劳动力供求状况及劳动的使用效益。因此，我们要认识市场规律，树立"以就业为导向"、"就业靠竞争、竞争靠技能"的观念，增强就业竞争能力，规避市场风险。

（2）关心市场动态 劳动力总体供求格局，不外乎有供不应求、供过于求或供求基本均衡状态。在劳动力供不应求的情况下，人们很容易找到职业岗位；在劳动力供过于求的情况下，招聘单位就会"百里挑一"，人们要实现就业就比较困难。从我国国情看，劳动力总量供过于求是我国今后一个较长时期的常见状态。

随着经济结构的变化和技术的进步，劳动力市场中各种职业供求状况也会发生相应的变化。如近年来，旅游服务业发展迅速，餐饮服务、导游需求数量较大。网络业是一个近年迅速发展而又不断更新换代的行业，其职业岗位有很大的波动，人们纷纷进入网络公司就业后又纷纷流出。前些年，迅猛发展的外经贸行业，人才稀缺，从业者工资福利待遇优厚，相关专业备受追捧，但现在却出现了相关专业毕业生就业困难的局面。因此，我们必须及时了解和把握市场的变化趋势，要有长远眼光，不要被一时的热门职业所迷惑，要选择自己真正喜欢并能发挥自己特长的职业，以进一步增强职业选择的准确性和主动性。

第三节　就业方向

一、就业方向的选择

随着经济社会的高速发展和毕业生择业观念的转变，现在毕业生就业的选择面要比以往宽广得多，毕业生就业方向呈现多元化。

（一）毕业生就业多元化的主要表现

1. 毕业生就业区域流向多元化

毕业生就业大多喜欢选择在发达地区、高薪部门，而愿意到欠发达地区的较少，就业区域极不平衡，即城镇多，乡镇少；东部多，西部少。就职业需求而言，东部沿海地区和中心城市上海、北京、深圳、广东、江苏、浙江等省市需求较旺，中西部地区需求有所回升。就毕业生流向规律而言，毕业生在学校所在地和生源地就业的比例相对较高；选择到中心城市和经济发达地区就业的倾向明显，竞争的激烈程度较大；经济欠发达地区毕业生出省（区）就业的人数增加；到小城镇和基层就业的比例逐步加大。

2. 毕业生就业单位流向多元化

毕业生就业单位选择的机会增多，事业单位、"三资"企业、国有企业等备受青睐，尤其是条件好、待遇高的外企越来越吸引应届毕业生。同时，民营企业和中小企业的吸引力也崭露头角，就业空间比较大。

3. 毕业生就业方式流向多元化

参加工作、出国留学、先打工再选择满意单位就业、高职专升本、升入对口高职、灵活就业等现象突出，呈现出毕业生流向自主多元的特征。未来几年，职业院校学生毕业流向多元化和自主化特点将非常明显。就业的多元化还表现在就业渠道、就业形式、就业过程等方面，选择自主创业、自由职业的势头将有新的突破。随着毕业生"有工作、有收入就被视为就业"的就业观的转变，毕业生就业也有了更多自主机会，要求自主创业的不断增加，科技创业、自主创业将蔚然成风。

（二）毕业生就业方向选择的技巧

当前，毕业生面临着许多方向性选择，因此，成功就业就必须从自身出发，具有明确的方向感，这也是下一步锁定就业具体目标的前提。

1. 选择要符合社会需求

一个人在选择就业方向时，一个基本的出发点是要考虑到社会的现实需要，以社会对自己的要求为准绳，去观察、认识问题，进而作出自己的选择。尽管毕业生的就业空间、就业自由度大幅提升，但职位是社会的职位，作为社会的一个有机构成部分，其必然受整个社会发展状况的影响和制约。因此，毕业生在就业时不可一味地追求"自我设计"，更需要符合社会的需求。同时，随着社会需求的不断演化，旧的需求不断消失，新的需求不断产生，昨天还炙手可热的抢手货可能今天会变得无人问津。所以在选择就业方向时，一定要分析社会需求，择世所需，目光长远，能够准确预测未来行业或职业发展方向。

2. 选择要尊重个人兴趣

在就业方向的选择上，要考虑到个人的兴趣爱好、人格特性。可以说兴趣是人格中最重要的部分。从事一项你所喜欢的工作，工作本身就能给你一种满足感、愉悦感，你的职业生涯也将从此变得妙趣横生。兴趣是最好的老师，是成功之母。调查表明：兴趣与成功概率有着明显的正相关性。"良禽择木而栖"。在进行就业方向的决策时，务必注意考虑自己的长处和特点，珍惜自己的兴趣爱好，选择自己所喜欢的职业。

3. 选择要有利于发挥个人优势

每个人都不是全能战士，每个人也不可能一无是处。因此，扬长避短就成为就业谋职过程中的一个重要指向。在选择就业方向时，要综合考虑自己的素质情况，根据自身的特长和优势作出选择，以通过最有利的途径实现自己的人生目标。

（1）专业之长　毕业生经过系统的学习，不仅具有较扎实的基础知识，而且具有一定的专业技能。因此在选择就业方向时，要从所学专业特点出发，做到专业基本对口，这样就可以在职业岗位上发挥所长，大显身手。但需要注意的是，完全的专业对口很难实现，一切事物都在发展变化中，在工作中要解决的问题也每时每刻在变化，要实现完全的对口也是不可能的。所以，工作中能用上所学专业基础知识就很令人满意了，通俗地说，能上手就叫对口。

（2）能力之长　同一专业的同届毕业生，由于个人的情况不同，能力也有差异，根据不同的能力选择不同的方向，是充分发挥个人素质的最佳体现。比如，有的人语言表达能力较强，适合搞教学、宣传工作；有的人设计能力较强，适合从事设计工作；有的人研究能力较强，适合搞科研工作；有的人组织能力较强，适合领导或管理工作；还有的人文字表达能力较强，适合从事文秘、编辑等工作。由此可见，根据自己的能力所长选择职业方向，既是胜任工作的需要，也是发挥个人最大潜力、进行创造性劳动的需要。否则，事与愿违，功不成、业不就，反而会贻误事业与前程。

（3）个性之长　就性格本身来讲，并不能决定一个人的成才方向和成就的高低。同一性格的人，有的可能很有作为，有的可能一事无成。性格相异的人也可能在同一领域、同一职业中成才。但是，在选择职业方向时，适当考虑自己的性格特点，充分发挥性格所长则是十分必要的。比如在职业活动中，有的人是用理智去衡量一切并配合行动，这样的人就适合从事基础理论研究工作；有的人很有主见，并善于发现问题和解决问题，这样的人就较适合从事科学研究或领导工作。

4. 选择上要取舍有度

在就业方向选择过程中，摆在毕业生面前的选择是多方面的。比如单位性质、工作地点、工作条件、生活待遇、发展方向等诸多方面，不可能每项都满足其心愿，重要的是在选择的过程中怎样权衡利弊，分清主次，作出抉择。切不可因一味求全，急功近利，好高骛远而失去良机。

| 案例 1 |

　　大哲学家柏拉图带着他的七个徒弟来到一块麦田前，说："你们现在从这块田地里走过去，捡一枝最大的麦穗。你们只能拾一穗且谁也不准回头，如果谁捡到了，这块田地就归谁。""这还不简单！"徒弟们听了，很高兴地说。"好，我就在对面等你们。"柏拉图说。于是，那七个徒弟从田地走到对面。可最后他们都失败了。原因很简单，他们以为最大的麦穗在前头，所以一路总是匆匆向前。结果到了尽头，却发现最大的麦穗已经被自己错过——追求最大却失去最大。

　　启示：我们常常胸怀大志。可是很多时候，却发现自己总是空有理想。理想就像是那枝最大的麦穗，在前头。但如果不抓住机会，它可能就是麦地终点那株瘦小的麦秸。同样，毕业生应根据毕业生就业市场的特征，从自己的实际出发，当机立断，抓住就业机遇。

5. 态度上积极主动争取

毕业生在选择就业方向时不能消极等待，而应主动出击，积极参与。

（1）主动参与竞争　竞争机制的引入，冲击着各行各业，自然也冲击着人才市场。竞争使人们增加了紧迫感和危机感,也增强了责任感。从某种意义上说,岗位的竞争,就是靠才华、靠能力、靠良好的素质去争得的。

(2) 主动了解人才供求信息和国家相关政策 由于社会对毕业生的要求在不断发生着变化,主动了解用人单位对人才规格的要求和需求信息,了解国家相关就业优惠政策,对有的放矢地选择就业岗位和方向有着重要意义。

(3) 主动提高完善自己 应根据社会需要,加强学习,主动提高、完善、充实自己,才能尽快适应新的工作岗位。

案例 2

一位名叫海蒂的美国女孩,父亲是波士顿有名的外科整形医生,母亲在一家声誉很高的大学担任教授。她的家庭可以给她很大的帮助和支持,她完全有机会实现自己的理想。从读中学时候起,她梦寐以求的就是当一名电视台的节目主持人。她觉得自己有这方面的才干,因为每当她跟别人相处时,即使是陌生人也愿意亲近她并将心里话告诉她。她认为只要给她一次机会她就一定能成功。接下来,她总是在等待机会的出现,希望一下子就当上电视节目的主持人。结果,她的梦想最终没有实现。

另一位名叫辛迪的女孩却实现了同样的理想,成了著名的电视节目主持人。辛迪之所以会成功,就是靠对理想的执著追求。毕业之后,她开始谋职,跑遍了洛杉矶的每一家电视台。但是,各家电视台对她的答复都差不多:"不是有几年经验的人,我们是不会雇用的。"但她不愿意退缩,也没有等待机会的到来,而是走出去寻找机会。她一连几个月仔细阅读有关广播电视方面的杂志,最后终于看到一则招聘广告:北达科他州的一家很小的电视台招聘一名预报天气的女孩子。辛迪是加利福尼亚州人,她不喜欢北方。但是,有没有阳光、是不是下雨,她都不在乎,她希望找到一份主持电视节目的职业。她抓住这个机会,动身去了北达科他州。她在那里工作了两年,最后在洛杉矶的电视台找到了一份工作。又过了五年,她终于得到了提升,成为她梦想已久的节目主持人。

启示: 成功取决于你的态度和行动。

二、职业院校毕业生就业的主要方向

毕业生就业除了通过与企业签约、考取公务员、事业单位编制等方式直接就业外,还包括灵活就业和自主创业,教育部在进行就业率的统计工作中,也将升学、出国和应征入伍列为就业。

(一) 与企业签约就业

与企业签约就业是指毕业生在通过"供需见面、双向选择"方式落实就业单位后,签订用人企业、毕业生和学校主管部门三方的就业协议书,毕业时即派遣到签约企业或与企业签订劳动合同的就业形式。

大中专毕业生与用人单位签订了"三方协议书",意味着毕业生经过慎重考虑愿意在毕业后到所签单位就业;用人单位及其上级主管部门同意盖章后,意味着可以为毕业生解决户口和人事关系;在对毕业生的就业范围以及单位情况等方面审核通过后,就业单位主管部门、就业单位、学生本人分别签署意见并盖章,三方协议生效,学校届时将依据此协议为毕业生办理相关的派遣手续,如到毕业生就业主管部门办理《报到证》、到公安部门办理户口迁移手续、按单位要求转递毕业生档案等。毕业生在签约企业试用期满考核合格,转正,并与企业签订劳动合同。

(二) 到国家机关、事业单位就业

1. 通过公务员考试

公务员,是指依法履行公职、纳入国家行政编制、由国家财政负担工资福利的工作人员。近年来,公务员录用考试越来越受到高校毕业生的青睐。公务员录用考试采取笔试和面试的方式进行,考试内容根据公务员应当具备的基本能力和不同职位类别分别设置。招录机关根据公务员成绩确定考察人选,并对其进行报考资格复审、考察和体检。招录机关根据考试成绩、考察情况和体检结果,提出拟录用人员名单,并予以公示。公示期满,中央一级招录机关将拟录用人员名单报中央公务员主管部门备案,地方各级招录机关将拟录用人员名单报省级或者设区的市级公务员主管部门审批。

2. 通过事业单位招考

参照公务员录用做法,近年来,山东省各级事业单位新进人员也普遍采用了考试、考核相结合的办法。但与公务员录用考试相比组织形式有所变化,一般采取各级人社部门负责组织报名和公共知识的考试工作,按比例确定入围名单,并向社会公示,接受监督。按照各级人社部门确定的入围名单,由用人单位主管部门负责组织面试和考察,然后按从高分到低分原则,由用人单位确定录用人员名单,报人事部门备案。

(三) 灵活就业

灵活就业的种类和涵盖的领域十分广泛,既包括律师、作家、自由撰稿人、翻译工作者、中介服务工作者等高层次的自由职业者,也包括非全时工、季节工、劳务承包工、劳务派遣工、家庭小时工等一般劳动者。灵活就业在劳动时间、收入报酬、工作场地、保险福利、劳动关系等方面,与传统的主流就业方式有所不同。灵活就业指的是非全日制、临时性、劳务派遣、弹性工作等灵活形式的就业。

随着灵活就业的发展,中国劳动关系也出现了一些新的变化。当前,毕业生应该接受灵活就业的方式。第一,灵活就业可以实现毕业生从拥有知识向提升能力的转化过程,同时也是促进知识更快转化为能力的一种弥补形式。学生在学校接受了丰富的理论知识教育,但接触丰富多彩的现实社会和现实生活的机会较少,学过的方法论要得到社会和实践的认可、检验,还需要一个过程,所以灵活就业确实是一种积极的心

态。第二，灵活就业可以促进毕业生提高独立生活的能力。我国千百年来形成的一种"望子成龙、盼女成凤"的传统思想，使已经成人的毕业生依然无法走出父母的关爱和呵护，甚至婚嫁购房生儿育女都走不出父母的经济援助圈。第三，灵活就业让毕业生给自己施加压力，让自己敢于承担成年人的社会责任。迫使毕业生在经济上独立，生活上自理的能力得以加强，同时家长、社会、企业界和政府为毕业生实现灵活就业提供更为广阔的支持，这样对构建和谐社会、创新型社会、学习型社会将发挥很好的激励作用和榜样作用。

（四）自主创业

自主创业是指毕业生毕业后不是向社会"寻求"工作，而是用自己所学知识进行自主创业，通过科技创新、社会服务或在某一方面有特长，进而自己或与他人合作创办公司。这不仅解决了自己的就业问题，而且也可以为他人创造就业机会。国家大力提倡毕业生自主创业，近年来出台了多种优惠政策。目前，自主创业已成为毕业生一种新的就业途径，这对毕业生的知识、能力等综合素质提出了更高要求。

（五）出国就业

随着经济全球化进程的不断加深，我国对外交流的不断扩大，中国企业在境外、国外开办企业的数量不断增加，人才的流动更加频繁，学生出国出境就业的机会也日益增多。这些毕业生的户口、档案等人事关系或迁回原籍或保存在县级以上政府所属人才服务机构。

（六）升学深造

升学深造指的是考取对口高职、普通高校专升本、研究生和出国留学。面对严峻的就业压力，毕业生期望通过深造获得更高学历以博取将来更理想的职位，这也不失为明智之举。但深造必须要有目标、有规划，作为能力提高的途径，而不仅仅是为了逃避当时就业难的现实，否则会事与愿违。

（七）应征入伍

大中专毕业生应征入伍服义务兵役，除享有优先报名应征、优先体检政审、优先审批及其他优待安置政策外，还享受优先选拔使用、考学升学优惠、补偿学费或代偿国家助学贷款等优惠政策。

【阅读材料】

山东高校毕业生就业信息网——着力打造无形就业市场

一、山东高校毕业生就业信息网功能概述

"山东高校毕业生就业信息网"（网址为 http://www.sdbys.cn，以下简称"就业信息网"），是由山东省大中专学校毕业生就业指导中心主办的公益性服务网站。

它以"服务毕业生、方便用人单位"为宗旨,以"提升服务水平、促进毕业生就业"为目的,是集毕业生就业工作管理、业务处理和毕业生求职择业、用人单位招聘人才于一体的信息化平台。

就业信息网能够为毕业生、用人单位、学校、毕业生就业主管部门提供方便、快捷的信息化服务。就业信息网规范和简化了就业流程,极大地提高了就业工作效率;整个求职、招聘和毕业生就业手续办理都可以在网上远程实现,大大降低了学生的求职成本和单位的招聘成本;解决了就业信息量不足、信息渠道不通畅、信息不对称的问题;提高了招聘信息的"公开、公平、公正"性,有利于促进就业工作;为制订山东高校毕业生就业系统的业务计划、规划提供了适用的信息和辅助决策手段;实现了对山东高校毕业生就业工作的管理,以及对就业发展的分析、预测和决策管理的全面信息支持,为政策的制定和管理的科学化提供了有力的技术保证。

对毕业生,就业信息网提供了政策咨询、就业信息查询、网上求职、就业协议签订、档案走向查询、网上报到、二次派遣和调整改派等等服务。

对用人单位,就业信息网提供了政策咨询、毕业生信息查询、网上招聘、就业协议签订等服务。

对学校,就业信息网提供了生源信息统计上报、就业情况统计分析、就业方案汇总上报、毕业生派遣等服务。

对各级毕业生就业主管部门,就业信息网提供了就业政策发布、生源信息审核、就业协议审核、毕业生就业方案审核、毕业生报到登记、二次派遣、调整改派等网上办公服务。

二、山东高校毕业生就业信息网的优势

就业信息网作为政府网站能在各类招聘网站、培训网站和人力资源网站中脱颖而出,其权威性、真实性、专业性和规模性四大优势十分明显。

(1)权威性 就业信息网由山东省人力资源与社会保障厅主办,是与省内各就业主管部门、高校、学生、用人单位有一定深度和广泛联系的网站。而且,就业信息网是全国第一家承办省级高校毕业生就业手续的网站,具有独特的资源和新颖的构思。

(2)真实性 为保证毕业生就业市场信息的真实可靠性,就业信息网在毕业生生源信息上报、用人单位会员信息注册环节严格按流程办理,所有数据信息都经由隶属就业主管部门审核通过,才能进入生源信息库和单位注册信息库。在毕业生和用人单位网上双选市场上,毕业生就业推荐信息是由学校统一审核,用人单位的招聘信息也是由各级就业主管部门审核发布,从而保证了整个就业市场信息的诚信有效。

(3)专业性 就业信息网的建设凝聚了众多来自就业主管部门和高校就业专家的智慧和汗水,他们对系统功能和流程设定从政策性、实用性、科学性等方面反复推敲,并在实际运行过程中不断进行调整和完善。因此,就业信息网是全省就业工作的充分体现,是专门服务于山东高校毕业生就业工作的专业网站。

(4)规模性 就业信息网用户涉及全省17个市、14个县(市、区)、130所高校、170 所中专学校的就业主管部门网上办公，每年有 40 多万省内院校毕业生和 3 万左右用人单位在网上实现了就业手续的办理。

思考题

1. 根据上述阅读材料，结合个人实际，谈谈你对职业院校毕业生就业前景的看法。
2. 职业院校毕业生主要有哪些就业方向？

第五章 求职与面试

临近毕业,面对浩如烟海的就业信息,毕业生该如何去有效地收集利用?又该如何制作一份简历去叩开用人单位的录取之门?因此,学会收集和处理就业信息,精心制作求职材料,是应届毕业生的重要一课。

第一节 就业信息的获得

一、就业信息的收集与利用

(一)就业信息的类别

就业信息主要指与毕业生求职就业有关的信息,包括国家和地区颁布的劳动与就业相关法规、政策,经济政治形势和发展趋势,就业现状和发展趋势,当年毕业生数量,不同行业不同职务的薪资水平,还有用人单位的岗位需求信息等。

就业信息按形式分,可分为有形信息和无形信息。有形信息是指以特定物质为载体的文字或图片信息,如报纸杂志、互联网上发布的信息。无形信息是指大家口耳相传的信息。

就业信息按信息的真伪分,可分为真实信息和虚假信息。求职信息的真实性是求职成功的根本保证,但由于各种原因经常会出现虚假信息的情况,从而误导毕业生,毕业生应提高防范意识,避免这类虚假信息的误导,甚至落入"求职陷阱"。

按信息的作用分,可分为有效信息、低效信息和无效信息。真实的信息不一定是有效的,信息的有效性因人而异。例如,一条招聘计算机软件工程师的信息对一个有志于将来从事对外贸易工作的人而言,这条信息就是低效或者无效的。

按信息的内容分,可分为背景信息和岗位信息。所谓背景信息是指有关就业背景的资料、政策规定、就业形势等。例如,全国各省、市、自治区对接纳应届毕业生的规定,应届毕业生报考国家公务员的规定、流程和要求,各地对应届毕业生自主创业的优惠条件等均属背景信息。岗位信息是指与岗位直接相关的岗位需求、应聘条件、福利待遇等方面的信息,如用人单位或人才中介机构发布的招聘信息。

（二）收集就业信息的意义

毕业生若能充分利用上述各种就业信息，可以达到以下目的。

1. 可以更好地掌握和运用就业政策

近年来，中央和地方对毕业生的就业问题相继出台了一系列相应的政策，充分体现了党和国家对毕业生就业问题的高度重视，同时也为毕业生就业工作指明了方向，明确了任务，提出了要求。毕业生应认真学习、努力掌握和积极运用这些就业政策，为就业奠定良好的基础。

2. 可以更好地了解和融入人才市场

近年来，我国的职业教育实现了前所未有的跨越式发展，毕业生人数迅速增加，相应地就业形势日趋复杂严峻。毕业生对此应有充分的认识，尽早了解人才市场，并以此来树立正确的职业定位，珍惜在校学习时间，全面提高自身素质，增强在人才市场上的竞争力。

3. 可以更好地寻找和确定就业单位

在毕业生就业单位确定之前，在一个不算短的时期内，可能会经历一场"寻寻觅觅"般的苦闷和焦虑的人生体验。不过，如果毕业生懂得如何去搜集和运用各种就业信息，就有可能从容得多，可能会在更短的时间内寻找到更多也更合适的就业岗位。同时，由于对自己和就业单位都有相当的了解，也更有可能在较短时间内确定就业单位。

（三）常见的收集就业信息的渠道

1. 各院校毕业生就业指导中心

院校的毕业生就业指导中心是为毕业生服务的常设机构，一般有专门的负责人和工作人员，都有较为丰富的就业指导经验，与各用人单位的人事部门保持着有效的联系和长期合作，通常会为毕业生提供与就业有关的政策咨询、前景分析、就业形势及用人单位的信息等。国家有关就业政策规定、地方的有关政策、各地举办"双选"活动的信息、有关用人单位简介材料和需求信息等，学校的主管部门一般都能及时掌握。他们提供的信息无论是数量还是质量，都有明显的优势。另一方面，用人单位通常也会把各种招聘信息直接传递给学校的就业指导中心，要求学校协助推荐所需人才。

2. 各级毕业生就业指导机构

每年教育部都要制定毕业生就业的有关方针、政策，各省、自治区、直辖市的主管部门要制定相应的实施意见，各地的毕业生就业指导机构也要开展信息交流和咨询服务。这些相当级别的主管部门通常会发布一些指导性的文件，或举办大型的就业招聘活动，因此收集就业信息不可忽视了这一重要的就业信息渠道。

3. 亲朋好友

人是社会的人，虽然反对"拉关系、走后门"，但是正常的人际网络是必需的和有益的，良好的人际关系不仅可以提高生活质量，有时还能为毕业生提供有价值的信息，甚至帮助毕业生找到一份适合的工作，为将来的成功打下坚实的基础。亲朋好友对毕业生比较了解，无论是个性、兴趣、能力，还是对未来单位和岗位的期望，他们都很清楚，因此在他们帮忙推荐的时候，比较能够兼顾求职者与岗位这两方面的需求，同时，来自于亲朋好友的就业信息其真实性和有效性相对来说更强一些。

4. 其他社会关系

除了亲朋好友以外，毕业生还可以通过其他的社会关系获取就业信息，比如说本专业的教师，他们对学生都比较了解，同时由于科研协作、兼职教学等原因与专业对口的单位有着广泛的接触，因此也是重要的信息来源。再比如说校友，他们大多在对口单位工作，不管是对所在单位情况，还是对本专业就业行情，都非常熟悉，通过他们可以获得许多具体、准确的信息。

5. 各地的人才市场和人才交流会

各地通常都有固定的人才市场，毕业生可以由此了解到就业形势，薪资行情等。但这类人才市场提供的岗位一般招聘有工作经验的，或具有一定社会经验的人才，因而所提供的岗位并不一定适合应届毕业生。应届毕业生应该多参加由各地政府和人社部门举办的"双向选择"供需见面会，这种专门面向毕业生的供需见面会，有全国性的、有省、部级的、也有地方性的、还有一个或几个学校联合举办的，毕业生参加这种供需见面会的好处是显而易见的：①用人单位数量较多，可以提供更多的工作岗位；②这些单位和岗位欢迎没有工作经验的应届院校毕业生；③这些单位大多具备一定的资质，提供的岗位信息比较真实、有效。这类人才交流会时间上多数安排在秋、冬、春三季，毕业生在参加此类招聘会时应充分准备好有关推荐材料，届时与用人单位直接见面，不仅可以直接获取许多就业信息，有时还可以当场拍板，签订协议，比较简捷有效。

6. 报纸杂志

报纸，尤其是周末的报纸或就业类报纸、杂志，比如各地人才市场报等，都是比较重要的就业信息来源。毕业生可以由此了解有关就业政策、招聘信息，毕业生还可以通过电话了解用人单位的基本情况，表达自己的求职意向。不过值得注意的是，对这类就业信息，毕业生需要多了解一下相关的背景资料，以免浪费时间和精力，更要避免上当受骗。

7. 电视广播

不少地方的电视、广播纷纷安排频道，提供发布就业信息的服务。不少用人单位也会通过电视、广播等手段介绍经营现状、发展前景和人才需求等。广大毕业生也不妨根据这些线索进行求职尝试。

8. 网络资源

这是当前网络时代获取就业信息最丰富、最快捷的渠道之一。人类社会进入信息时代，人才市场也在发生着深刻变化。网上求职、网上招聘已逐渐成为一种时尚。通过网络，求职者可以在几秒钟内查询到数万条信息，方便、快捷地了解用人单位的背景资料、劳动状况等，可以在各种人力资源网站上发布个人求职信息，也可以直接将求职信、履历表等应聘资料用电子邮件的方式寄给对方，可谓省时、省钱、省力、方便、快捷、高效。

订阅电子邮件是获取网上求职信息的另一个重要途径。很多网站都开辟了求职信息邮件服务，会定期或不定期向注册用户发布有关就业信息。还有一个很好的办法，就是建立毕业生的个人主页，将在学校期间的任职、获奖情况、自荐信、推荐书等都放上去让有关单位全面了解毕业生的情况。当然，网络中有着丰富的信息资源，也存在着数不清的垃圾信息甚至有害信息，这些应引起广大毕业生的注意，在利用网络资源的时候，要学会甄别，小心不要掉进虚假信息的陷阱。

9. 利用社会实践、毕业实习或业余兼职获取就业信息

学生通过社会实践，毕业实习或业余兼职，可以增加对社会、对职业和岗位的感性认识，加强与有关单位的联系，增进彼此间的了解，便于直接掌握就业信息。事实上，很多毕业生就是先在某个单位进行毕业实习，用人单位经过一段时间的考察就予以录用的。

10. 直接与用人单位联系获取就业信息

有的毕业生在经过初步的分析后，开始了"普遍撒网"式的求职方式，向他们认为合适的用人单位写自荐信，确定重要目标后，通过电话预约，然后亲自登门拜访，这种"毛遂自荐"的方式也不失为获取就业信息，获得就业成功的途径之一。

二、就业信息的分析筛选与应用

（一）处理就业信息的基本原则

1. 实事求是，客观认清形势

近年来，随着国家经济的快速发展，社会对高技能、高素质人才的需要量大大增加，但由于受传统教育理念影响，有的院校专业设置不合理，同本科专业相比没有市场竞争力；有的专业招生时缺乏长远眼光，招生人数过多；有的专业课程设置过于陈旧，培养出的毕业生不适合社会的需要，导致出现了人才需求的结构性矛盾，毕业生就业质量问题日益突出。作为即将走向工作岗位的毕业生，要看到各行各业都需要大量有真才实学的人才，自觉地投入到市场经济的浪潮中去，在实践中学习，在实践中实现自己的人生价值。

2. 摆正位置，正确评价自己

毕业生面对严峻的就业形势、众多的竞争对手，要想获得择业的成功，首先应摆正位置，正确评价自己。有句话是"一般人都觉得自己不一般"，就很有道理。有的同学盲目自信，认为自己成绩优秀、专业需求旺、求职门路广，对未来就业的期望很高，而对自己的劣势和困难估计不足，在求职中高不成、低不就；另一些同学则在求职中显得过于自卑胆怯，尽管具备了一定的实力和优势，但总觉得自己这也不行、那也不行，缺乏竞争的勇气和自信，一旦受挫，更加沮丧泄气；还有一些同学在择业时存在盲目的从众心理，缺乏对自己的正确评价，弄不清楚自己到底适合做什么工作，择业时人云亦云，什么岗位热门就往什么岗位挤，比如，很多人一心只想进大城市，工资福利待遇要好一点，全然不顾自身的实际条件。

3. "骑驴找马"，先就业再择业

不少毕业生就业指导中心的老师都遇到过这样的奇怪现象：一方面，有的毕业生迟迟没有找到工作，另一方面，有的用人单位主动提供的工作岗位却遭受毕业生的冷遇，很多同学面试都不愿意去，有的同学在面试通过后也不愿去上班，许多较好的就业机会就白白浪费了，很多老师的努力也付之东流，让人感到惋惜。造成这种现象的原因是多方面的，有的毕业生期望值过高，用人单位或工作岗位达不到自己的要求，就宁愿不就业。还有些同学面临多个工作岗位时，往往会"挑花了眼"，这山望着那山高，在择业时存在着患得患失的犹豫心理，由于缺乏对机遇的把握能力，结果像猴子掰玉米，掰一个扔一个，错过了一个又一个机遇，最后两手空空。不要期望第一个工作岗位就是十全十美的，只要能基本符合期望的工作岗位，就可以采取"先就业再择业"的方式，先落实就业岗位，实现自给自足，积累经验，增长才干，如果将来找到更合适的工作"跳槽"也不迟。

（二）处理就业信息的基本程序

1. 筛选

所谓筛选法是指毕业生根据自身的求职需要对所收集到的就业信息进行一定的筛选。换言之，即要做好去伪存真、去粗存精的工作，这是处理求职信息的重要一步。筛选的重点主要应考察 3 个方面：①信息的真实性；②信息的时效性；③信息的价值性。

首先，毕业生要对收集到的就业信息的真实性予以认真分析，将那些不真实的信息筛选掉。一般来说，来自于各级毕业生就业指导中心的就业信息真实性较高，比较值得信赖，由各级教委或高教部门、人社部（全称为"中华人民共和国人力资源和社会保障部"）、人社局举办的毕业生供需见面会提供的信息也是比较可靠的。那些来自于报纸杂志或互联网上的信息，其可信度相对而言要低一些。

其次，毕业生要仔细判断就业信息的时效性。有的就业信息的确是真实的，但有可能是几周前，甚至几个月前的信息。这类信息的时效性就比较差，有可能当知道信息时，用人单位已经招聘好了所需人员。

最后，毕业生要认真分析就业信息的价值，对于那些真实性高、时效性强的就业信息，毕业生要认真分析它们所具有的不同价值。比如，说某些岗位信息符合自己的职业定向、爱好、兴趣、发展要求等，那么这类信息就比较有价值，反之，就是没有价值的就业信息。

2. 求证

对于那些已经筛选过的信息，毕业生还要做一些求证工作，以验证自己对于这些就业信息的真实性、时效性和价值性的初步推断。比如可以通过电话咨询、网上查询、实地访问等方式了解用人单位各方面的情况，还可以通过对该单位比较熟悉的亲朋好友或学长、校友等了解有关情况，以此来修正和补充有关就业信息。

3. 归类

就业信息虽经筛选和求证,但仍纷繁复杂。毕业生不管是查询还是利用这些就业信息,都还不太方便,因此还需要对所有信息加以归类。毕业生不妨以就业信息的各种属性为依据,分门别类地加以整理,如按政策、趋势、岗位信息等分别归类。与就业有关的岗位信息,则可以根据自己的就业意向,按其行业、薪资、前景、兴趣、离家远近等进行归类整理,必要时可赋予各岗位信息不同的分值,最好能制作成相应的数据库。通过归类,毕业生可以详细分析各种就业信息,并进行比较,最后作出决定。

4. 行动

上述三方面的工作都是为求职准备的,接下来的就要开始最需要的行动了。行动有很多种,比如给用人单位人事部打电话、寄自荐信、参加有关供需见面会,托亲朋好友打听或直接到用人单位拜访,毛遂自荐,说不定会有意想不到的收获。

第二节 应聘材料

再好的产品,也需要好的营销。再优秀的人才,也需要成功的自我推销。毕业生在开始职业生涯之际,也毫不例外要推销自我。推销自我的第一步就是给用人单位递上求职信和简历等求职材料。求职信和简历是打开职场大门的第一把"钥匙",用人单位在没有见到毕业生之前,往往通过求职信和简历来进行第一轮筛选。因此,求职信和简历作为毕业生给用人单位的第一印象,对成功应聘至关重要。本节不但教会毕业生写出敲开职业大门的简历和感动未来上司的求职信,还将教会毕业生巧用其他求职材料,帮助毕业生在求职路上开好局、起好步。

一、求职信

求职信是一种附带个人简历的介绍性信件,是毕业生求职过程中常用的一种方法,其目的就是推销自己。通过求职信,用人单位可以了解毕业生的思想修养、知识水平、工作能力以及求职的诚意等,对毕业生进行初步筛选。

(一) 求职信的内容

1. 说明求职信息的来源和本人基本情况

首先,说明用人单位信息的来源;其次,要介绍个人的基本情况,如姓名、性别、年龄、就读学校和专业等,注意详略得当,最好能附有近期全身照片。

2. 说明能胜任所应聘岗位工作的能力

这是求职信的核心部分,主要是向对方说明应聘者有知识、有经验、有专业技能，有与工作要求相符合的特长、性格和能力。特别要突出应聘者自身胜任所求岗位的特长和个性，起到吸引和打动对方的目的。

3. 介绍自己的潜能

可向用人单位介绍自己曾担任过的各种社会工作及取得的成绩，预示着自己有管理方面的才能，有发展、培养的前途；谋求会计岗位时，可介绍自己能熟练使用和操作算盘、计算机，预示着自己可以承担会计电算化的重任；向宣传和公关部门推荐自己时，可着重介绍自己的组织协调能力以及文艺、绘画、摄影、书法和口才的特长，预示着自己可以承担各种工作任务等。

4. 附上相关材料或文件

求职信上应当说明信中所附的有关资料文件，如毕业证书、学位证书、获奖证书、发表作品的复印件，学校的推荐信或毕业生推荐表等，给对方以办事认真、考虑周全、有诚信的印象。

5. 表示希望得到答复面试的机会

最后要表达出希望得到回信，并热切希望给予面谈的机会。要写清楚自己的详细通信地址、邮政编码和电话号码，必要时还应说明何时打电话较为合适等，以便相互联系。

（二）求职信的格式

1. 称呼

在求职信中要注意对收信人的称呼，如果知道招聘单位的负责人，可以写出负责人的职务、称呼等，例如，尊敬的人力资源部王部长、尊敬的李厂长、尊敬的张校长等；如果不知道招聘单位的负责人，可以用尊敬的人力资源部主管、尊敬的人事处负责同志等。

2. 正文

这是求职信的中心部分，其形式多种多样。一般要求说明求职信息的来源和所要应聘的岗位，并主动介绍本人基本情况，例如，姓名、性别、学校和院系的名称、所学专业、学位、何时毕业、工作成绩等内容。之后，必须介绍自己的基本条件，如专业知识、专业技能、社会经验、性格、特长和能力等，使用人单位对求职者的基本情况有一个大致的了解。同时，还要表述自己对该单位招聘岗位感兴趣的原因，以及自己能够胜任该岗位工作的各种能力，主要向对方说明自己有着与该工作岗位所需的各种专业知识和专业技能以及一定的实践经验，让对方感到不论从何角度，自己都能胜任此项工作，是应聘岗位最合适的人选。

3. 结尾

一般应写明希望对方给予答复，例如"盼复""盼望贵公司回音"等，还可主动表示面谈的愿望，以显示对应聘此岗位的重视和诚意。其次，要留下联系地址、电话号码等，以利于招聘单位与应聘者及时取得联系。最后，简短地表示敬意、祝愿之类的祝词，如"祝您身体健康""祝您工作顺利""祝公司业务兴隆"等。

4. 落款

落款包括署名和日期两部分，署名写在右下方，要写全名，字迹要清晰、工整，不能潦草，名字前可写上"应聘者"字样，日期写在署名右下方，最好用阿拉伯数字写，并写上年、月、日。如有附件，请在左下角注明，如附件1：个人简历；附件2：成绩单等。最好有附件目录，这样既方便招聘单位进行审核，同时也给对方留下一个"有条不紊、负责任、办事周到"的好印象。

（三）写好求职信的注意事项

1. 态度真诚，以诚取信

美国前总统肯尼迪曾经说过："各位美国人，你们国家并不向你索取什么，但请你们扪心自问，你们能为自己的国家做些什么？"这里提醒我们在求职自荐信中要写明你能为应聘单位做什么，而不是索取什么。在科学史上，英国著名物理学家、化学家法拉第（1791—1867）原本是一个学徒工，每天负责订书工作。他为了求得戴维（19世纪英国著名化学家）指教，并能成为他的助手，于是冒昧地给戴维写了一封信，寄了自己认认真真整理好的旁听戴维讲演的记录，表示自己对科学的热心和求师的诚意。他当时只是想碰碰运气，谁知，戴维被他的诚意所感动，看出他是一个很有前途的科技新苗，便很快回了信，并约法拉第面谈。见面后，戴维决定请他做自己的助手，并安排他在皇家实验室工作。就这样，在戴维的帮助下，法拉第终于成了伟大的科学家。

所谓态度真诚，即要注重一个"情"字。语言有情，会更有助于交流思想，传递信息，感动对方。在注重以情动人的同时，还要"以诚感人、以诚取信"，即要态度诚恳、诚实，感人肺腑；内容实事求是，言而有信，优点要突出，缺点不隐瞒；恭敬而不恭维，自信而不自大，谦逊而不自卑，只有这样才能取信于人。

2. 整体美观，言简意赅

文字的整洁美观很容易引起用人单位对求职者的好感；相反，如果字迹潦草，则会给用人单位留下不好的印象。求职自荐信还要注意言简意赅，不宜太长，以A4纸一页为宜，最多不得超过两页；求职自荐信也不能过短，过短显得没有诚意，也说不清问题，自然难以引起用人单位的注意。

3. 富于个性，有的放矢

求职信应尽量避免过多的客套话、空话，开头用一句简朴的"您好"，然后直接切入主体，如"从《齐鲁晚报》上获悉贵单位招聘人才信息……"，这样切入主题能让单位主管感到单位名声在外，广告产生效益，无形中拉近了距离；或者用一两句富有新意的话吸引读者。为了做到有的放矢，在动笔之前，一定要对应聘单位的情况有所了解，有针对性地介绍和突出自己的特长。

最后，提醒求职者在写求职信时，还要切忌以下六点：

①错字连篇，主次不分；②长篇累牍，无的放矢；③条理不清，逻辑混乱；④好高骛远，炫耀浮夸；⑤过分谦虚，缺乏自信；⑥用词不当，礼节欠缺。

（四）求职信范例

【范例1】

尊敬的××先生/女士/小姐（或尊敬的××负责人）：

您好！

十分感谢您在百忙之中阅读我的求职信。

我在贵公司的网站上看到"招聘应届大学毕业生的职位信息"，我欲申请贵公司的计算机、自动化的相关职位。

20××年7月，我将从××大学自动化专业毕业。本专业主要培养具备电工技术、电子技术、控制理论、自动检测技术、计算机技术、检测与自动化仪表、电子与计算机技术、信息处理、管理与决策等领域从事系统分析、系统设计、系统运行、科技开发等方面的管理和应用人才。

在四年的大学学习中，我系统学习了自动化的各种专业基础课及专业课。由于本人学习刻苦认真，取得过班级前五名的较好成绩。在学校我也积极参加各种活动，并利用假期做过一些兼职工作，积累了自己的社会经验和实践经验。我善于与人沟通，具备很好的团队工作意识和精神。我喜欢体育运动、摄影、游泳等。在紧张的学习之余，我还关心国内外大事，经常阅读各种报刊杂志。

自动控制技术及计算机技术已经改变了这个世界，并将继续使我们的这个世界更加美好。我期盼着能加盟贵公司（单位）并为贵公司（单位）的发展作出自己的贡献。

随信附有我的简历。如有机会与您面谈，我将十分感激。

祝工作愉快！

此致

敬礼！

求职申请人：×××（签名）
20××年×月×日

【范例2】

尊敬的××负责人：

您好！

请您在百忙之中，抽出一点时间审阅我的求职申请。

我是××大学经济学系经贸英语专业的一名应届毕业生，经过四年的刻苦努力，即将以优良的学习成绩和出色的综合能力走向社会。能有机会成为贵单位的一员是我一直以来的愿望。

现代企业需要的是拥有一专多能的人才。在四年的紧张学习中，我一直在努力使自己成为这样的人才。我不仅在专业科目上取得了优秀的成绩，同时，我更注重提高实践动手能力，我对电脑和IT技术有浓厚的兴趣，自学了电脑操作技能和网络应用知识，能熟练使用各种Office软件进行日常的文字和表格处理，能利用FrontPage软件制作精美网页，能进行简单的网站维护和局域网的管理。

　　大学四年，我利用假期积极参加社会实践活动。最近，我作为大会助理翻译参加了××市政府举办的经贸招商活动。在这次招商活动中，我虚心向市外经委的工作人员学习，积极帮助他们接待来自世界各地的来宾，翻译各类招商资料，处理各种文档，在线回复客户的电子邮件等，受到了会务组织者的好评。我从各种社会实践活动中学到了书本上学不到的知识，锻炼了组织管理、口头表达等各方面能力，也使我对未来充满了信心。

　　贵单位的业务迅速发展是有目共睹的，同时也给了像我这样的初出茅庐者很好的工作机会。为了便于您更全面地了解我的各方面情况，随信附上简历、推荐表、成绩单和其他相关的资料。期待着有机会能与您做进一步的面谈。

　　感谢您抽出宝贵的时间看完我的求职信。祝贵单位兴旺发达！

　　此致

　　敬礼！

求职申请人：××××（签名）
2×××年×月×日

二、个人简历

　　个人简历，是个人工作经历、学习、成绩的概括集锦。简历的格式相对固定，信息量全面而且集中，是用人单位分析、比较、筛选和录用应聘者的主要依据。它比求职信的容量稍大，求职信只求引起招聘者的注意和兴趣，要进一步全面反映自己的情况就要借助简历。简历一般作为求职信的附件呈送用人单位。

　　投递个人简历是毕业生在求职路上迈出的第一步。一份卓有成效的简历，要尽可能突出个人强项和优势，传达给招聘单位最需要的个人信息，把一个最适合招聘岗位需要的人展现在招聘者的面前，使自己在众多的应聘者中脱颖而出，赢得用人单位的青睐，获得面试机会。其实，简历就是求职的"敲门砖"。那么什么样的"砖"才能敲开用人单位的大门呢？

（一）个人简历的内容

1. 个人基本情况

个人的基本情况包括姓名、年龄、性别、出生地（籍贯）、最高学历、政治面貌等。

2. 教育程度

按照简历表的次序，写明所读学校名称、专业、学习年限及相关证明等，让招聘单位了解个人学历背景，以判断与应聘工作的关联性。

3. 工作经验

一般来说，招聘单位都要求应聘者有一定的工作经验，应届毕业生在这方面处于劣势。化劣势为优势的办法就是在简历写作中，将在校内外活动、兼职工作经验、培训、实习及专业认证、兴趣特长等信息有效组织起来，以此来展示个人能力和潜质。例如，相当丰富的社会实践经历；高水平的外语或计算机应用能力；担当主要学生干部，具有较强的组织协调能力；成功策划过大型活动的经历等。用实践弥补经验，消除工作经验不足的劣势，打动招聘者。

4. 专长

无论是与所学专业有关或是单纯从个人兴趣发展出来的专长，只要是与工作性质有关的，都应在简历表上一一列出。这将有助于招聘单位评估应聘者的特长与应聘工作的要求是否相符，这些专长是否能给工作的顺利开展带来推动作用。如，同样应聘总经理助理这一职位的两个人，其他条件相同，外语或计算机水平高者则占优势。每位求职者列出个人专长要注意实事求是，不要夸大其词，但也不要羞于说出自己的长处。

5. 外语水平

在现代经济发展中，招聘单位向国际化迈进已成为不可阻挡的世界性发展趋势，作为国家干部、企事业单位工作人员，具有良好的外语能力也显得日益重要，尤其在某些规模大的跨国公司、涉外单位，具备较高的外语水平的人员备受欢迎。如果应聘者曾参加过校外的特殊训练，在交易会上做过翻译，如与应聘工作相关，应认真填写。

6. 求职意向

个人简历上一定要注明求职的职位，以便于招聘单位了解应聘者的志向追求，从而作出正确的选择。每份简历都要根据申请的职位来设计，突出自己在这方面的优点，但不能把自己说成是全才，任何职位都适合。要根据工作性质有侧重地表现自己，如果认为一家单位有两个职位都适合你，可以向该单位同时投两份简历。

（二）个人简历的写作要求

1. 简洁明了

个人简历通常很简短，一般情况下不要超过一页纸。因为，每到招聘的时候，一个企业，尤其是大企业会收到很多份简历，工作人员不可能每份都仔细阅读，1份简历一般只用1分钟就看完了，再长的简历也不超过3分钟。所以简历要简明扼要。有的人把中学经历都写上去了，这完全没有必要，除非中学时代有特殊成就，比如在奥林匹克竞赛中获过奖。一般来说，学习经历应该从上职业院校开始写起。

2. 真实客观

简历从头到尾要贯彻一个原则，即真实客观地描绘自己。任何虚假的内容都不要写。即使有的人靠有水分的简历得到了面试的机会，但面试时也会露出马脚。雅虎（中国）公司的一位职员说，企业选人都非常慎重，她当年应聘雅虎时过了9道关，弄虚作假是过不了一轮又一轮面试关的。

3. 准确无误

一份好的简历在用词、术语及撰写上一定要准确无误。撰写时要打草稿，反复修改、斟酌，不能有任何错误。招聘单位最不能容忍那些有很多错别字，或是在格式上、排版上有技术错误以及被弄得皱巴巴、有污渍的简历。

4. 整洁清晰

用人单位看到整洁清晰的一份简历，就仿佛看到了本人。段落与段落、语句与语句之间写得太密，影响美观，不易阅读，则要将该空格的地方留出空隙，不要硬把两页纸的内容压缩到一页纸上。

5. 不要过分谦虚

简历中不要注水并不等于把自己的一切，包括弱项都要写进去。有的同学在简历里特别注明自己某项能力不强，这就是过分谦虚了，实际上不写这些并不代表说假话。有的同学在简历上写道："我刚刚走入社会，没有工作经验，愿意从事贵公司任何基层工作。"这也是过分谦虚的表现，这会让招聘者认为什么职位都不适合。

6. 不要写上对薪水的要求

很多学生都对简历上该不该写明对工资、待遇的具体要求存在疑虑。人力资源部经理一致认为简历上写明对工资的要求要冒很大的风险，最好不写。如果薪水要求太高，会让企业感觉雇不起，如果要求太低，又会让企业觉得无足轻重。对于刚出校门的毕业生来说，第一份工作的薪水并不重要，不要在这方面费太多脑筋。

7. 不要写太多个人情况

有些学生的求职简历在介绍个人情况时非常详细，包括姓名、性别、出生年月、电话、政治面貌、身高、体重、家庭状况、婚姻状况等。建议大家不要把个人资料写得如此详细，姓名、电话、性别是必需的，出生年月可有可无，如果应聘国家机关、事业单位应该写政治面貌，如果到外企求职，这一项也可省去，其他几项都可以不写。

8. 简历不必制作得太花哨

现在求职毕业生的简历普遍都讲究包装，制作得很精致、华丽，有的连纸张都是五颜六色。一般来说，简历不必做得太花哨，除非应聘美术设计、装潢、广告等专业。简历过分标新立异，在应聘时反而会带来不好的效果。远大集团的王经理说，他曾看到过一份简历，封面上赫然写着4个大字"通缉伯乐"，给人的感觉就像是在威胁用人单位。

（三）个人简历范例

【范例3】

个人简历

个人概况：

姓名： 性别：

年龄： 联系电话：

E-mail：

工作意向：愿从事网络管理方面的工作。

外语水平：获得大学英语水平六级证书，具有较强的阅读能力。

主修课程：Windows 操作系统及编程、网络与通信、单片机等。

会使用 Office 97 数据库等应用软件,能独立维护电脑,使之能安全稳定的运行。

奖励情况:2000—2003 年获国家二等奖学金 1 次,学院一等奖学金 4 次。

学院计算机大赛一等奖 1 次。

社会经历:

担任职务:学院计算机协会会长。

【范例 4】

个人简历

姓名	×××	性别	男	出生年月	1990.05	照片
籍贯	山东省即墨市	民族	汉	健康状况	良好	
学历	大专	学校	山东××××学院			
政治面貌	中共党员	专业	数控技术与应用			
通信地址	山东省济南市×××××		邮编			
联系电话			E-mail		××××	
教育背景	2007 年 9 月—2010 年 7 月在山东××××学院数控技术与应用专业学习 主修课程:机械制图、机械设计基础、电子电工技术、数控原理、数控机诊断与维护、数控编程、AutoCAD2000、Pro/ENGINER					
社会实践	2008 年 9—12 月在校实习工厂进行车工、钳工、热加工、电工实习; 2009 年 7—9 月在无锡威孚集团惹出了分厂实习; 2009 年 9 月至今在苏宁电器兼职安装调试、维修工作					
个人技能	CET-4,具备较强的英语听、说、读、写能力; 获得车床中级证书、数控车中级证书、数控铣高级证书; 熟练掌握 CAD、Pro/E、CAXA 及 Office 等软件的应用					
获奖情况	2008—2009 年度被评为院三好学生、院优秀学生干部; 2009—2010 年度被评委院三好学生、获院优秀贫困生一等奖学金					
自我评价	专业知识和技能扎实,肯钻研、好学习;有极强的责任心、团队意识和较强的组织协调能力;吃苦耐劳,踏实勤奋,乐观进取					
求职意向	有关数控技术方面的工作,包括数控设备操作编程、维修、保养及相关技术岗位,愿意从基层干起,锻炼实际能力,积累工作经验					

总之,个人简历的写法没必要千篇一律,形式也不仅只有纸介质一种,如某学校有毕业生通过多媒体制作光盘简历,某美院毕业生将简历设计成名片(一面是本人基本情况,一面则是本人主要作品目录)等。用哪种形式,要因人而异,原则是突出个性、富有创意地向用人单位客观展示自己,而不是哗众取宠。

三、毕业生推荐表

毕业生推荐表是学校向用人单位介绍、推荐毕业生的一种书面材料。用人单位基于对学校的信任,认为该表较为真实可靠。

（一）推荐表的内容和作用

毕业生推荐表填写项目主要有个人简历、学习成绩、奖惩情况、自我鉴定、班主任意见、学校意见等，其内容一般分学生填写和学校填写两大部分。一份推荐表填写完整后，先由毕业生所在院系盖章，再由校毕业生就业部门签署"同意推荐"字样后加盖学校公章。

推荐表原件可以复制，但不能更改其内容。因推荐表加盖了学校公章，具有代表校方的作用，因此，填表时一定要细心、认真。一旦有涂改的痕迹，特别是在成绩、院系推荐意见等处涂改，会引起用人单位的误解，影响学校和毕业生的声誉，而最终受影响的还是毕业生自己。

（二）推荐表的填写要求

实事求是地填写自己的基本情况，尤其是学习成绩、奖惩情况等。学习成绩可到学校有关管理部门用电脑调出，打印的学习成绩单应真实可靠，并加盖学校教务部门公章。奖惩一栏，如果没有获奖经历，可把自己参加的一些有代表性的、能反映个人才华的活动填上（有的表上有备注栏，也可填），如主持过什么样的大型文艺晚会，参加过什么社团等。当然，这些活动显示的才华应有利于所求职的岗位，否则会给人画蛇添足之感。

写好毕业生推荐表中的自我鉴定。该表中的自我鉴定有别于学习总结，如果仅是泛泛而谈，就显得针对性不强。用语应该考虑阅读对象及预期目的。自我鉴定的阅读对象是用人单位，其目的是让用人单位认可自己，最终谋得适合自己的工作。所以，毕业生推荐表中的自我鉴定应根据社会对人才的要求来衡量自己，针对自己对工作的意愿来展示自己，有所选择，如实地鉴定自己。自我鉴定的内容，除了工作、学习、生活方面外，还可表明自己的人生价值观、择业观、人际观、金钱观等。

总之，在书写毕业生推荐表中的自我鉴定时，应始终明确我们是在向用人单位展示自己适合从事某种职业的各种能力和潜质。

学校应本着对毕业生认真负责的态度，严格履行自己的职责，既为毕业生就业、创业服务，又为社会输送合格的人才服务；既要实事求是，又要一分为二，切忌为了帮助学生就业，只谈学生的优点，回避学生的缺点。学校应恰如其分地描述学生的优点，同时中肯、适度地指出学生有哪些不足，写明毕业生适应怎样的工作岗位等。

要充分发挥备注栏的作用，备注栏是补充推荐表栏目不足的地方。有些毕业生曾在企业锻炼过一段时间，或计算机、外语等级考试达到一定的水平，或辅修第二专业，参加自学考试等，这些都可以在备注栏中加以说明，以增强择业竞争力。

四、证明材料

毕业生求职时，简历是"敲门砖"，得体的求职信会感动未来的上司，但由于求职信和简历受篇幅限制，不可能把毕业生的所有成绩和特长都描述清楚，这时如果能够用其他证明材料进一步的补充说明，则给应聘成功又添几分胜算。

证明材料一般包括下列内容：

一是就业的通行证——学历证书、职业资格证书；

二是特殊技能的证明材料——计算机、英语等级证书、汽车驾驶证等；

三是专业学习成果证明材料——作品（如园林规划设计图、服装设计作品）、专业实践经历证明、科研论文等；

四是综合素质的展示材料——各类奖励证书（各类优秀证书、各种活动获奖证书）。

在求职中，这些材料的运用也有一定的艺术。如果面见招聘者或亲自上门去推荐自己，凡能反映各方面能力的材料应尽可能带齐全，而且最好带原件。若采取寄送自荐材料的方式，则应根据各用人单位的不同情况选择最具针对性、代表性的材料，寄去复印件。

（一）职业资格证书是职业准入的最好证明

尤其是职业教育是培养生产、建设、管理和服务一线的技术专用人才的教育，它实行学历证书与职业资格证书并重的制度。职业资格证书是劳动者具有从事某一职业所必备的知识和技能的证明，是劳动者求职、任职的资格凭证，更是用人单位招聘、录用劳动者的岗位准入依据，也是境外就业、对外开展劳务合作的有效证件。

职业院校学生毕业时，应同时获得教育部颁发的学历证书和国家劳动和社会保障部颁发的职业资格证书。这样求职时，才会增加说服力，增加面试成功的机会，才能更好地与人才市场需求接轨。因为职业资格证书是职业准入的最好证明，对于拓宽毕业生就业渠道有着积极的作用。因此，毕业生求职时，提供学历证书的同时要提供职业资格证书。

（二）计算机、英语等级证书是从业基本能力的佐证

当今世界，经济一体化，信息时代已经使数十亿人生活的巨大空间变成了一个地球村，计算机网络将人们的距离无限拉近，英语成为通用的语言工具。尤其是中国入世，各企业、公司对外经济贸易往来不断增加，大量外资企业进入中国，我国走出国门到外发展的企业、公司也在与日俱增。

毕业生如果到外企应聘或应聘国内公司、企业的文秘、电子商务等职位，计算机、英语等级证书是必不可少的从业基本能力证明，要作为求职信附件寄送用人单位，以此来证明求职信中这方面能力的展示，提高就业竞争力。

（三）作品展示、实践经历等是职业素质的具体体现

随着经济发展，社会需要大量既掌握一定理论知识，又具有熟练专业技能的技术应用型人才，学校对学生更注重职业能力的培养，通过岗位实习、社会实践、专业技能大赛等，以此缩短岗位适应期。

因此，毕业生就业时，用人单位更看重的是毕业生的职业素质。岗位实习的鉴定材料、社会实践的证明材料、专业技能大赛中的获奖作品等都是职业素质的具体体

现。根据岗位的工作性质,选送个人的作品或实践证明给用人单位,巧妙地展示毕业生的职业素质。其他相关材料也是重要的求职文件,一般附在求职信之后。

第三节 应聘与面试

在求职应聘过程中,用人单位会通过笔试、面试等多种方法来了解应聘者的知识、技能、能力水平,最终决定是否录用应聘者。掌握笔试、面试的种类和应试的技巧以及求职礼仪,才能在用人单位的笔试和面试中有出色的表现,成功获得就业机会。

一、笔试

(一)笔试种类

1. 专业知识测试

这种考试主要是为了检验应聘者的专业技术水平和文化素质而设置的。一个合格的毕业生,只要看看其成绩单就可大致了解其知识、能力的基本情况。但也有一些专业性要求较高的用人单位,需要通过笔试的方式对应聘者的文化和专业知识进行考核。近年来,这种方式已被越来越多的企业和事业单位所采用,如外贸公司、外资企业招聘和国家公务员考试。

2. 职业心理测试

职业心理测试是用事先编制好的标准化问卷,判断应聘者心理素质或个体差异的方法。一些特殊的用人单位常常以此来测试应聘者的态度、兴趣、智力、个性等心理素质,然后根据对人才的要求,决定取舍。通过职业心理测试选聘工作人员的重要原因是,它可以降低特殊行业员工的淘汰率和训练成本,便于用人单位量"材"录用员工,从而达到人尽其才,提高工作效率。

3. 命题写作测试

用人单位通过给定的题目以论文等形式来检验应聘者的文字表达能力、分析归纳能力和对问题的思维能力等,以便对应聘者思考问题的缜密性、深刻性进行评估。

4. 综合知识测试

用人单位采用笔试方式时,可能只进行单项专业测试,也可能将上述几种测试综合采用。国家公务员考试就是一个明显例子,它的笔试科目包括3项:《综合知识》《行政职业能力倾向测验》《写作》。

(二)笔试技巧

1. 先易后难,科学答卷

笔试题目多,内容多,又要限时交卷,必须合理安排答题时间。拿到试卷后,首先应通读一遍，了解题目多少和难易程度，然后按照先易后难的原则，先做简单题目，后做难题。这样就不会因为难题费时太多，影响回答其他问题。

2. 卷面整洁，字迹清楚

答卷时，要争取做到字迹清楚，卷面整洁，格式标点正确，不写错别字。书写过于潦草，不仅会影响考试成绩，更为重要的是，这会给用人单位造成一种感觉：应聘者没有认真的态度、细致的工作作风。这对录取可能产生较大的影响。

3. 积极思考，正常发挥

在笔试中，回答客观题应该严谨，而对于主观题，则要适当展开和发挥，以充分展示自己的个性和创造性，这有助于给用人单位留下良好的印象。

4. 掌握题型，精细答题

常见的笔试题型包括填充题、问答题、判断题、应用题、作文题等。答题时要了解考题特点，熟悉每种题型的答题方法，防止出现不必要的差错。

二、面试

（一）面试的种类

从求职应聘的阶段来看，面试可分为初试和复试，如果岗位有限而求职者众多，用人单位就要进行初试。初试一般有如下特点：

① 面试地点除了可能在用人单位外，相当一部分初试是在毕业生所在学校进行的；

② 参加面试的人数众多，面试时间较短，一般是15分钟左右，短的甚至只有几分钟；

③ 这种面试只是复试的开始，初试的目的就是把不合适的人先筛选出局；

④ 主考官可能有好几个，但他们的级别一般不会很高。

由于用人单位的差异，有的复试可能会进行好几轮。与大量"筛选人"的初试相比，复试是一个精挑细选的过程。通常都是由级别比较高的人来主持面试，面试的时间也会更长，程序也更复杂。有的用人单位会在最后一轮面试时安排应聘者与公司的高层管理人员见面。这种面试看似轻松，但却是非常关键的。如果有些应聘者过于松懈，表现出一副大大咧咧的样子，那就大错特错了，因为能进入"决赛"的人都是优秀的，而最后一轮中同样存在着"差额"淘汰。根据面试时人数的多少，面试可分为一对一面试、多对一面试、小组活动等。

一对一面试是只有一名主考官与一名应聘者。

多对一面试。是两个或两个以上的主考官共同面试同一位应聘者，采取这种面试方法多是出于节省时间的考虑。招聘单位可以在很短时间完成多项面试内容，几个主考官一轮下来就可以对面试者进行现场综合评定。在这种情况下，要注意谁是最主要的一位面试考官，当然面试者应该对主要的面试考官有所重视，但也不能忽略其他人员，显得厚此薄彼。

小组面试是将应聘者分成小组开展某种活动或进行游戏，考官人数可多可少，他们同时考察一组人。这样安排的目的通常出于三方面的考虑：可以横向比较面试者，统观全局，大致地了解每个人的特色；考察小组成员的团队合作精神；节省时间，因为招聘工作时间紧，常常来不及一个个面试。

有些毕业生对于这种小组游戏式的面试感到很拘谨，不知如何应付。其实，这种小组面试也没有什么特别困难的，要注意把握一个"度"，即可。也就是说，应对这种面试需要注意的是如何在群体中表现得当，既要积极活跃，又不能抢尽风头，对别人构成压力或威胁；要摆正自己的位置，使人觉得既是集体中的一员，容易相处，又能为公司作出贡献。

（二）面试的准备

常言道，"不打无准备之仗"。对于毕业生来说，关系到初次就业的面试，可谓是一件大事，更应认真对待。除了通过恰当得体的服饰、优雅大方的言行举止塑造良好个人形象外，还需要进行各方面的准备工作。

1. 准备好面试时可能会用到的一切东西

例如身份证、个人简历、学校统一制作的推荐表、成绩单、各种证书等，这些都是用人单位有可能在面试时查验的。值得注意的是，用人单位可能不仅要应聘者的简历，而且要其他详细资料，所以上述材料除了原件以外，还应多交几份复印件，如有必要可以留一份详细的资料给主考官，以便主考官有一个更为全面的了解。当然，还要准备好钢笔和一些空白纸，以便用来做记录或进行可能的笔试。同时还要带上手机，以方便联系和把握时间。还有现金、地图和面试单位的地址、联系电话号码等都是不可缺少的。

2. 准备一分钟的自我介绍

许多用人单位在面试时，都要求求职者作一个自我介绍。这个自我介绍大概一分钟较适宜，应聘者应充分利用这宝贵的一分钟，将自己最美好的一面，毫无保留地展现出来，创造一个良好的第一印象。自我介绍的要点如下。

① 要简明扼要地介绍自己的基本情况，在这一点上要注意简练，以便为后面重要内容留出时间。

② 根据对方的需求，发掘自己的潜力，有选择地介绍自己的优点、技能、突出成就、专业知识、学术背景等，不能空讲白话，必须有事实加以证明。最理想的就是能够"展示"自己过去的成就。

③ 自我介绍的顺序也非常重要。排在首位的，应该是应聘者自己最想让对方记得的事，然后站在对方的角度考虑，按重要性依此排列。

有了精彩的内容，还要加上漂亮的包装。对自我介绍的内容熟记之后，在现场发挥时，要以谈话的方式向对方陈述，切忌以背诵、朗读的口吻介绍自己，要留意自己的声音，注意音量和声调，说话要流畅自然，充满自信。还要注意自己的身体语言，尤其是眼神，要正视对方，和对方进行眼神交流。

3. 深入了解招聘单位、应聘岗位，做到知己知彼

一般而言，主考官不太愿意录用那些对应聘单位一无所知的应聘者；相反，如果在面试时应聘者对招聘单位的情况比较了解，说明对这个单位重视、有好感，将来工作会有较高的积极性。因此，应聘者面试前最好能通过各种途径，如报纸杂志、广播电视、网络，包括各种社会关系来收集用人单位各方面的资料，了解用人单位的有关情况，如单位性质、规模、经济实力与效益、社会地位和工作条件、企业文化和发展目标、产品种类、市场定位、占有率以及有竞争对手等。最重要的是，应聘者必须要对自己希望应聘的岗位有一个比较全面深刻的认识，既要知道该岗位的工作方式、工作范围和工作要求，也要明白自己的工作能力和潜力是否能胜任该项工作。

4. 作好面试的心理准备

要事先预想主考官可能会提到的问题，并准备谨慎而有条理地回答。应聘者根据事先所收集到的信息进行分析整理，理清思路，考虑采取什么措辞，从而在面试时给主考官留下一个良好印象。事先有准备的人，表情和肢体语言比较笃定从容，且具备较好的回应能力。例如，应聘毕业生比较容易被问及教育背景、社会经验等方面的问题。摊开简历，假想自己是用人主管，检查一下简历中有何不寻常的地方，是否能言之有理地将来龙去脉交代清楚？如果招聘者觉得自己提出的问题始终没有得到合理的解释，毕业生被录用的机会是很低的。

此外，还可以先进行有关面试的场景模拟。应届毕业生由于缺乏面试经验，可事先找朋友相互练习，模拟应聘，以增进面试技巧。

（三）面试的内容

面试中提问问题的种类一般是与面试内容基本吻合的，面试内容包括什么，提问的问题一般也应涉及这些内容。

1. 应聘者个人情况

一般情况下，有关个人背景的材料已填写在履历表内，面试时再提问只是为了验证一下，或者以这些不需应聘者思考的问题开始，有利于应聘者逐渐适应以展开思路，进入"角色"，尤其是对那些一进入考场就显得紧张、拘谨的应聘者，更该先提一些帮助他们树立信心，诱导其正常发挥出自己的水平的问题。常问的问题有以下几个。

（1）请介绍一下你的家庭状况。

（2）你的籍贯在哪里？

（3）现在你住在哪里？

（4）你父母分别从事什么职业？

对这些问题，应聘者不需深入思考，但最重要的是一开始就要注意调整好自己的应试状态，充满自信，口齿清楚，回答全面、完整，但又要注意尽量简洁。一开始的应试状态会直接影响到整个面试过程中的表现。

2. 应聘者的求学经历

受教育的大致状况在履历表中已列出，提问这方面的情况是为了获悉更详细的情况。

(1) 从你的申请表中我了解到你进入××（高中），毕业于××年，请你进一步告诉我们一些有关申请表中所述的情况，并对你的高中阶段进行简短的说明，尤其是那些对你的职业生活有影响的事件。

(2) 你学过哪些课程（一般的，技术性的或者选修班）？

(3) 在学校，你都参加过什么活动？

(4) 你的学习成绩如何？在班上所处的位置如何？你的学习习惯怎样？

(5) 有哪些人或事件对你的职业选择产生了影响？

(6) 你担任过什么职位？受到哪些奖励？获得过什么荣誉？取得过什么成就？

(7) 我注意到从××年至××年你进入××学校学习。你为什么选择这所学校？

(8) 你能告诉我，在职业院校阶段对你的职业生活有影响的事件吗？

(9) 一般地说，你的学校生活情况如何？

(10) 你为什么选择这个专业？

(11) 你都主修过什么课程？选修过什么课程？为什么选修这些课程？

(12) 你参加过什么校内团体？是作为一般成员，领导还是其他？你为什么参加这些团体？有什么收获？

(13) 你在学校期间有没有工作经历？如果有，工作种类是什么？是在学习期间还是假期？每周工作多长时间？你对这工作有什么感受？

(14) 对你选择职业有影响的因素有哪些？

总体来说，令招聘单位感兴趣的内容可适当多谈一些，如从事过什么社会工作？有什么感受？对这些问题，如果是肯定的回答，在谈感受时，应着重谈有什么收获；如果没有参加过社会工作，应谈谈课余时间或假期是如何度过的，从事了什么有意义的活动。再如，你选修过什么课程？如果选修过一些和公务员工作有关的课程，如公文写作，应着重谈一下这些课程主要讲了些什么，你有什么收获？再如，曾获得什么荣誉和奖励？不要仅仅简单地回答获得过什么荣誉和奖励，还要简要叙述一下为什么被授予这些。

3. 求职动机与愿望

(1) 你选择本单位的原因是什么？

这是几乎每个招聘单位都会问到的问题。回答时，一般来说，应将招聘单位的情况与自身的长处结合起来，同时应尽量具体，让人可信。如"贵单位上下级关系融洽，在这样的环境里工作，心情一定舒畅，可以充分发挥自己的才干"；"贵单位是涉外单位，我的英语水平较高，在这里工作一定能发挥自己的长处，做出成绩来。"在回答时，不要以福利待遇、工作的物质条件、高额的工资为原因，也应当避免说别人劝我来之类的原因。在介绍招聘单位的情况时，不要使用"听说"、"据说"等模糊语言。

(2) 你希望单位如何安排你的工作及待遇？

在这方面，不要提出过高要求，而是应表明自己愿意服从单位的适当安排，不要单纯强调自己的要求。

（3）你在工作中追求什么？个人有什么打算？你想怎样实现你的理想和抱负？

这时，你就可以对自己的工作简单设计一个蓝图，但要注意目标和理想要切实可行，不要大而空，也不要简单地说目前还没什么长远的打算，可谈一下如果被录取，你将怎样去工作。

（4）谈谈你对将要从事的工作的认识。

（5）谈谈你对本单位的了解。

4. 能力结构

（1）学习能力

① 你认为自己的学习能力如何？

② 在何种情况下你学得快些或慢些？

（2）分析能力

① 你认为你的分析能力如何？

② 除了从总体概括你的分析能力如何以外，尽量能再举出一个例子来从实际证明你的分析能力。

③ 一般人认为你是勤于钻研细节呢？还是比较不太注意细节？

④ 你运用哪些分析方法和分析工具？

⑤ 你认为成功和失败有什么区别？

⑥ 你认为富和贫、美和丑有什么区别？

以上问题除了测定应聘者的分析能力外，还可以测定其思维能力、口头表达能力。

（3）判断力

① 你认为自己作出决定的方式怎样？你是果断、迅速，但有时急躁呢？还是你处世周到但有时显得迟缓？你是很敏感呢？还是一味忍受现实？

② 你最近所作的两个最困难和最富挑战性的决定是什么？

除了回答两个最困难和最富挑战性的决定的内容之外，还要回答当时为什么要那样决定，现在看来当时的决定是正确还是错误，从中汲取了什么经验教训，如果现在再面临这样的情况，将如何决定？为什么？

③ 最近你所作的两个最漂亮和最糟糕的决定是什么？

④ 假如 A 单位和 B 单位同时录用你，你将选择哪一个？（A、B 是另外其他两个单位）。

阐明原因时，尽量避免这样一些理由：如工资待遇好、工作物质条件好等，而应尽量以这样一些角度陈述理由：如更能发挥我的特长；我对×单位的工作更感兴趣；×单位更重视人才等。

（4）口头表达能力

① 你如何评价自己当众讲话的能力？

② 你怎样描述你在集会中的角色——是你组织别人呢？还是你仅是其中一员？

③ 描述你最后一次言语失当的情形。

④ 请描述一下你自己。

⑤ 请谈谈你的优、缺点。
⑥ 请谈谈你的兴趣、爱好。
⑦ 根据你的自我分析，最适合你的工作是什么样的？

口头表达能力可以单独出题测定，也可以通过应聘者对所有问题的回答情况给定一个分数而不再单独出题测定。在回答问题时，应聘者要注意声音响亮、口齿清楚、条理清晰、前后连贯、主题鲜明、语言简洁明了、逻辑清楚、具有说服力，引例、遣词用句准确，语气、发音标准，同时要注意姿态、表情，可辅以适当的肢体动作。要能抓住事物的本质，全面分析，说理透彻、顺畅地表达出自己的思想、观点和看法。

(5) 知识
① 你最喜欢读哪些方面的书籍？
② 你常读什么报纸？最喜欢的报纸或栏目是什么？
③ 你每天有多少时间用于读书？
④ 你最近在看什么书？有何感受？

5. 个性特征

(1) 独立性
① 你喜欢别人干涉你作出决定吗？
② 你作出决定的时候容易受到其他人的影响或暗示吗？
③ 你喜欢一个人干事还是几个人一块儿去干？
④ 在和别人一块儿干事时，你能坚持自己的主张吗？
⑤ 你善于服从别人吗？
⑥ 在处理一件棘手的事情时，你首先想到的是自己尽力去解决，还是让别人来帮助你？
⑦ 你父母对你的事情干涉多吗？

(2) 兴趣爱好
① 你喜欢什么运动？你会跳舞吗？
② 你经常参加体育锻炼吗？
③ 你有什么特长？

(3) 性格
① 你认为自己的性格属于内倾型还是外倾型？
② 你对琐碎的工作是讨厌还是喜欢？
③ 闲暇时你是喜欢一个人待着还是喜欢和大家一块儿玩？
④ 你是喜欢还是羞于在公众场合谈话？
⑤ 好多人在一起时，你的语言是多还是少？

6. 未来计划和目标
① 如果你被录用，你准备怎样开展工作？有什么设想？
② 如果有其他的工作机会，你怎样看待？
③ 你打算沿着这条职业道路走下去至少 5～10 年吗？10 年后你希望从事什么工作？

④ 进入这个单位，你认为自己的优势和不利因素是什么？
⑤ 你准备怎样发挥自己的优势，弥补自己的不足？
⑥ 你是否确定了以后的奋斗目标？你准备怎样去实现自己的目标？

（四）面试结束之后的工作

面试对于求职者来说是至关重要的，然而许多求职者通常只注意到面试前的准备和面试中的应对，对面试后该做的事情却忽略了。其实，面试后的工作做得好坏与否往往会影响到全局，甚至改变结局。对此，有关专家给出四点建议。

（1）**及时退出考场**　当考官宣布面试结束后，求职者应礼貌道谢，及时退出考场，不要再提什么问题，以免影响他人考试。

（2）**不要过早打听面试结果**　在一般情况下，考官组每天面试结束后要进行讨论和投票，然后由人事部门汇总，最后确定录用人选可能要等3～5天甚至更长的时间，求职者在这一段时间一定要耐心等候消息，切不可到处打听，更不要托人"刺探"，急于求成会适得其反。

（3）**学会感谢**　面试结束以后，即使对方表示不予录用，也都应通过各种途径表示感谢。如果是电话相约面试的，可以再打一个电话表示感谢；如果是托熟人参加面试的，可通过熟人转达谢意；如果是自己事先写求职信联系面试的，可再写一封简短热情的信表达谢意。面试后表示感谢是十分重要的，据调查，十个求职者有九个不回感谢信，你如果没有忽略这个环节，则显得别具一格而又注重礼节，说不定会使对方改变初衷。

（4）**保持联络**　面试后的一段时间里最好不要到外地旅游或办事，必须外出时要向面试单位说明并提供联系方式，以免通知面试结果时找不到你，同时也表达你的诚意。

三、求职应聘的注意事项

（一）了解求职礼仪

礼仪在人际交往中是不可缺少的，尤其在正式场合，在交往双方不是特别熟悉的情况下，就显得更为重要。应聘者的礼仪，直接影响用人单位对应聘者印象的好坏，进而决定是否录用。毕业生应特别注意以下几方面的礼仪：

1. 基本礼仪

（1）**准时赴约**　面试一定不能迟到，不准时的人会给人留下没有责任感的印象。如果确有突发原因造成迟到，一定要向对方说明原因，求得谅解。如果有事不能参加面试，要尽早向招聘方说明情况。如果无故不参加面试，招聘单位会认为应聘者对该职位没有兴趣，一般不会再与其联系。面试最好提前十分钟或一刻钟到达，同时也给自己一点时间调整心态，避免仓促上阵，手忙脚乱。在等候面试的时候，应聘者不要东走西瞧，也不要大声喧哗。

> **案例 1**
>
> 　　小周是一所知名大学的优秀毕业生，一家外企看过她的简历后，感觉她是一个符合招聘条件的人，于是通知她在规定时间去面试。小周乘坐的公交车在路上堵车，当她赶到公司后，已经迟到了 1 刻钟，在门卫处又花了几分钟登记，当她急匆匆跑到人力资源部时，经理开门见山地告诉她："很抱歉，你的时间观念实在令我感到遗憾。感谢你对本公司的信任。再见。"
>
> 　　启示：细节决定成败。守时既反映对对方的尊重，更体现本人对待诚信和责任感的态度。

（2）入场入座　进入面试现场，应最好先敲门得到允许再进入。敲门两次较为标准，并且用力适中。进入考场后，向主考官问好并表明来意。如果其中有一人给予介绍其他人时，毕业生应该点头致意或主动问候，并努力记住每个人的姓名和职务。等主考官说"请坐"时方可坐下。坐时不要背靠椅子，也不要弓腰，尽量避免抓耳挠腮、跷二郎腿等小动作。

（3）学会倾听　谈话时，要注意聆听，不要随便插话，不管主考官说什么，都不要随便顶撞，否则是很不礼貌的行为。即使是回答自己精通的问题，也要尽量简明扼要，不能滔滔不绝地说个没完，独占说话的时间，应当让主考官有充分的说话机会。如果遇到不明白的地方，可以说："对不起，某部分我没有听清"，请主考官再进一步解释。

（4）适时提问　应聘者不仅要认真倾听，还要适时提问，如："我这样理解，您认为如何？""您能否介绍一下这个职位的工作范围？"等，以显示对新工作的重视与关心。

（5）礼貌告辞　不论面试效果如何，都要礼貌告退。面试结束，如主考官当面通知被录取，要热情感谢；若没有表态，不要急于让对方答复，并要礼貌告退，感谢对方给了一次面试机会，要面带微笑，善始善终，给对方留下一个美好的印象。

2. 服饰礼仪

（1）男生服饰礼仪

① 服装。男生以穿深色或色调柔和、款式风格稳健的西服套装为宜，不要穿宽大的运动衣；衬衣一般以色调明朗、柔和为宜；领带与西服的颜色对比不要太强，要给人以富有朝气、落落大方的印象。

② 鞋袜。鞋子要干净、光亮；穿西装最好要配皮鞋；袜子要与西服颜色相配，不要穿鲜亮颜色或花格子的袜子。

③ 修饰。应保持头发干净，梳理整齐，发型宜简单、朴素、稳重大方；胡须要干净，不要留人字胡、络腮胡。除了佩戴手表、领带、别针外，无需其他饰物，简单为宜。

（2）女生服饰礼仪

① 服装。以朴素、得体的裙装或套装为宜，不要穿运动装、牛仔裤、T 恤，以免

使人感到不够庄重，更不能穿透明的薄纱裙或吊带的服饰；服装外观要大方美观，同时要与自己所应聘的岗位相符合。

② 鞋袜。鞋以中跟为宜，尽量避免穿跟部过高的鞋子，更不能穿拖鞋、凉鞋。

③ 修饰。头发要保持整洁、自然，尽量不要卷烫；指甲要修剪得体，长度适中，最好不用指甲油；化妆不宜过浓，不要香气扑鼻，避免给人以妖艳轻浮之感。

④ 装饰。初出校门的学生应以简单、优雅、大方为主，手袋大小适宜，颜色款式要与其他饰物相协调。尽量不要佩戴变色镜、太阳镜。

（二）塑造自我形象

在应聘过程中，谈吐文雅、风度翩翩、气质清新而不俗，往往会给招聘方留下良好的印象。塑造良好的自我形象是毕业生求职应聘的一大技巧。毕业生在应聘时应注意以下几个方面：

（1）仪表　仪表包括毕业生应聘时的着装、发型、饰品和色彩等。在应聘过程中，良好的仪表能够给招聘方展示出个人的气质和风采，留下良好的印象。

（2）精神状态　毕业生在应聘时要始终保持饱满的精神、积极向上的状态，充分展示毕业生良好的精神风貌和气质。应聘前一天要注意充分休息，合理饮食。

（3）态度　毕业生在应聘时面部要始终保持自然随和，态度镇定诚恳，适当微笑。

案例 2

小王到一所著名中学应聘，虽然此前经过了精心准备，但在面试前还是控制不住紧张情绪，于是到洗手间整理仪表来放松自己，恰与一位貌似老师的人相遇，两人自然而然地交谈起来。老师问他："今天是不是有什么大事，这么多年轻人聚集在这里？""哦，今天是贵校在招聘毕业生，我也是来应聘的。"小王客气地回答。"是吗？一大早就跑来，可是够辛苦的。""这没什么，因为我想得到这份工作，再辛苦也值得。""是吗？那你可要多努力啊，祝你成功！""谢谢！我会努力的。"简单聊过几句后，两人就一起走出洗手间，到门口时，小王很自然地替老师打开门，请他先行。这位老师没说什么，只朝他轻轻地点点头，微微一笑就离开了。待小王开始面试时不禁吃了一惊，原来刚才和自己交流的那位老师竟然是这次面试的主考官——该校校长。校长则开口就说："刚才遇到的就是你啊，现在已经很少看到像你这样有礼貌的年轻人了……"小王自然顺利地通过了面试。

启示：为面试作好各方面的准备是必要的，但更重要的是平时不断提高自身的综合素质。

（三）把握面试技巧

1. 巧用眼神

俗话说，"眼睛是心灵的窗户"，在面试时与主考官的目光对视显得尤为重要，一方面可以通过眼神展现充分自信，另一方面借以察言观色，避免面试出现尴尬。面试时不要东张西望，不要垂首低目。如果应聘者眼光游移不定，逃避主考官的目光。这不仅表明应聘者的拘谨，还表示应聘者对主考官的问题没有把握，缺乏自信。应聘者留给主考官印象如何也可以从主考官的眼神中看出一些，如果对方很满意，他的眼神一定会有所表现，比如说注视时间延长，凝神的眼光突然闪亮等。如果主考官流露出这样的眼神，应聘基本可以说是成功了。

2. 调控声音

交谈中要控制好语音的高低和语气。说话声音的大小要适中，声音太小别人听不清楚，留下一个胆怯的印象，同时语言表达要明确，停顿要分明，语速不要太快也不要太慢，要注意说话的语气，不论在什么情况下，都应当避免用不自然的语气说话，说话时要有礼貌，给人以愉快的感觉。

3. 注意小节

在交谈时要注意身体的小动作或者手势，避免出现不妥之处，说话时要和对方保持一定的距离，不能太靠近对方，如果离得太近，容易把气呵到对方脸上，甚至把唾沫喷到对方脸上，这是令人不悦的行为。坐着时上身要挺直，头正对前方，双臂不可交叉，也不能跷起二郎腿，要避免一切不雅的动作。

4. 当问则问

在面试临近尾声时，主考官一般会礼貌地发问："请问你有什么问题要问吗？"通常会出现两种情形：①不少应聘者往往以为"时机已到"，便不着边际地频频发问；②不少应聘者不知所措地回答"没问题"。在回答这一问题前，应聘者要先进行大致判断，即根据整个面试的过程判断自己被录用或进入下一轮过程的机会有多大。如果主考官饶有兴趣地询问工作（实习）经验、介绍待遇情况、了解上下班路途等，则说明机会较大；反之，如果三言两语结束面试，很少提及工作，从未提到薪水待遇等，则说明几率很小。如果觉得对方对自己印象不错，应聘者不妨先问一两个有关工作岗位的问题以证实自己的判断；反之则出于礼貌提一个问题即可。一般来说，应聘者可根据初试或复试的不同询问不同的问题。初试时最好不要提有关薪金、待遇的问题，而应该询问有关工作职责、企业发展之类的问题，但一定要注意谨慎适度，凡是主考官介绍过的或已通过其他渠道了解的就不必多问。千万不能纠缠于一些诸如车贴、饭贴、加班费等鸡毛蒜皮的小事，这些问题只会让主考官心生厌倦。总之在回答"你还有什么问题要问"这样的问题时，既不能冷淡漠然，也不能急于表现，而应审时度势，随时应变，适当提问，理智回答。

（四）了解招聘公司和招聘人员

主考官是用人单位的直接代表，了解应聘单位的基本情况和招聘原则及取舍标准，了解主考官的特点和用人心态，在应聘时随机应变，把握适度，往往会收到事半功倍的效果。

① 侧面打听主考官的基本情况。可以向熟人侧面了解主考官的用人心态及好恶，对主考官的好恶一定要加以重视。

② 现场观察主考官的心态变化。要从主考官的神情、态度分析他们的心态变化，尽量准确地抓住他们的心理和兴趣点，吸引主考官注意力。

③ 在参加面试之前，应当自己有意向的用人单位进行一些了解，包括向熟人了解，向用人单位现有员工了解，向用人单位的主管部门了解及在互联网上查找用人单位的相关资料。通过上述几种方法，充分了解用人单位的基本情况和招聘原则及取舍标准，结合自己的实际，制定出有针对性的应聘方案。

第四节　签约与报到

一、签约

教育部《普通高等学校毕业生就业工作暂行规定》第 24 条规定："经供需见面和双向选择后，毕业生、用人单位和高等学校应当签订毕业生就业协议书，作为制订就业计划和派遣依据。"

（一）《就业协议书》

《就业协议书》是大中专毕业生就业主管部门编制就业计划、学校制定毕业生就业方案及就业名单的一个重要依据，是明确毕业生、用人单位、学校在就业工作中的权利和义务的书面材料。

毕业生通过双向选择落实用人单位，就必须签订就业协议书，并由毕业生、用人单位和学校分别在《就业协议书》上签字盖章。《就业协议书》的主要作用有两点：① 作为毕业生落实用人单位、用人单位同意接受毕业生的主要依据，也是毕业生就业主管部门编制毕业生就业计划、学校制定毕业生就业方案的重要依据之一；② 毕业生落实用人单位之后，与用人单位订立就业协议可以杜绝用人单位与毕业生在双向选择过程中的随意性，以保护双方的权益，避免给制订毕业生就业计划带来混乱。

（二）签约的原则

1. 主体合法原则

签订就业协议的当事人必须有合法的主体资格。对毕业生而言，就是必须取得毕业资格，如果学生在报到时未取得毕业资格，用人单位可以不予接收而无须承担违约责任；对用人单位而言，用人单位必须具有从事各项经营或管理活动的能力，否则毕业生可以解除协议而无须承担违约责任；对学校而言，要向用人单位如实提供毕业生的相关情况，并在就业协议签订过程中进行监督和指导。

2. 平等协商原则

就业协议的当事人在签订就业协议时地位平等。学校无权采用强制手段要求毕业生到指定的单位就业（不包括有特殊情况的毕业生），用人单位在签订协议时也不允许要求学生缴纳各种风险金、保证金。当事人的权利和义务应是一致的。除协议书规定的内容外，当事人如有其他约定事项可在协议书"备注"内容中加以补充确定。

（三）签约的流程

目前，山东省内高校毕业生与用人单位签约，都需要登录"山东高校毕业生就业信息网"（以下简称"信息网"），在网上完成所有签约程序。毕业生与山东省内用人单位或省外"信息网"注册单位签约，全部在"信息网"上生成并打印《就业协议书》；与山东省外"信息网"非注册单位签约，则采用由教育部提供的统一纸质样本《全国普通高等学校毕业生就业协议书》签约。《就业协议书》由3部分内容组成，即规定条款，签署意见与签字（盖章）、备注。

1. 山东省内院校毕业生与省内用人单位签约的流程

毕业生和用人单位登录"山东高校毕业生就业信息网"——毕业生向用人单位投递简历——用人单位向毕业生发起签约邀请，并设定应约期限——毕业生在有效期内应约——系统自动生成就业协议书——用人单位上级主管部门审核就业协议书内容——用人单位隶属就业主管部门签证协议书内容——用人单位打印就业协议书，单位盖章、毕业生签字——毕业生送就业协议书到学校，学校审核存档就业协议书——省人社厅归入就业方案库并据此打印报到证派遣毕业生。

2. 山东省内院校毕业生与省外注册用人单位签约流程

毕业生向用人单位投递简历——用人单位向毕业生发起签约邀请，并设定应约期限——毕业生在有效期内应约——系统自动生成就业协议书——毕业前签协议，由学校审核网上省外就业协议书和毕业生与用人单位签署的纸质全国就业协议书；毕业后签协议，由省人社厅审核网上省外就业协议书和毕业生与用人单位签署的纸质全国就业协议书。

3. 山东省内院校毕业生与省外非注册用人单位签约流程

毕业生与用人单位达成签约意向——毕业生想学校发送省外就业申请——学校审核省外就业申请——系统锁定毕业生省内签约功能，学校发放纸质全国就业协议书——毕业生网上录入省外就业协议书信息——毕业前，由学校审核存档就业协议书内容；毕业后，由省人社厅审核存档就业协议书内容。

（四）签约时应注意的问题

毕业生与用人单位经过充分协商并达成一致意见后，签订就业协议书，签订就业协议书时应该注意以下问题。

（1）注意充分了解有关政策、法规和规定。毕业生在签订就业协议书前应充分了解各级毕业生就业主管部门制定的就业政策，以及学校制定的有关就业的规定，以免形成无效协议。

（2）查明用人单位的主体资格。签订就业协议的当事人必须具备合法的主体资格，一般而言用人单位必须具有从事经营和管理活动的能力。毕业生在与用人单位签订就业协议时一定要慎重，要仔细了解用人单位的基本情况，才能作出正确的判断，以避免错失其他的就业机会。

（3）按规定程序签订协议。学校对签订就业协议的方法、步骤和程序作了明确规定，这些规定在制定之初就已经充分考虑了毕业生的利益，毕业生一定严格按照学校规定执行。

（4）有关条款的内容必须明确。毕业生就业协议一般由主管部门事先拟定，对毕业生与用人单位起示范作用，因而毕业生与用人单位在签约时，应尽量采用示范条款。如确有必要进行变更或增加，毕业生与用人单位经协商可以增加相关条款，应在内容上明确，不要产生歧义，尤其是涉及福利待遇、工作期限、违约责任等应明确，否则一旦发生争议，由于事先约定不明确，不利于自身合法权益的保护。如无附加条款，应当将协议书中的空白部分划去，注明"以下空白"。

（5）注意与劳动合同的衔接。由于毕业生就业协议签订在先，为避免在以后订立劳动合同时产生纠纷，应尽可能将劳动合同的主要内容体现在就业协议的约定条款中，并明确表示在今后订立劳动合同时应予以确认。否则双方就劳动合同有关内容达不成一致意见，且事先无约定时，若毕业生表示不愿在该单位工作，用人单位会要求毕业生承担违反就业协议的责任。因而毕业生在就业过程中应就劳动报酬、试用期、住房、服务期限等劳动合同的主要条款与用人单位事先协商，体现在就业协议中，并将协议结果书面化，而不应只作口头约定。

（6）对协议的解除条件做事先约定。毕业生就业协议一经订立，就对当事人具有约束力，一方不得随意解除，否则应承担违约责任。毕业生如对用人单位情况不是很了解或感到不完全如意，但又担心就业市场的变化，一旦放弃后落实就业单位可能更困难，或本人又在考研、准备出国，在这些情况下，毕业生可与用人单位在就业协议中就解除条件加以约定。若约定条件一旦达成，毕业生可依约解除协议，而无须承担额外的违约责任，避免产生更大的经济损失或引发其他争议。

二、就业协议书的失效与解除

（一）无效协议

无效协议是指欠缺就业协议的有效要件或违反就业协议订立的原则，从而不发生法律效力的协议。无效协议自订立之日起无效。

（1）采取欺骗等违法手段签订的就业协议无效。如用人单位不如实介绍本单位情况、根本无录用计划而与毕业生签订就业协议，毕业生在订立就业协议时对个人情况有失实、重要隐瞒等情况。无效协议产生的法律后果由责任方承担。

（2）就业协议未经学校审查同意，学校将不予列入就业方案，不予办理就业派遣手续。

（3）未取得毕业资格的结业生，所签订就业协议无效。所谓无效，也就是说就业协议书从签订时就没有约束力。这说明就业协议书对结业生是不适用的。

（二）就业协议的解除

就业协议的解除分为单方解除和双方解除。

（1）单方解除　包括单方擅自解除和单方依法或依协议解除。单方擅自解除协议，属违约行为，解约方应对另一方承担违约责任。单方依法或依协议解除，是指一方解除就业协议有法律上的或协议上的依据。如学生未取得毕业资格，用人单位有权单方解除就业协议；或依协议规定，毕业生考取研究生后，可解除就业协议。此类单方解除，解除方无须对另一方承担法律责任。

（2）双方解除　指毕业生、用人单位，经协商一致，取消原订立的协议，使协议不发生法律效力。此类解除因是双方当事人真实意思表示一致的体现，双方均不承担法律责任。

三、违约及其后果

（一）违约

就业协议书一经毕业生和用人单位签署、学校审查同意即具有法律效力，双方应严格履行协议内容，任何一方单方面提出终止协议，即构成违约。

违约是毕业生的一项权利。也就是说，毕业生与用人单位签订就业协议书后，由于某些特殊的原因和情况，毕业生不能或不适合到已签约的用人单位工作，毕业生本人是可以提出违约的。但是，违约权利的行使要依照就业协议书中违约条款的规定进行。因为违约条款对违约的行为有约束，毕业生违约必须遵守违约条款，不能随意违约。

目前毕业生通过各种方式与用人单位"供求见面"，实现"双向选择"。这些毕业生一旦和用人单位达成就业意向并进一步考察完毕后，双方的这种人才供求关系就要以就业协议书的形式固定下来。国家为维护广大毕业生的利益，要求用人单位维护毕业生就业计划的严肃性，就业计划一经形成，用人单位不得拒收毕业生，否则按违约处理，用人单位承担违约责任。同样，也要求毕业生不能违约，不能随意更换单位。倘若有的毕业生单方面违约，随意更换单位，学校应视情况予以批评和教育，并征求用人单位一方的意见，如果单位同意，应由毕业生承担违约责任。

（二）违约造成的后果

毕业生和用人单位双方应严格履行就业协议内容，任何一方不得擅自解除，否则违约方应向守约方承担违约责任。毕业生只能与一个用人单位签订就业协议书，严格履行协议。从实际情况来看，就业违约方多为毕业生。毕业生违约，除本人应承担违约责任外，往往还会造成其他不良的后果，主要表现在以下几个方面。

第一，就用人单位而言，往往为录用一名毕业生需要做大量的工作，有时甚至对毕业生将要从事的具体工作也有所安排。同时毕业生就业工作时间相对比较集中，一旦毕业生因某种原因违约，势必使用人单位此前为面试、考查和签约等付出的努力付之东流，用人单位若另起炉灶，重新选择其他毕业生，在时间上也不允许，从而给用人单位工作造成被动，带来损失。

第二，就学校而言，用人单位往往将毕业生违约行为认为是学校的管理不严，从而影响学校和用人单位的长期合作关系。用人单位由于毕业生存在违约现象，而对学校的推荐工作表示怀疑。据调查，一旦毕业生违约，该用人单位在几年内不愿到学校来挑选毕业生。面对激烈的就业竞争，用人单位的需求就是毕业生择业成功的前提，如此下去，必定影响到今后学校的毕业生就业工作。

第三，就其他毕业生而言，用人单位到校挑选毕业生，一旦与某毕业生签订就业协议，就不可能再录用其他毕业生。若以后该毕业生违约，有些当初希望到该用人单位工作的其他毕业生由于录用时间等原因，也无法补缺，造成就业信息的浪费，影响其他毕业生就业。

因此，毕业生在就业过程中要做到：慎重选择就业单位、慎重签订就业协议、慎重违约。

四、报到及报到应注意的问题

学校宣布毕业生就业方案后，毕业生必须在规定的时间内办理离校手续，按报到证规定的时间、地点报到。毕业生报到时应注意以下问题。

（一）准备好报到所需的材料

报到时应准备好以下材料：报到证、毕业证（学位证）、户籍迁移证明、身份证、组织关系接转介绍信等。

毕业生在离校前，要认真核对学校各部门下发的户籍迁移证明、就业报到证、毕业证（学位证）等材料，确保信息无错后再行离校。如发现问题应尽量在校内解决。

（二）按规定时间报到

已落实单位的毕业生在领取报到证后，应在规定的时间期限内到用人单位报到。倘若因某种原因不能按期报到的，应通知用人单位说明理由使其同意，否则单位有权拒绝接收。超过报到期限三个月者，按国家规定取消其就业资格。毕业生也不要过早报到，否则单位可能在某些方面没有安排好，比如办公用品、住宿等。

未落实就业单位的山东生源毕业生，登录"就业信息网"，使用"网上回生源地报到"栏目，按系统提示完成"网上报到"后，持签发到各市、县人社部门的就业报到证、毕业证书、户口迁移证和身份证到相关的人社部门办理报到、落户手续。

未落实就业单位的外省生源毕业生，按照报到证要求，持签发到省市、县人社部门的就业报到证、毕业证书、户口迁移证和身份证到相关的人社部门办理报到、落户手续。

许多毕业生认为自己暂时没有工作就不去报到，结果等需要办理出国政审、考研证明时出现许多不必要的麻烦。未落实就业单位的毕业生在报到时,由于各地规定的报到手续和报到时提供的材料有差异,所以,毕业生有必要在报到前认真咨询生源地毕业生就业主管部门。

(三)报到证补办

报到证是毕业生就业报到的唯一凭证。它的作用是:到接收单位报到的凭证;国家统招计划的证明(各类成人教育、在职攻读的研究生没有报到证);办理户口、人事档案等其他相关手续的依据。所以,报到证一定要妥善保管。

报到证如丢失,要及时在丢失地登报声明作废。然后,个人写出申请,由学校出具证明后,到学校所在省级毕业生就业主管部门申请补发。超过择业期的,不能补办。

(四)单位组织复查

毕业生报到后,接收单位组织复查,如发现有政治、身体条件等不符合要求,需要退回学校的,需及时向主管部门提出申请。若属身体不合格,须经县级以上医院检查证明,在一个月内发生疾病不能坚持正常工作的,如属在校期间的旧病复发,报主管部门批准,可以退回学校,按照有关规定处理;如属新生疾病,按在职人员病假期间的有关规定处理。

毕业生被退回学校后,学校让其在家休养,一年以内病愈的(须经学校指定的县级以上医院证明能坚持正常工作的),可以随下一届毕业生就业,有用人单位同意接收的,学校为其办理就业报到手续;无用人单位接收的,户口和档案材料转至家庭所在地,按社会失业人员办理。满一年仍未病愈的,由家庭负责供养,户口及档案材料转回家庭所在地,病愈后自谋职业。

(五)档案及毕业生的户口迁移

1. 毕业生档案内容

毕业生档案是毕业生走向工作岗位前的家庭及本人基本情况,特别是在学校期间各方面表现的全部资料。下列材料必须归入毕业生档案:

① 参加高考原始档案;
② 毕业生登记表;
③ 毕业生体检表;
④ 学习成绩表及毕业设计答辩成绩;
⑤ 就业报到证通知书
⑥ 入党(团)志愿书等;
⑦ 在校奖惩情况登记表;
⑧ 其他内容。

2. 毕业生档案转发

毕业生档案属于机密材料,从日常管理到传递寄发都严格遵守档案管理条例。学校派遣毕业生后，其档案材料一般要在两周内寄往有关部门。符合档案接收条件的，直接邮寄到单位，不符合接收条件的，档案寄至其单位所在地人社部门。对到"三资"企业、私营企业、股份制企业无主管单位的毕业生的档案材料寄送其人事关系委托代理的县级以上人才流动机构。

3. 毕业生档案查询

毕业生不能自带档案。学校一般在毕业生派遣（离校）后通过机要部门或安排专人转送。落实就业单位的，其档案转送地址主要依据就业协议书"档案转寄详细地址"栏所填信息；未落实单位的，档案应转至生源地毕业生就业主管部门。毕业生应注意及时查收个人档案，一般可于离校后二个月后查收。未查收到的，应尽快通过学校就业管理部门落实档案去向，或通过学校介绍，到档案投递机关查询。

4. 毕业生户口迁移

毕业生的户口凭《报到证》办理迁移手续。集中派遣时由所在学校户籍管理部门统一迁出并发放。接收单位所在地公安部门凭毕业生的《报到证》《户口迁移证》及接收单位介绍信办理户口迁入手续。《报到证》上的报到单位、报到地址与《户口迁移证》不一致又未按规定办理改迁手续的，当地公安机关将不予办理户口迁入手续。对截止规定日期尚未落实单位的毕业生，学校将其户口关系转至家庭所在街道或乡镇（入学前是农业户口的，保留其非农业户口），由当地毕业生就业主管部门按待业人员有关规定管理。

（六）人事代理

大中专毕业生毕业后如果到"三资"企业、私营企业、股份制公司、民办科研机构等无主管单位以及不具备人事管理权限的单位工作，单位可为其办理人事代理手续；如果暂无具体单位，也可以自己到各级人才交流服务中心签订委托人事代理合同。

1. 人事代理的含义

人事代理是指各级行政部门所属的人才流动服务机构或者人事代理机构，受代理对象的委托，根据国家、省、市人事政策法规，运用社会化服务方式和现代科学手段，为诸如"三资企业、私营企业、股份制企业、民办科研机构"等无主管单位以及不具备人事管理权限的单位，要求委托人事代理的其他事业单位，自费出国、以辞职等方式流动后尚未落实单位的专业技术人员和管理人员提供档案保管或有关人事方面的服务工作。

2. 人事代理的服务内容

（1）人事档案保管。

（2）鉴证聘用合同及负责办理代理单位接收的应届大中专毕业生见习期转正手续。

（3）按有关规定代办养老保险并计算工龄。

（4）接受人事关系、党团组织关系及户口关系的挂靠。

（5）按国家政策规定代办档案工资定级、调资手续。

(6) 代办专业技术职务任职资格初定、申报手续。
(7) 办理人才流动手续。
(8) 办理挂靠人员考研、出国、出境的政审（签署意见）。
(9) 协助推荐尚未落实就业单位的代理人员就业。
(10) 商定的其他人事代理事项。

人事代理是一种人事管理与人员使用分离的新型人事管理方式。它的出现，对于拓宽毕业生就业渠道，改变传统的毕业生就业方式，保障毕业生和用人单位的合法权益有着重要的意义。

【阅读材料】

专家建议毕业生求职端正态度

进入岁末，毕业生就业求职又成为一道惹眼的风景，各种招聘会场场爆满。而令人担忧的是，部分毕业生盲目求职、在简历中"注水"，给自己就业和用人单位正常选人都设下了障碍。

一、"漫天撒网"耗时费力

河北科技师范学院计算机专业大四学生小陈从上个月开始已经投了十几份求职简历，按照他的原则，只要是招聘企业所招的职位和计算机有联系，他就投简历。但直到目前为止，他还没有收到一家单位的面试通知。小陈不算是个案，在刚刚举办的"盛世人才"招聘会上，许多毕业生都着眼于大城市，不管适合与否，只要与自己的专业或辅修课程沾边就投简历。

毕业生"漫天撒网"的做法不仅耗费自己的财力和精力，也给企业带来了麻烦。市开发区一家外企人力资源部负责人就表示，他们在招聘要求上已经明确了应聘者的条件，但还有一些条件不符的毕业生为了优厚的待遇而投简历，这使得企业选拔真正符合自己要求的人才要花费更多的时间和精力。

二、毕业简历怎能"注水"

小峰（化名）是某高校工商管理专业的毕业生，由于平时没有努力学习，至今英语四级没有通过，但在其简历中赫然写着"通过国家英语六级"。不仅如此，他本来在校期间无大作为，却在"社会实践"一栏中大书特书："从大一开始至今，先后做过家教、广告公司业务员，并在快餐店、商场做过多份兼职，积累了大量实践经验。"在校职务一栏，"一介布衣"的他又声称"自己做过校学生会副主席、班级生活委员"。

一些用人单位对假简历叫苦不迭，一家加工厂经理参加过几次招聘会，他介绍说，以前有过被假简历欺骗的经历，有的毕业生把自己描绘得天花乱坠，但在实际工作中一检验，发现根本不是那么回事。所以在以后的招聘中，他对毕业生简历都持将信将疑的态度。

三、"眼高手低"现象普遍

某些毕业生自视甚高，看见别人风风火火跑招聘会不屑一顾，坚信自己是要拿高薪的，对于一般的工作不感兴趣，言必称非外企或沿海城市不去。

今年夏天刚毕业的小涛（化名）对此颇有感触："原来我就是这样，看什么样的工作都不满意，总觉得还会有更好的工作等着自己。别的同学找工作，我也不着急，等过了年，班上同学都找的差不多了，我才着急。其实现在的工作还不如刚开始的那几份，但也没办法了，已经晚了，用人单位是不会等你的。"

四、求职还须摆正位置

对于求职市场上种种不尽如人意的问题，有教育专家指出，一些毕业生不了解自己的个性、兴趣和能力，不清楚职业发展面临的优势和劣势，不区别自己喜欢和不喜欢的职业，盲目投递简历，最后石沉大海。毕业生在一年级时就应树立职业发展意识。

简历"注水"的直接后果是使毕业生诚信度大打折扣，这是给所有大学毕业生拆台。简历应突出特长，用人单位要找的是适用的人才，并非最好的人才。眼高手低是求职大忌，如果毕业生摆不正自己的位置，就很难在强手如林的就业市场找到自己的一片天空。

来源：《燕赵都市报》

职业点拨

高校毕业生在就业时要端正求职态度，需要注意以下4点：①要仔细深入分析自己的个性、兴趣和能力，了解职业发展面临的优势与劣势，确定个人职业发展生涯规划；②要有针对性投递简历，切忌"漫天撒网"、盲目投送简历，造成资源和精力浪费；③要实事求是填写简历，不可"虚假注水"，要以诚信做人的态度迎接用人单位检验；④要树立"先就业再择业"的就业观念，避免"眼高手低""非外企或沿海城市不去"的就业想法，这样到最后只会造成"东不成西不就"，耽误就业时机。

思考题

1. 根据自己的求职意向和应聘单位及职位撰写求职简历。
2. 小组扮演：与几位同学组成一小组，分别饰演应聘者和面试官，模拟面试现场的实际情况。
3. 在求职时，应注意哪些求职礼仪？
4. 签约时应注意哪些问题？

第六章
就业安全与权益保障

在就业制度改革逐步走向市场化、法制化的今天，作为就业制度改革的直接承受者和参与主体，职业院校毕业生在其求职择业过程中应自觉遵守市场规则，注意防范各种安全问题，增强法律意识，行使并保护自己的权利。

第一节 就业政策

一、就业制度的变革

1950年，国家根据当时形势，特别是经济建设的需要，提出对大中专和技工学校毕业生实行有计划的分配，即合格毕业生就业由政府负责，国家统一分配工作。这种"统包统分"的分配制度缓解了新中国成立后百废待兴，各行各业急需人才的矛盾，保证了国家经济发展中各地区、各部门重点建设项目对人才的需求，使人才供需在一定程度上实现了平衡。

中华人民共和国成立以后到1985年以前，虽然在制订毕业生分配计划的办法上经过几次变革，但计划经济体制的"统"和"包"为特征的分配制度基本未变。随着经济体制改革的不断深化，从1983年开始，特别是1985年以来，国家对毕业生就业制度进行了有步骤、有层次的改革，毕业生就业由"统包统分"向"供需见面、双向选择"就业模式转变。

1993年，中共中央、国务院颁布了《中国教育改革和发展纲要》，明确指出毕业生就业制度的改革目标是：改革学校毕业生"统包统分"的就业制度，实行少数毕业生由国家安排就业，多数学生"自主择业"的就业制度。随着社会主义市场经济体制的建立和劳动人事制度的改革，除对师范学科和某些艰苦行业、边远地区的毕业生，实行在一定范围内定向就业外，大部分毕业生实行在国家方针政策指导下，通过人才市场，采取"自主择业"的就业办法。与此相配套，通过建立人才需求信息、就业咨询指导、职业介绍等中介组织，为毕业生就业提供服务。同时国家建立相应的奖学金、贷学金制度，鼓励学生努力学习，引导毕业生参与劳动力市场的竞争。在这种就业体制下，大部分毕业生将按照个人能力、条件到市场参与竞争，而不再是由国家依靠行政手段保证毕业生就业。用人单位也只能用工作条件及优惠待遇来吸引毕业生，不能等待国家用行政命令的办法调派毕业生。学校作为就业工作的中介，主要为毕业生"自主择业"提供服务。

二、就业的现行政策及规定

我国政府高度重视就业问题，国家把扩大就业摆在经济社会发展更加突出的位置，继续实施积极的就业政策，千方百计地扩大就业规模。在重点解决体制转轨遗留的下岗失业人员再就业问题的同时，努力做好各类学校应届毕业生就业、城镇新增劳动力就业和农村富余劳动力转移就业，逐步建立城乡统一的劳动力市场和公平竞争的就业制度。广开就业门路，增加就业岗位，改善就业结构，提高就业质量。加强失业调控，保持就业形势稳定。

（1）实施发展经济与促进就业并举的战略，确立有利于扩大就业的经济增长方式。推进经济结构调整，鼓励、支持和引导个体、私营等非公有制经济发展，积极发展就业容量大的劳动密集型产业、服务业和各类所有制的中小企业，改善就业结构，扩大就业容量。加强地区间的协作，推行培训、就业、维权三位一体的工作模式，搞好劳务输出工作，引导和组织农村劳动力向非农产业和城镇有序转移。

（2）继续实施积极的就业政策，促进下岗失业人员再就业。创造良好的就业和创业环境，妥善解决体制转轨遗留的下岗失业人员再就业问题，重点做好国有和集体企业下岗职工、国有企业关闭破产需要安置人员的再就业。引导劳动者转变就业观念，鼓励劳动者自谋职业和自主创业，出台一系列支持政策，促进多种形式就业。通过政府扶持和政策引导，鼓励企业吸纳下岗失业人员再就业。加大公益性岗位开发力度，全面落实各项扶持政策，提高就业稳定性。建立就业与失业保险、城市居民最低生活保障工作联动机制，促进和帮助下岗失业人员尽快实现再就业。

（3）不断完善市场就业机制，促进城乡统筹就业。建立城乡统一、平等竞争的劳动力市场，逐步消除就业歧视。取消农村劳动力进城和跨地区就业的限制，改善农民工进城就业环境。积极推进新成长劳动力就业，加强劳动力市场建设，规范劳动者求职、用人单位招聘和职业中介行为。建立覆盖各类失业人员的失业登记制度，加强对登记失业毕业生的服务和管理，完善用人单位招聘人员录用备案制度和就业登记制度。加强对各类职业中介行为的监管，维护劳动力市场秩序。

（4）完善公共就业和人才服务体系。建立了县区以上综合性服务机构，街道（乡、镇）社区服务窗口以及就业训练、创业服务等服务实体，形成了覆盖省、市、县（区）、街道（乡、镇）、社区（行政村）的五级服务网络。公共就业和人才服务职能不断增强，免费开展了政策咨询、市场供求信息发布、职业介绍、职业指导、就业援助、创业服务，承担就业登记、失业登记管理，提供了人力资源社会保障事务代理、档案管理、考试认证、专家服务等服务项目。

（5）加强失业调控。妥善安置破产和重组改制国有企业的分流职工；鼓励国有大中型企业通过主辅分离、辅业改制分流安置富余人员；规范企业裁员行为，加强对正常生产经营企业裁员的指导；建立失业预警机制，制订预案和相应措施，对失业进行有效调控，减少长期失业人员数量，保持就业形势稳定。

（6）完善境外就业管理体制。建立境外就业突发事件协调处理机制，保护境外就业人员合法权益。加强对境外就业中介机构的监管，规范对境外就业人员的服务。加大开拓境外就业市场力度，扩大境外就业规模。

（7）进一步完善职业资格证书制度，形成技能劳动者的评价、选拔、使用和激励机制。完善社会化职业技能鉴定、企业技能劳动者评价、职业院校资格认证和专项职业技能考核的工作体系，发挥职业资格证书在劳动者就业和技能成才过程中的导向作用。鼓励行业、企业和全社会开展各种类型职业技能竞赛和岗位练兵活动。引导企业建立技能劳动者使用与培训考核相结合、待遇与业绩贡献相联系的激励机制。

（8）加强职业教育技术培训支持和服务体系建设。努力促进劳动者素质不断提高，形成面向市场、运行有序、管理高效、覆盖城乡的职业培训和技能人才评价制度与政策体系。进一步加大对各类劳动者的培训力度，基本建立起规模宏大、专业齐全、梯次合理的技能劳动者队伍。继续引导社会从"重学历"向"重能力"转变，努力在全社会形成科学的人才观，不断提高高技能人才在技能劳动者中的比例。完善国家职业分类和职业标准体系建设，建立新职业定期发布制度。加快国家题库建设和职业培训教材开发，广泛利用现代培训技术和远程培训手段，加快培训方法、培训模式和培训机构的评价方式改革，加强职业培训的教师队伍建设。逐步完善高技能人才开发交流工作机制，建立技能人才、技能成果信息库。

三、就业程序与途径

毕业生在就业过程中，如果对就业的基本程序缺乏了解，就会出现求职择业无所适从或者对用人单位及职业岗位的盲目选择。这不但会直接影响顺利就业，还留下终身遗憾，进而影响未来发展。因此，作为一个即将走出校门的学生，熟悉毕业生就业必须经过的具体步骤，掌握就业的基本程序是非常重要的。就业的基本程序一般如下。

1. 统计编报毕业生资源情况

毕业生就业工作一般从最后一学年开始。每年9月，学校按毕业生的专业设置、招生计划性质、生源类别、生源地区等内容进行统计、编制毕业生生源统计数据；将毕业生生源统计数据报告上级主管部门审核、备案，并向有关劳动人事、教育部门通报。

2. 学习文件、掌握政策

对毕业生进行国家现行就业政策教育是就业指导的一个重要组成部分。通过认真学习国家现行就业政策，明确自己在择业过程中享有的权利和义务，应受到的约束等等，减少就业的随意性和盲目性。

3. 学校推荐

教育部规定：毕业生参加各种"供需见面、双向选择"活动，持所在院校签发的

"毕业生双选推荐表"参加不同形式的人才招聘活动。"推荐表"中应有毕业生的基本数据、在校奖惩情况、组织的鉴定评语及在教务部门备案的成绩等内容。

4. 了解需求情况、收集就业信息

就业信息是毕业生择业的基础，走向就业的桥梁。当今社会已经全面进入信息时代，能不能及时获得大量、准确、可靠的就业信息已成为毕业生择业成功的一个十分重要的条件。现实中，谁获得的信息多，谁的选择余地就大，就业的机会自然就多。毕业生在最后一学年中，应广泛收集人才需求信息，分析就业形势，根据自己的专业特点、适用范围、个人能力与特长，结合社会需要，确定自己的就业意向。就业信息主要来源于：各级劳动人事、毕业服务机构、新闻媒体、实习现场、亲朋好友、中介机构和各地人才市场等。

5. 参加"双选"，签订毕业生就业协议

毕业生对获取的就业信息要进行加工、整理、筛选，有目的地参加招聘活动。从每年的11月开始，各地的人才市场、院校及有关单位都会相继举办不同规模的人才招聘活动，毕业生可以有选择地参加。大中专毕业生一旦与用人单位达成就业意向，就要签订有效的《毕业生就业协议书》。有效的《毕业生就业协议书》就是《毕业生就业协议书》上不仅要用人单位签署意见盖章，还要其上级主管部门意见，同时，如果是地方单位（非省、部属单位），也应该有单位所在地人事部门意见（盖章）。《毕业生就业协议书》一经签订，要尽快交所在院校毕业生就业主管部门审核、备案。

6. 制定毕业就业方案

5月开始，大中专毕业生根据毕业生基本情况及通过不同渠道签订的《毕业生就业协议书》，制定出毕业生就业建议计划方案，经过协调、核实、调整，形成正式的就业方案并向主管部门报批。

7. 办理毕业生就业手续

每年的6月底、7月初开始办理毕业生就业手续。学校依据国家下达的"毕业生就业计划"领取并发放《报到证》，派遣毕业生；进行毕业鉴定；办理户口迁移手续；最后，毕业离校。

8. 毕业生档案材料的整理邮寄

第二节　就业权益与法律保障

一、权利与义务

毕业生就业坚持公开、公正、择优、自愿的原则，实行市场导向、政府调控、学校推荐、学生和用人单位双向选择的就业模式。在毕业生就业过程中，主要涉及毕业生、用人单位和学校三方的责、权、利关系。毕业生、用人单位和学校各方既享有一

定的权利，也必须履行一定的义务。权利和义务是辩证统一的，没有无义务的权利，也没有无权利的义务。

（一）毕业生的权利与义务

1. 毕业生享有的权利

（1）在国家政策规定范围内自主择业的权利。院校学生只要完成学业、成为一名合格毕业生，便可以自主地选择用人单位，任何单位或个人都不得干涉其择业行为或强迫毕业生选择某个或某类用人单位，否则即侵犯了毕业生自主择业的权利。同时，毕业生自主择业权，即不能违背国家的方针政策和学校有关就业政策规定。

（2）接受就业指导的权利。毕业生有权接受学校、就业服务机构等提供的就业指导和服务，学校应成立专门机构，由专门人员对毕业生进行就业指导，包括向学生宣传国家关于毕业生就业的有关方针、政策，对毕业生进行职业生涯设计、就业观、成才观、职业价值观、择业心态、择业方法、择业技巧的指导，做好政策咨询和就业心理辅导工作。

（3）获取就业信息的权利。就业信息是毕业生择业成功的前提和关键，毕业生有权利从学校毕业生就业指导部门或通过其他正常渠道获取及时、有效、准确的需求信息。

（4）自荐、被推荐和参与竞争的权利。自荐和被推荐是毕业生在就业过程中享有的最基本权利，毕业生有权利公平公开参与择业竞争。

（5）了解用人单位基本情况的权利。选择职业、确定用人单位关系到毕业生未来的工作、生活状况和事业发展。在双向选择的过程中，毕业生有权利对用人单位的情况、工作安排和工资福利待遇等情况进行全面了解。

（6）平等、自愿签订就业协议的权利。毕业生与用人单位通过双向选择、协商一致达成就业意向，在平等自愿的基础上签订就业协议书，不允许附带不平等条款，更不允许采取强迫等方式要求毕业生签订就业协议书。

（7）对已签订的协议有违约的权利。违约也是毕业生的一项权利，毕业生与用人单位签订就业协议后，因特殊原因不能到单位工作或不能完全履行协议，可以提出违约，但必须及时与用人单位沟通协商以征得用人单位理解和同意，并按照协议约定或其他有关规定承担违约责任。

（8）有追究用人单位违约责任的权利。就业协议明确了签约各方的权利和义务，具有一定的法律约束力，任何一方不得擅自毁约。如果用人单位无故解约或不按照协议内容履约，毕业生有追究用人单位违约责任的权利。

（9）享有就业协议规定的权利以及依据法律和国家有关规定应享有的其他权利。

2. 毕业生在就业过程中应当履行的义务

（1）有服从国家需要，遵守国家就业政策以及学校据此制定的具体规定的义务。毕业生"自主择业"是在国家就业方针政策指导下的自主就业，并不是完全的"自由择业"，毕业生有服从国家需要的义务。

（2）有向用人单位如实介绍个人基本情况的义务。毕业生在自荐求职过程中，应该实事求是，诚实守信，如实向用人单位介绍自己的情况，包括政治思想品质、学习成绩、健康状况、能力特长、在校表现等，保证毕业生就业推荐表、协议书和个人简历等有关材料内容真实。

（3）有珍惜有效就业信息、维护他人就业权益的义务。就业意向一经确定，不应再占有和使用其他有效信息，一名毕业生只允许签订一份就业协议。

（4）有严格履行就业协议及其他相应合法约定的义务。就业协议对用人单位和毕业生均有约束力，毕业生与用人单位签订就业协议后，必须在规定的时间内到签约单位报到，严格按照协议约定履行义务，不得无故擅自变更或自行解除。

（5）有严格遵守和履行入校时与用人单位所订立就业协议或约定的义务。定向和委托培养毕业生到定向地区和委培单位就业。

（二）用人单位的权利与义务

1. 用人单位在招聘毕业生过程中享有的主要权利

（1）根据国家就业政策和有关规定自主选择毕业生的权利。
（2）根据国家和学校规定举办校园招聘会和进行其他招聘活动的权利。
（3）有全面了解拟录用毕业生的学业水平、在校表现等基本情况的权利。
（4）按照就业协议规定，要求违约毕业生承担违约责任的权利。

2. 用人单位应履行的主要义务

（1）执行国家就业方针、政策及有关规定的义务。
（2）向毕业生就业部门申报需求信息，并及时向社会公布。
（3）遵守国家、各级政府和学校关于招聘活动有关规定的义务。自觉维护学校正常的教学秩序。
（4）实事求是介绍本单位情况和毕业生使用意图的义务。用人单位除应如实向毕业生和学校介绍本单位基本情况外，还应对工作岗位和性质、工作环境、工资待遇、服务期限等情况作出详细说明。
（5）公开、公正、公平、择优选拔录用毕业生。
（6）有对毕业生档案材料和毕业生个人情况进行保密的义务。
（7）有严格履行就业协议、及时接收毕业生并帮助毕业生办理就业手续的义务。
（8）承担违约责任的义务。
（9）依照法律法规所应履行的其他义务。

（三）学校的权利与义务

学校作为毕业生的培养单位，在学生就业过程中具有重要作用，其权利和义务的履行对毕业生和用人单位都具有直接和重要的意义。

1. 学校的权利

（1）根据国家就业方针、政策和规定以及上级主管部门工作意见，制定本校就业工作实施办法的权利。
（2）对毕业生身份和有关材料真实性进行核实的权利。
（3）对用人单位资质资格和招聘信息的真实性进行鉴证的权利。

（4）有要求毕业生履行相关义务的权利。

2. 学校的义务

（1）有执行和宣传国家就业方针、政策和规定及上级主管部门工作意见的义务。

（2）有制定本校就业工作实施细则并据此组织实施本校就业工作的义务。

（3）有开辟本校学生就业市场，组织本校毕业生招聘活动，广泛收集用人信息和向用人单位推荐毕业生的义务。

（4）有对毕业生进行就业教育、就业指导和就业咨询服务，提升学生就业能力并对就业困难学生进行帮扶的义务。

（5）有向用人单位介绍学校和毕业生情况，并向用人单位提供有关资料的义务。

（6）有执行国家和各级政府有关指示精神，落实各类项目计划的义务。

（7）有及时准确掌握学生就业情况和进度，向有关部门上报就业情况和就业方案的义务。

（8）有依据就业方案组织实施本校毕业生派遣工作的义务。

二、劳动权益保护

对于毕业生来说，毕业不仅意味着未来事业的风帆从这里升起，人生新的征程从这里起步，而且也意味着你已经具备了《中华人民共和国劳动法》规定的劳动关系主体一方——劳动者的主体资格。劳动者有劳动的义务，也有享受劳动所创造的物质财富和精神财富的权利，全面准确地把握、处理好与用人单位的劳动关系，发挥主动性、积极性、创造性，是走向成功的法律保障。签订劳动合同则是我们处理与用人单位关系的一道护身符。因此，对于即将毕业的学生，在正式走上工作岗位前，要有这些基本的法律意识。

案例 1

2007年2月，刚刚毕业的小刘在一家外资企业谋到了一份职位，不仅工作条件好，工资待遇也十分优厚，但一直未与企业签订劳动合同。工作近6个月后，企业要进行裁员，小刘不幸在被裁之列，在其他被裁的员工从企业领走一笔赔偿金的时候，小刘却被告知，由于他没有和企业签订劳动合同，所以他得不到一分钱的赔偿金。面对企业的这一做法，小刘感到十分无奈。如果小刘到企业报到后就要求签订劳动合同，在他被裁员的时候，就不会为没有得到相应的经济赔偿而苦恼。

劳动合同的签订

1. 劳动合同的概念

劳动合同是指劳动者与用人单位确立劳动关系、明确双方权利和义务的书面协议。

劳动者依据劳动合同在用人单位担任一定职责或工种的工作，遵守劳动法规和用人单位的规章制度，并完成劳动合同约定的生产（工作）任务。用人单位依据劳动合同的约定，为劳动者提供符合国家规定的劳动保护和劳动条件，督促劳动者履行劳动义务，并按照劳动者的劳动数量和质量支付劳动报酬。

2. 劳动合同的必备条款

劳动合同条款主要分为法定必备条款和协商条款。必备条款指合同中必须约定的条款，主要包括劳动合同双方当事人的情况、合同期限、工作内容、劳动保护和劳动条件、劳动报酬、劳动纪律、劳动合同终止条件、违反劳动合同责任、社会保险等内容。

（1）劳动合同当事人

① 用人单位名称、住所和法定代表人。用人单位名称必须填写具有法人资格、依法成立并具有用人权利能力和行为能力的一级组织，不能填写其下属科室。用人单位所在地应填写清楚，它是劳动合同履行的地点。

② 劳动者的姓名、住所和有效身份证号码。劳动者姓名和身份证上的姓名必须一致，住所必须填写清楚。

（2）劳动合同期限　劳动合同期限是指劳动合同的有效时间，是判定劳动合同是否有效、何时有效的主要依据。初次签订劳动合同的，双方可以约定试用期。劳动合同期限通常分为固定期限、无固定期限和以完成一定工作为期限三种。

① 固定期限劳动合同。固定期限劳动合同是指双方当事人订立劳动合同明确规定了双方的劳动关系从什么时间开始、到什么时间结束（终止）。固定期限劳动合同的灵活性表现在合同期限可长可短，短期的可签半年、一年，长期的可签五年、十年，都有一个截止期限。

② 无固定期限劳动合同。无固定期限劳动合同又称不定期劳动合同，是指劳动者与用人单位只约定了起始时间而没有约定终止日期的劳动合同。用人单位自用工之日起满一年不与劳动者订立书面劳动合同的，视为用人单位与劳动者已订立无固定期限劳动合同。

③ 以完成一定工作任务为期限的劳动合同。以完成一定工作任务为期限的劳动合同是指用人单位与劳动者约定以某项工作的完成为合同期限的劳动合同。用人单位与劳动者协商一致，可以订立以完成一定工作任务为期限的劳动合同。以完成一定工作为期限的劳动合同更具有灵活性，合同的起始时间为某项工作的开始之日，截止时间为该项工作的结束之日。

（3）工作内容和工作地点　工作内容是指劳动者在劳动合同有效期内所从事的工作岗位（工种）以及生产、经营应当达到的数量、质量指标或应当完成的任务。它根据行业、工作性质来确立。在劳动合同中，工作内容这一条非常关键，它涉及劳动者的工作岗位和应完成任务的数量。

（4）劳动保护、劳动条件和职业危害防护　劳动保护是指为消除劳动过程中危及人身安全和健康的不良条件与行为，防止伤亡事故和职业病，保障劳动者在劳动过程中的安全和健康，而依据技术进步和科学管理采取的技术和组织措施，包括改善劳动条件、实行劳逸结合、规范工时休假、加强女工和未成年人保护等方面所采取的各种组织措施和技术措施。职业病防护是指劳动者在职业活动中，因接触粉尘、放射性物质和其他有毒有害物质等因素而引起的疾病防护。用人单位在与劳动者签订劳动合同时，针对劳动保护和职业病危害的条款必须予以明确，给劳动者提供安全的劳动条件。

（5）劳动报酬　劳动报酬是指劳动者与用人单位建立劳动关系后，劳动者为用人单位提供正常劳动，用人单位依据劳动合同的约定，以货币形式支付给劳动者的工资、奖金、津贴、补贴和福利。它包括计时工资、计件工资、加班加点工资以及在患病、工伤、产假、婚丧假、年休假等特殊情况下，按一定比例支付的工资。工资应当以货币形式按月支付给劳动者本人，用人单位支付劳动者的工资不得低于当地最低标准。劳动者在法定节假日、休息日、延长工作时间以及婚丧假、依法参加社会活动期间，用人单位应当依法支付加班费和工资。

（6）劳动纪律　劳动纪律是指劳动者在劳动过程中必须遵守的工作秩序和劳动规则。它是用人单位组织生产、经营活动、完成工作任务的保证，也是劳动者必须履行的义务，如规章制度、员工守则、上下班纪律、工作时间纪律、安全生产卫生规则、设备保养以及保密纪律等。劳动纪律是用人单位加强劳动用工管理的重要措施，也是行使奖惩权的重要依据。它的主要表现形式为用人单位的规章制度。

（7）劳动合同终止条件　劳动合同终止条件是指劳动合同法律终结和撤销的条件，可分为法定终止的条件和约定终止的条件。法定终止的条件是指法律法规规定的劳动合同终止的情形，如劳动法规定的劳动合同期满、劳动者退休、退职、企业宣告破产、劳动者严重违反劳动纪律和用人单位规章制度、劳动者被依法追究刑事责任等。约定终止的条件是指双方当事人约定劳动合同终止的情形，一旦这些情形出现，劳动合同即行终止，按约定的方式办理终止合同手续，支付劳动者相关报酬。

（8）工作时间和休息休假　工作时间又称为劳动时间，是劳动者在用人单位完成本职工作的时间，工作时间在一般情况下以小时为计算单位，工作时间是衡量每个劳动者的劳动贡献和支付劳动报酬的计算单位，也是劳动者实现劳动权利的必要条件。

案例 2

七天长假，几天是带薪假日

李某是 A 公司的职员。2005 年 10 月 7 日，单位解除了与他的劳动合同，自此李某再未到岗上班，而单位支付了他 9 月 30 日之前的工资。李某与 A 公司就解除劳动合同等问题产生纠纷，经劳动争议仲裁诉至法院，李某诉讼请求之一就是要求 A 公司支付 2005 年 10 月 1 日至 10 月 7 日期间的工资。对此，A 公司认为，因这期间有 3 天法定节假日，所以单位不应支付那 3 天的工资。

法院认为，根据《中华人民共和国劳动法》第 51 条的规定，劳动者在节假日、年休假、探亲假、婚丧假以及参加社会活动（如参加选举）等期间都是带薪的，用人单位应当支付工资。就本案而言，国庆节是国家的法定节日，国庆节放假 3 天，这 3 天应系带薪休假，单位应当支付放假期间的工资。国庆 7 天的另外 4 天，是周末休息日的调整，因此法院认定：国庆节的 7 天长假中，其中 3 天系法定节假日，应为带薪休假；而另外 4 天系借用的休息日，不应带薪。

(9) 社会保险　社会保险包括养老保险制度、失业保险制度、工伤保险制度、医疗保险制度和生育保险制度，是法律规定并由国家强制实施的。社会保险费的缴纳是强制性的，是用人单位和劳动者应尽的义务，权利可以放弃，但是义务必须履行。法律规定，用人单位未依法给劳动者缴纳社会保险费的，劳动者可以解除合同。

3. 劳动合同订立的原则

劳动合同订立的原则，就是指在劳动合同订立过程中双方当事人应当遵循的法律准则。《中华人民共和国劳动合同法》第三条规定：订立劳动合同应当遵循合法、公平、平等自愿、协商一致、诚实信用的原则。此外，订立劳动合同不得违反法律、行政法规的规定。

不得违反法律和行政法规的原则，即订立劳动合同的合法原则，是劳动合同有效并受国家法律保护的前提条件，其基本内涵有以下三点。

(1) 订立劳动合同的主体必须合法，也就是说双方当事人必须具备订立劳动合同的主体资格。

【阅读材料】

在日常工作中，有的劳动合同文本上加盖的不是用人单位的公章，而是用人单位下属机构、科室的章，如×××公司人力资源部、××公司办公室、××局政工科等，这都是不合法的。用人单位的下属科室不具备法人资格、无权与劳动者签订劳动合同。

(2) 订立劳动合同的内容必须合法，是指双方当事人在劳动合同中约定的具体劳动权利与义务条款，必须符合法律、法规和政策的规定。

【阅读材料】

实际生活中，某用人单位在劳动合同中订有这样的条款："职工违反操作规程，造成工伤，公司不负责任，一切费用自理，治疗期间按事假处理"；"发生本人无责任工伤，10天内按出勤，10天以上按事假处理"；"职工进厂五年内禁止结婚，违反规定结婚者按严重违纪处理，解除劳动合同"等。这些条款都因违反国家法律法规规定而无效。

(3) 订立劳动合同的程序与形式必须合法。程序合法，是指劳动合同的订立必须按照法律、行政法规所规定的步骤和方式进行，一般要经过要约和承诺两个步骤：先起草劳动合同书草案，然后由双方当事人平等协商，协商一致后签约。形式合法，是指劳动合同必须以法律、法规规定的形式签订。

4. 签订劳动合同应注意的事项

(1) 用人单位与劳动者应当签订书面劳动合同　根据《中华人民共和国劳动合同法》第十条规定：建立劳动关系应当订立书面劳动合同；已建立劳动关系而未同时订立书面劳动合同的，应当自用工之日起1个月内订立书面劳动合同。有的用人单位为了逃避义务，往往不与毕业生签订劳动合同。日后一旦发生纠纷，由于没有签订劳动合同，用人单位与毕业生的权利义务不明确，最后吃亏的往往是毕业生。因此，如果用人单位不愿签订劳动合同，毕业生可向当地劳动行政部门投诉，要求纠正用人单位的违法行为。

（2）注意试用期的时间规定　毕业生与用人单位签订劳动合同的时间应在试用前，而不是试用合格后。《中华人民共和国劳动合同法》第十九条明确规定：劳动合同期限3个月以上不满1年的，试用期不能超过1个月；劳动合同期限1年以上不满3年的，试用期不能超过2个月；3年以上固定期限和无固定期限的劳动合同，试用期不得超过6个月。以完成一定工作任务为期限的劳动合同或者劳动合同期限不满3个月的，不得约定试用期。同一用人单位与同一劳动者只能约定一次试用期。过去一些单位为了逃避责任，在试用期内往往不与毕业生签订劳动合同，一旦试用期满，就找种种借口辞退。

（3）劳动合同的内容应当完备　毕业生在与用人单位签订劳动合同时应以书面形式写明以下条款：劳动合同期限；工作内容；劳动保护和劳动条件；劳动报酬标准；劳动纪律；劳动合同终止的条件；违反劳动合同的责任。如果毕业生与用人单位还有其他特别的约定，也应在劳动合同中写明。

（4）注意无效的劳动合同　一是"单向格式合同"，即"形式合同"。有些企业与毕业生签合同时，事先不经双方协商，仅从企业单方面的利益出发，制定了有倾向性的不平等合同条款，即"霸王条款"。这种合同大多违背法律和行政法规，如随意延长劳动时间又不付加班工资，或限制女工享受特殊劳动保护的权利等。这类劳动合同中凡是与法律、法规相违背的条款都属无效，如毕业生已签订该类合同，可对违法条款不予执行或要求纠正。二是"君子合同"，即"口头合同"。有的企业不以书面形式与毕业生订立劳动合同，只是口头约定工资、工时等权利义务的内容。如订立这种合同，一旦发生纠纷，由于缺乏书面文件证据，双方各执一词，毕业生往往有口难辩。

5. 劳动合同与就业协议的区别

就业协议与劳动合同均为用人单位与劳动者确立劳动关系的协议，但它们是两种不同类型的协议，其主要区别如下。

（1）适用的范围不同　《就业协议书》只适用于普通高等学校和高等职业院校的毕业生。劳动合同适用于各类人员。只要是有劳动能力的中华人民共和国公民，且符合法律规定的条件，并且用人单位愿意录用的，均可与用人单位签订劳动合同。

（2）适用的法律、法规不同　《就业协议书》适用教育部颁布的《普通高等学校毕业生就业工作暂行规定》；劳动合同则适用《中华人民共和国劳动法》和劳动人社部颁布的有关劳动人事方面的法规。

（3）生效的要求不同　《就业协议书》签字、盖章后必须经过毕业生就业主管部门审核批准后才能生效，而劳动合同经双方当事人签字、盖章后即生效，无须经过行政主管部门的批准。

（4）签订的内容不同　《就业协议书》主要包括毕业生与用人单位达成意向，即毕业生愿意进入用人单位工作，用人单位愿意接收。劳动合同内容较多，且较完整。

（5）对国家计划的反映不同　就业协议的签订反映毕业生的去向是否符合国家经济建设和发展的需要。劳动合同的签订不反映国家对人才资源的计划和宏观调控与管理，只反映国家对各类人员的就业统计性。

6. 签订劳动合同的重要性与必要性

通过劳动合同与就业协议的区别可以看出，就业协议与劳动合同有着很大的不同。由于种种原因，有些毕业生到用人单位报到后没有及时和用人单位签订劳动合同，以致出现诸多争议和纠纷。当发现实际工作情况与用人单位的招聘宣传差距太大，致使自己的劳动报酬、工作内容、社会保险、劳动条件、劳动保障等合法权益受到侵害时，往往因没有及时签订劳动合同而得不到法律的保护。

案例 3

2006年3月，即将毕业的李某、上海一家网络公司和李某所在高等职业院校三方签订了《全国普通高校毕业生就业协议》，协议约定李某在规定时间到用人单位报到，用人单位做好接收工作，学校审核列入建议就业计划，并负责办理派遣手续。同时约定第一年为见习期，服务期为三年，未按规定完成服务期，每相差一年支付5000元违约金，不满一年按一年计算，双方权利义务以报到后签订的劳动合同为准。2006年7月10日，公司与李某签订了一份劳动合同，期限四年，并规定了三个月的试用期。

不久，李某发现公司在管理和经营方面都不理想，认为自己不适宜在该公司工作，于2006年8月中旬依据《中华人民共和国劳动法》（以下简称《劳动法》）和劳动合同规定向公司提出辞职申请。公司则扣留了他的档案，不予办理解除劳动合同的相关手续，并要求李某支付2万元违约金。李某认为，自己辞职的依据是《劳动法》。根据《劳动法》的规定，在试用期间双方可以随时解除劳动合同，网络公司要求交违约金或赔偿金没有道理，双方权利义务应以劳动合同约定为准。因此，李某向劳动争议仲裁会提起申诉，要求确认解除劳动合同合法，不需支付违约金，并要求公司办理离职手续，返还被扣押的档案、户口材料。

网络公司认为：李某是国家招生计划内的毕业生，是公司依据国家有关政策法规招聘的外地生源。他们劳动合同产生的基础是三方协议，如果要解除劳动合同，前提是要解除三方协议，就首先要承担违反协议的相关责任。据此，网络公司认为李某的辞职行为已构成违约，要求其支付违约金。

仲裁委员会认为：李某与网络公司通过双向选择，按照教育部有关规定，依据毕业生就业工作程序和上海市接收外地生源高校毕业生的暂行规定，签订的三方协议中有关于服务期的约定，与国家现行的法律法规不相抵触，应视为合法有效。同时，劳动者依法享有平等就业和选择职业的权利。李某在与网络公司签订服务期条款后，有权依法提出解除合同，但在服务期限未满的情况下，李某提出解除合同的行为应属违反服务期限约定的行为，应承担违约责任。根据上海市人力资源和社会保障局制定的《上海市接收外地生源毕业生的暂行办法》第9条的规定，毕业生在协议书规定的服务期内要求调离的，本人应承担相应的违约责任。最后，总裁委员会裁定李某承担违约责任，赔偿网络公司违约金20000元，公司在收到违约金30日之内为李某办理人事档案转移手续。李某对仲裁委员会的裁决不服，向法院起诉。

法院认为：《劳动法》的适用范围是中国境内的企业、个体经济组织和与之形成劳动关系的劳动者。劳动合同是劳动者与用人单位确立劳动关系、明确双方权利义务的协议。因此，就业协议中服务期限条款与劳动合同相冲突时，应以劳动合同为准。试用期是用人单位对劳动者是否合格进行考核、劳动者对用人单位是否适合自己进行了解的期限，试用期包含在劳动合同期限之内。在试用期内，劳动法规定劳动者可以随时解除劳动合同。因此，李某有权在试用期内通知网络公司解除劳动合同，李的行为不构成违约，网络公司有协助李某办理转移档案户口材料的义务。最后，法院判决解除双方劳动合同，网络公司于判决生效后10日内将李某的人事档案、户口材料转移至李某所在的街道办事处，李某支付网络公司招收录用所实际支付的费用。

这个就业纠纷案例非常典型地反映了目前毕业生和用人单位，在实际运用就业协议和劳动合同制度中所遇到的困惑和矛盾。毕业生觉得"很冤枉"，用人单位却称"有损失"，两份相互矛盾的合同同时在约束毕业生和用人单位的就业关系。由此所引发的纠纷，值得我们毕业生的高度重视。

启示：毕业生一定不要将就业协议和劳动合同简单地等同起来，就业协议和劳动合同是不能互相替代的，要充分认识到签订劳动合同的重要性和必要性。

7.《就业协议书》争议的解决办法

目前关于《就业协议书》争议还没有明确的就业法律规定，在实践中引起《就业协议书》争议的通常是毕业生和用人单位，其解决的办法有以下途径。

（1）毕业生与用人单位协商解决。此法适用于因毕业生引起的就业协议争议，一般由毕业生向用人单位赔礼道歉，说明原因，争取得到用人单位的同情和谅解，双方协商重新达成协议书或意向。

（2）学校或主管毕业生就业工作的部门对用人单位和毕业生进行调解，此法适用于因用人单位引起的就业协议争议，学校或主管毕业生就业工作的部门出面予以调解，尽可能使双方满意。

（3）对协商调解不成功者，毕业生可直接向人民法院起诉，由人民法院依法裁决。

8. 劳动合同争议的解决办法

（1）协商　对劳动合同发生争议后，当事人首先应当协商解决，如不愿意协商解决的可以申请调解。

（2）调解　不愿意协商或协商失败的，可以向本单位调解委员会申请调解，但必须在其知道其权利被侵害之日起30日内，通过口头或书面形式向调解委员会提出申请,并填写《劳动争议调解申请书》。调解委员会应在4日内作出受理或不受理申请的决定。若不予以受理,应向申请人说明理由。

(3) 仲裁　调解不成的,可以向仲裁委员会申请仲裁。仲裁是处理劳动争议的必经程序。其具体步骤如下。

① 由当事人提出申请。当事人应当从知道或者应当知道其权利被侵害之日起60日内,以书面形式向仲裁委员会申请仲裁。当事人超过该规定的时效,经仲裁委员会认定因不可抗力或者有其他正当理由的,应当受理;但从劳动争议发生之日起超过1年的,仲裁机构不予受理。

② 仲裁委员会应当自收到申诉书之日起7日内作出受理或者不予受理的决定。

③ 仲裁庭处理劳动争议应当先行调解,促使当事人双方自愿达成协议。调解达成协议的仲裁庭应当根据协议内容制作调解书,调解书自送达之日起具有法律效力;调解未达成协议或者调解书送达前当事人反悔的,仲裁庭应当及时裁决。仲裁庭作出裁决后,应当制作裁决书,送达双方当事人,仲裁裁决一般应在收到仲裁申请书的60日内作出。

④ 对仲裁裁决无异议的,当事人必须履行。

(4) 诉讼　劳动争议当事人对仲裁裁决不服的,可以自收到仲裁裁决书之日起15日内向人民法院提起诉讼。一方当事人在法定期限内既不起诉又不履行仲裁裁决的,另一方当事人可以申请人民法院强制执行。

思考题
1. 你认为毕业生在就业过程中最重要的权益是什么?为什么?
2. 签订了就业协议,为什么还要签订劳动合同?
3. 如何理解毕业生"有向用人单位如实介绍个人基本情况的义务"?

第三节　就业安全

一、就业过程中的安全问题

随着就业市场的开放,就业活动中的安全隐患越来越严重,形形色色的安全问题应该引起毕业生足够的警惕。

(一) 人身安全

就业市场上鱼龙混杂,一些不法分子常常利用就业市场的平台,利用学生求职心切进行违法犯罪活动,危及学生的人身安全。还有一些规模较大的招聘会,招聘人员和求职学生过多,也会造成踩踏撞伤等安全问题。

(二) 信息安全

犯罪分子往往利用求职者急于找到工作的心理,通过互联网或其他媒体刊登待遇诱人的招聘广告，诱得求职者的个人信息（如身份证号码或复印件、个人联系方式，甚至银行账户等）进行非法活动。

（三）财物安全

财物安全是最常见的安全问题，一些单位或个人打着招聘的旗号，收取高额报名费、介绍费、培训费、考试费、体检费、工装费、上岗押金等，或者要求必须购买一定数量的产品。他们还经常扣押毕业生的身份证、毕业证，以便日后进行要挟，骗子常常采用以下几种方式进行欺诈。

（1）黑心中介　有的中介公司以介绍职业为名，骗取职业介绍费。他们手上没有什么较好的工作岗位，有的甚至根本没有工作岗位，他们只从报纸或网络上抄录一些招聘信息欺骗求职者，以骗取介绍费。

（2）没人及格的考试　有些单位打着招工考试之名收取考试费，实际就算题目全答对了，还是不会通过，钱也不退还。

（3）招而不聘的岗位　有些单位其实不需要人，也没有办理劳动用工手续，但仍然长期对外招聘，当然报名者要交报名费、产品押金等，一些毕业生发现上当后要求退钱，他们不是拖着不给就是以暴力相威胁。

（4）子虚乌有的公司　有些不法人员到处张贴一些"招聘启事"，或在媒体刊登虚假广告，然后临时在写字楼租一间（套）办公室，挂上"经理室"、"财务室"或"人事部"的招牌，进行虚假招聘，向毕业生收取名目繁多的各种费用后，人去房空。

（5）抵押陷阱　有的单位在录用毕业生之后，还要求将毕业生的身份证、学历证作为抵押物，有的则收取一定的押金，一旦毕业生上班后发现单位的真实情况想要离开，则要么失去押金，要么花费一定的金钱换取身份证或毕业证等。

案例 4

一则典型的骗财信息陷阱

××：

你好！从你的简历中得知了你的工作经历，对此我们表示满意。现在经过研究决定，本公司拟决定录用你为工作人员。收到此回复，请准备好你的个人证件于本月 8 日到本公司笔试。为工作需要，请到某银行汇 100 元人民币。此为考试费用，如未录取，可退还，请保管好你的汇款凭证。××银行卡号 0123 567890，户名 ×××，请于 4 日前往银行办理，勿电访。

（四）权益安全

毕业生是就业活动中的弱势群体，权益经常受到侵害，这种侵害往往是隐形的，有如下几种。

（1）虚假宣传　为了积累自身知名度，一些小企业会不失时机地对企业或品牌形象进行宣传。这些企业以招聘为幌子，明为招聘，实则宣传自己，浪费应聘者的时间和精力。

（2）剽窃作品　一些单位或个人以考试或试用的名义，要求毕业生根据设想写一篇文字材料，或拿出一套设计方案或计算机程序等，或要求毕业生为其介绍客户、推销产品等，然后再找出种种理由加以推脱，而将毕业生的劳动成果据为己有。

（3）压榨劳动力　第一，粉饰职位信息骗取劳动力。一些公司的确需要人力，但其职位照实说出来总是不能引起求职者的关注和推崇，于是以粉饰职位信息来招聘。第二，借试用期榨取廉价劳动力。具体表现为一些单位在试用期即将结束时，以各种理由炒求职者的"鱿鱼"，利用试用期的低工资来获得最廉价却工作最认真的劳动力。

（4）非法行业　总有人向往省力而又赚钱的行当，而骗子公司正抓住了求职者的这种心理。没有学历本领要求，只需陪人聊聊天，喝喝饮料就可以月进万元，使毕业生误入非法行业。

（5）合同陷阱　实习协议、就业协议或劳动合同本来应该成为保护毕业生合法权益的护身符，但有些单位针对应届毕业生涉世不深、社会阅历缺乏等特点，在与毕业生签订上述文本时采取欺诈、胁迫等手段设置陷阱，本来是平等协商的合同成了所谓的"暗箱合同""霸王条款"。《劳动法》第17条明文规定："订立、变更劳动合同"应当遵循平等自愿、协商一致的原则，不得违反法律、行政法规的规定。

（五）非法传销

非法传销是毕业生求职过程中比较常见的安全问题。学生往往被骗进入传销团伙后，失去人身自由。毕业生要提高警惕，不可听信他人劝诱，或是轻信网络信息，参与传销活动。

二、就业过程中安全问题的对策

就业安全问题要靠毕业生本人、学校和社会多方面共同努力。

（一）毕业生方面

（1）通过正规渠道获取招聘信息　如前所述，不同渠道获得的就业信息，其真实度是不同的，对于那些真实度不高的信息，如网上的信息或街上乱贴的小广告等，毕业生一定要擦亮眼睛，仔细辨别。比如有些小广告上称"某绩优大厂商""某上市公司"等，这些公司对自身的业务描述含糊其辞、遮遮掩掩，连企业名称都不敢公开，其真实度可想而知。因此想应征这类公司时，最好先打听清楚该公司的背景。

（2）通过正规职介找工作　正规的职介机构具有合法经营资格及政府的严格管理，收费必须开具有效的票据。那些不法分子打着职业介绍所的牌子，介绍工作是虚，骗取钱财是实。一旦钱财骗到手后，他们或者用种种借口将应聘者支走，或是假戏真做，把交了报名费的应聘者带到一个临时串通好的单位去做根本无用的工作，迫使应聘者知难而退。

(3) 注意核实信息　核实信息是解决就业安全问题的重要途径。核实信息的内容包括核实单位信息和核实招聘信息。核实单位信息，主要核实单位的名称、地址、联系方式，避免假公司、假招聘的现象。核实招聘信息，主要是核实招聘时间、地点及岗位的相关招聘情况，避免一些不法分子盗用公司的名义进行违法活动。

(4) 重视个人信息的隐秘性　毕业生在应聘过程中要注意保护自己的信息资料，不能随意泄露。在求职过程中，常会发生一些毕业生个人资料泄密的情况，如经常有些莫名其妙的电话会打到有的毕业生的家里，有的人手机上也会出现一些奇怪的短信息，有时候电子邮箱也会塞满了垃圾邮件。更有甚者，有的女同学的照片被人移头换足地放到了某些色情网站上。这些都提醒广大毕业生在求职时要注意保护自己，在招聘现场，对不合规范的单位，不要随意发放求职材料；求职材料只留手机号和电子邮件，不留固定电话和住址；选择信息监管规范、知名度高的网站注册登记求职信息；最好能获得用人单位的固定电话号码，以便核实相关企业信息；参加面试应选择用人单位的办公场所。

(5) 不要为职位光环所迷惑　职位的名称只是一个符号而已，搞清楚具体的职位内容才最重要。有许多企业在招聘中都将岗位"包装"得十分精美，毕业生上岗后才发现，原来所谓的"销售经理""客户总监"不过是拉拉广告、跑跑直销、甚至是陪客户喝酒等。天上不会掉馅饼。在正式进入单位之前，毕业生要想方设法加强对企业的了解，以免误入骗子设下的陷阱。

(6) 不要缴纳各种费用和证件抵押　求职之初，无论是毕业生还是招聘单位，并没有为对方提供任何具体的服务，根本不应涉及费用。因此毕业生但凡看到汇款或者带现金给面试方的这种信息，就应多加警惕。如果是正规职业中介，收取费用时必须要有正规发票，至于收取押金或将身份证、毕业证作为抵押物的做法，更是一种违法行为。因为国家劳动部门早就明文规定，任何企业在招聘员工时，不得以任何理由、任何形式收取应聘者的押金，或者以身份证、毕业证等作抵押。证件是重要的物件，不可以轻易交给招聘者，只需出示即可，要交只交复印件，以防一些不法分子拿证件做抵押，骗取财物。

(7) 加强对劳动法规和就业政策的学习　毕业生在求职前或求职过程中，应主动加强对相关政策法规的学习，提高自己的法律意识，必要时懂得用法律武器保护自己的合法权益。比如，如果知道"任何招聘单位以任何名义向求职者收取抵押金、风险金、报名费、培训费等都属于非法行为"这一规定，遇此情况就会知道应该坚持拒交。

(二) 学校方面

(1) 提高安全意识　加强安全教育工作，提高毕业生就业安全意识。目前，社会招聘活动日趋复杂化，学校要加强毕业生就业安全教育工作，通过多种途径和方法，切实提高毕业生防骗意识和自我安全保护意识。同时，学校要及时掌握毕业生的思想状况和求职情况，防患于未然。

(2) 审核信息 认真审核招聘信息,确保信息的真实性、可靠性。学校在公布招聘信息之前,必须对用人单位的资质、营业执照、联系人的真实身份进行审查监督,坚决杜绝带有欺骗性质的单位进校招聘或在校园网上发布信息,确保为毕业生提供安全有效的招聘信息。

(三) 社会方面

(1) 完善制度 政府相关职能部门要逐步完善招聘管理制度,强化企业资质审核制度和长期监管制度。

(2) 严格把关 社会媒体和人才市场在发布招聘信息时要严格把关,坚守职业道德,不能为一点小利而损害毕业生的利益。

(四) 遭遇就业安全问题后的对策

① 对于因职介机构责任造成毕业生求职不成或职介机构收取一定职介费用后搬迁消失的情况,如是正规职介,可向劳动部门投诉;如是无证职介,则可向公安部门报案,由公安部门查实,如其行为触犯刑律,应依法追究其刑事责任。未触犯刑律的,可移交相关劳动部门处罚。对于那些没有证照或证照不全的职业中介,应及时向相关的劳动管理部门投诉,劳动管理部门可以根据有关管理条例规定对其进行处罚。

② 用人单位在面试或录用时收取培训费、押金、保证金、担保金等费用的,其行为违反了《劳动法》的相关规定。毕业生可及时向劳动管理部门反映情况请求查处,要求退还所交费用。

③ 如果被虚假招聘信息所欺骗,原来承诺的待遇、报酬与实际情况严重不符合的,毕业生应向劳动管理部门提出申诉,请劳动管理部门根据有关管理条例规定对相关单位进行处罚,并按规定赔偿毕业生的损失。

④ 用人单位假借招聘之名,行使用廉价劳动力之实的,其行为已构成欺诈,同样违反了《劳动法》的有关规定。如果其行为触犯刑律,应由相关部门追究刑事责任。

第七章 职场生存技巧

第一节 角色转换与角色认识

一、角色转换理论

角色理论是社会心理学中的重要理论之一，是用角色来理解个人社会行为的理论。即按照人们所处的地位、身份，并根据人们对角色的理解、期望和要求及对社会互动参与者起作用的有关群体来解释人的社会行为。

(一) 社会角色的含义

角色又称"脚色"，原来指的是戏剧舞台上的特殊人物。20世纪20年代，社会心理学家米德首先将角色概念引入社会心理学理论中，称为社会角色。社会角色是指一定社会身份所要求的一般行为方式及其相应的内在心理状态。社会角色是社会赋予人的社会权利和义务，它揭示了每个人在社会中的地位和在人际关系中的位置，代表了每个人的身份。社会对于个体的要求、期望与对待，决定于个体所扮演的社会角色。

如果每个人都只选择一种角色，并且可以长期一致地扮演这种角色，对角色行为的理解就简单多了。但是，不管上班时，还是下班时，人们总是同时担任着各种不同的角色。这些角色是个体在不同时间、不同场合、不同环境占据着不同的社会位置，履行着不同的社会义务，遵循着不同的社会规范而确定的。

个体所归属的群体构成了最直接的社会生活环境，在每个群体的结构中，个体都占有一个位置，即扮演一个角色。比如，家庭成员、球队队员、某协会会员、单位职工等。

因此在社会中，一个人总是集多种角色与一身，与他人产生交往与互助，并由此参与社会生活。例如：王某是一家大公司的分公司的一名经理，在工作中他要扮演多种角色：他是这家公司的一名雇员、公司的中层管理人员，是与他有业务往来的公司的客户，还是一名工程师。下班后，他要扮演的角色有丈夫、父亲等。像王某一样，每个人都需要扮演多种不同的角色，行为随着所扮演的角色的不同而转换。

（二）角色转换

个体的人在社会中所扮演的角色并不是一成不变的，往往会发生多次的角色转换。角色转换即个体的人在社会关系中的动态描述。人的社会任务或者职业生涯不断变化，角色也随之变化，从一个角色进入另一个角色，这个过程称为角色转换。角色转换的根本变化是人的社会权利和义务的变化。

对于毕业生来说，所谓转变角色，主要是指从一个"象牙塔"中的学生，转变为一个现实的社会求职者，抛开浪漫，抛开幻想，认识自己所处的真实地位的"严酷"的社会现实，实事求是地面对就业现实。要想正确地选择职业，就必须转变角色，不能把学校、家庭、亲友及其同学所给予的关心、呵护和尊重当成是社会的最终认可。要摆正自己的位置。客观、冷静地进入求职状态，认识社会，了解社会。以自身的实力，积极主动地去适应社会需要，在选择社会职业的同时，也接受社会的选择，正确地迈出人生关键的步伐。

二、准备转换角色

（一）角色转变冲突所带来的心理问题

根据国内的心理咨询工作者的调查研究指出，毕业生在择业之前由于角色转变所产生的心理冲突主要表现在以下方面。

1. 对角色独特性的迷恋

大多数毕业生在长期的集体学习生活中没有塑造或展现出自己的个性，可是到了工作岗位上需要大显身手的时候，由于缺乏独特个性会使毕业生产生失落感。他们努力想使自己独立出来，追求特异和个性，有的甚至标新立异，以此来追求外界对自己的肯定，但由于缺乏对自己的正确客观认识，以及对角色的认知，随之而来的往往是内心的迷茫和躁动。

2. 自我挫败感

面对角色的变化和环境的变化，由于缺乏全面了解和积极应对的心态，毕业生很难把握自己对环境的适应，对自己产生不理解、不满意，甚至对现实环境产生不满。特别是发生了不顺心的事情后，毕业生就会消极地进行自我否定与封闭，使其自信心受挫，认为自己无用，无法达到角色所期望的行为。为了使自己符合心中的角色期望，毕业生将外表的自傲、孤高和内心的迷茫矛盾地结合在一起。但这种行为是不能改变角色冲突的矛盾的，而只会让个体日益陷入混乱之中，对角色适应失去信心，找不到正确的方向。

3. 焦虑程度高

毕业生走上工作岗位后，急于打开局面，想要成功，给自己排满了日程表，但又不知道忙了些什么，缺少成就感。他们总注意周围的人，在乎别人的看法，情绪很容易被破坏，甚至还有诸如失眠、头痛、憋闷、食欲不振等生理状况的异常；并且对外界的舆论和改变非常敏感，希望自己的行为能够符合角色期望，但又担心环境变化给原来的稳定状况造成冲击，理智和行为出现了不一致，所以经常会为新的机遇而忧郁，为未来状况发愁，生活因此而变得茫然。

4. 社会认同误差

社会角色的多元化使刚进入职场的毕业生疲于应付，对一些所面临的社会问题无法处理，表现为两种极端：一种是过早地融入社会，把学校与社会等同，较早地进入工作角色，在角色演绎上常常发生表面上的"质变"，因此生活在角色的夹缝中；另一种则是无法适应角色正在发生和将要发生的变化，慢了半拍，缺乏主动性，常常寻找范例，埋怨事无定数，焦虑程度很高，不知道该怎样去演绎角色行为才是适宜的。

（二）作好职业转换的心理准备

即将毕业的学生面临的是从学生角色转变成职业角色，环境对这两种不同角色提出了不同的要求。单纯的学生角色，其主要的心理压力来自于学习，所要求处理的人际关系也相对简单，集中表现为学生与学生之间的交往以及学生与教师的交往等。职业角色就复杂得多了，首先就是复杂的人际关系的出现，不能随性而行；其次，社会发展的压力、就业竞争压力会促使毕业生需要不断地去提升自我，以适应竞争和发展，但是并不是每个人都能够提高自己的素质，这样就会在现实与压力下产生很多心理问题。

处在这两种角色交替之间的毕业生，对于角色的认知很容易产生混乱，怎样成功实现角色的过渡，怎样从生活的一端走向另一端，解决在角色转变中带来的一系列冲突和矛盾，最重要的就业心理准备就是要转变角色。由于社会竞争的加剧，当代毕业生的择业难度不断增加，这就要求在求学阶段就作好充足的准备，才能以较好的姿态进入社会，占据一席之地。这些准备，包括硬件上的，如知识、技能等；也包括软件上的，如价值观、思维方式、心理承受能力等。毕业生要学会作为一个成人进行思考、行动，学会独力承担职业生活中的种种问题。

（三）增强角色意识

一个人对于自己在某种环境中应该作出什么样的行为反应的认识，就是角色知觉。作出某种行为反应，是以对于别人希望自己怎样做的解释为基础的。别人认为自己在一个特定的情境中应该作出什么样的行为反应就是角色期望。角色期望往往以角色规范的方式对各种角色行为提出要求，它不仅规定了角色行为准则，而且规定了行为方式。角色规范是指群体中每一角色必须遵守的行为规则，它是在长期的社会生活中通过对角色期望的提炼而形成的，并在个人的社会实践活动中表现出来。个人接受角色规范的过程，就是实现社会化的过程。角色规范是社会影响个人的重要中间环节，为人们的角色扮演确定了具体的行为界限，个人只有掌握了一定的角色规范，才能成为一个合格的社会成员，成为一个合格的职业人。

社会好比一个大舞台，每个人都有自己的角色位置。每个角色扮演者只有在理解角色知觉和角色规范的基础上，用实际行动满足了社会对角色的期望后，才称得上是合格的"演员"。毕业生增强角色意识，正确认识角色转换，首先要给自己进行角色定位，应认清自己在工作环境中所承担的工作角色以及该角色的性质、职责范围，弄清楚工作关系中上级赋予自己的职权和自己所承担的义务，认识到职位和社会对自己的期望。如果角色意识淡漠，一意孤行，我行我素，该请示的擅作主张，该自己处理的事情不敢决定或推给上司、同事，势必与新环境格格不入。

1. 避免角色偏差

初涉职场的毕业生，由于角色意识不强，或对角色理解错误，因而容易产生角色偏差。首先是角色冲突。当一个人改变原来的角色，担任新角色时，新旧角色之间发生矛盾，这种矛盾即角色冲突。其次是角色错位，即行为处世超越自己的角色规范。角色错位易引起他人的反感，不利于良好人际关系的建立。再次是角色泛化。由于同时担任的几个角色的规范不一样，因此，在演绎角色的过程中互相干扰，从而影响工作。

2. 有意识地培养角色意识

角色偏差会影响对职业环境的适应，必须引起高度重视。首先，毕业生在校期间就应该注意角色意识的自我表现和培养，学习和掌握角色知识和角色技巧；其次，模拟将来所要担当的职业角色，自觉进行角色训练，积极参加社会实践；再次，走上工作岗位后，要严格按照角色规范行事，使自己能够尽快地进入工作角色，从而缩短"角色距离"。

3. 正确认识角色转换

社会角色是社会赋予人的社会权利和义务，它揭示了个人在社会中的地位和在人际关系中的位置，代表了个人的身份，以及人们所要遵守的行为规范。学生角色和职业角色是根本不同的。学生角色是受教育、储备知识、掌握本领、接受经济供给和逐步完善自己的过程。职业角色则是用自己掌握的本领，通过具体工作为社会付出，独立作业，具有一定的权利和义务，以自己的行为承担责任的过程。毕业生初入社会必须明确工作角色的责任与权利，必须对新单位的特点和对新角色的要求进行恰如其分的评析，并在此基础上初步明确自己将要担任角色的任务、内容、职责、权利和义务，以确定自己的角色规范。

三、完成角色转换

个人在社会中的位置是随着社会环境和职业岗位的变动而变化的。毕业生即将走出"象牙塔"，走上工作岗位，要实现由一名学生到一名"单位人"或"企业人"的转变，角色发生了变化，就必须按照社会与工作岗位对角色的要求来塑造自己。毕业生必须调整心态，树立正确积极的观念，才能尽快适应社会，有所作为。

（一）脚踏实地，做好本职工作

安心本职工作是角色转换的基础。刚走向工作岗位的毕业生，应尽快从学生的状态中解脱出来，全身心地投入到新的工作中。"工作是一个安全的基地。"只有在工作，人才会有归属感和安全感。把第一份工作作为了解社会的一个窗口，利用第一份工作，来重新认识自己，来适应社会，完成从学生到职业人的转变。在这个过程中，要给自己一个计划，进行冷静思考。许多毕业生工作后几个月还静不下心来，"人在曹营心在汉"，三心二意，不安心本职工作，这对角色转换的实现是十分不利的。

（二）客观全面地评价自己

毕业生大都自视清高，在走出校门之前，大都有"海阔凭鱼跃，天高任鸟飞"创造一番业绩的宏伟抱负，但他们对社会生活的估计往往失之于简单或片面，他们的理想目标不是建立在客观条件之上。一旦遭遇挫折，他们很容易产生不安或不满情绪，失去竞争的勇气。其实，社会是一个万花筒，其中既有好的、有利于人发展的一面，又有不好的、不利于人发展的一面。作为毕业生，只有正视现实，接纳现实，正确地了解、认识自己，恰当地评价自己，将主观愿望与客观实际结合起来，才能站稳脚跟，找到真正改造世界、创造业绩的切入点。

（三）主动调整生活节奏

结束了宿舍—教室—图书馆三点一线的学校生活，来到了一个生活节奏全然不同的新环境，只有主动调整自己的生活节奏，才能尽快适应新环境。首先，作息时间的变化要适应。如果是在医院、部队、公安等单位工作，还要适应三班倒或夜间值班的规律。其次，由于南北方的生活习惯、饮食结构、风土人情等差别，还要学会调整自己原来的生活习惯，培养新的生活习惯，顺利度过异地生活关。再者，要学会安排自己的业余生活。在学校里课余有作业，晚间有自习，周末有丰富的文化活动。参加工作以后，业余时间的学习和文化生活，主要靠自己来支配、安排，不善于支配自己的业余生活，同样很难适应新的环境。

（四）完善自己的知识结构

任何一个毕业生都不可能在学校就学到工作岗位上所需要的全部知识，这是因为学校培养的是专业人才，而实际工作中碰到的问题往往是综合性的，涉及跨学科、多领域的知识。尽管毕业生可能是学工科的，领导却要求写一篇新闻报道或调查报告，动起笔来就会感到很吃力。假如毕业生是学新闻的，到工厂、科研单位采访，又会因自然科学知识的贫乏，科技专业术语不通而力不从心。社会需要的是"通才""复合型人才"，要胜任工作、适应新环境，必须不断根据工作需要学习新知识，完善知识结构。

总之，即将走向社会的毕业生必须明白，社会不会再像家长和老师一样，欣赏人性的天真单纯。社会会关心但不会迁就年轻的新成员，社会要求遵守规则，社会期望成员劳动、贡献。社会与自然一样奉行一条法则：适者生存。现实中的角色适应虽然复杂，但只要毕业生平时注意加强个人修养，严格要求自己，是完全可以胜任所承担的角色的。

第二节 轻松通过试用期

一、树立良好的第一印象

毕业生与用人单位签约以后走上工作岗位就意味着从单纯、宁静的校园进入了走入社会的第一步——试用期。试用期是指用人单位与毕业生为互相了解而约定的一定期限的考察期。在这段时间内除了给自己准确的角色定位，完成角色的转换，尤其需要注意的就是争取树立良好的第一印象，这对顺利渡过试用期以及今后的职业发展具有很重要的意义。

（一）良好第一印象对毕业生就业的功效

"印象"是一个人的某些特征在他人头脑中留下的迹象。而"第一印象"，是在与人初次接触时给对方留下的形象特征，心理学上称为"首因效应"。第一印象在人际交往中所具备的定势效应有很大的稳定性，一个人留给他人的第一印象就像深刻的烙印，很难改变。第一印象良好，人们就容易对其产生信任，下面的事情就好办了；第一印象不好，则容易使人产生厌恶感，从而使要做的事情受到阻碍。所以要警惕"首因效应"的影响，设法给对方留下良好的第一印象。

毕业生走上工作岗位后，在各方面都应给用人单位留下良好的第一印象，良好的第一印象有助于毕业生的就业成功，事业发展。

（1）良好第一印象的"定势效应"是毕业生就业成功的基础，是实现自我理想的前提。

定势效应是指当第一印象产生后，人们往往把第一印象作为进行后续判断的根据，会对以后的发展形成固定的趋势。概括地讲就是指"好了一定还会好，坏了一定还会坏。"在毕业生就业中表现为：用人单位将形成的第一印象，用作后续决策的依据。

用人单位本来在招聘、录用过程中，主要是借助于第一次获得有关毕业生的不完全信息，形成总体的感觉而作出决定的。良好的第一印象往往给人印象深刻，心理定位高，容易升华为"刻板印象"。良好第一印象的思维定势一旦形成，用人单位就会产生"录用你不会错，将来你的工作一定会很好"的想法。实践表明良好的第一印象不仅是毕业生就业走向成功的第一步，也是实现自我理想的前提，应引起毕业生的足够重视。

（2）良好第一印象的"前摄效应"是毕业生工作定向发展的基础。

前摄效应也就是平时所说的先入为主，是指当产生了某种性质的第一印象以后，即使再次获得信息与第一次获得的信息性质有所矛盾，也很难改变最初的印象。在毕业生就业中表现为：用人单位形成第一印象后，即使以后获得与初始印象有矛盾的信息，也不易改变第一次的整体评估。

毕业生试用期结束后，将面临着今后的定向。用人单位在对毕业生进行工作定向时，不由自主地产生前摄效应，将初始印象闪现出来。毕业生有了良好的第一印象作为基础，就会被放到重要的、有发展前途的岗位上，为毕业生事业的发展创造良好的机遇。

（3）良好第一印象的"晕轮效应"是就业成功、学校良好声誉及各界毕业生就业的基础。

晕轮效应又称光环效应，这是借用了一种自然现象，即月亮周围有时会出现一圈光环，称为晕轮。意喻一旦第一印象确立后，就会使后续产生的判断与第一印象的性质倾向相一致。良好的第一印象，有时在人们的心目中，可能会扩大自己的优点，不良的第一印象，可能会使自己缺点的影响扩大。即所谓"一好百好，一坏百坏"。这一效应在毕业生就业中表现为：用人单位对毕业生形成第一印象后，在第一印象的基础上泛化，由对个人的印象泛化到形成对相关人员及学校的印象判断。由此可见，产生了泛化效应后不仅对该生是否被录用有影响，也对该生所在学校的声誉，后续学生到该单位就业产生较大影响。毕业生要明白这一道理，就要给用人单位形成良好印象，在工作中不断取得好的成绩，获得良性循环的效果。

（二）如何树立良好第一印象

他人的评价常常来源于自身。因为社会认知是一个认知者与被认知者之间的互动过程。所以社会印象的形成也具有互动性质。被认知者在印象的形成过程中并不是消极、被动的，完全可以通过对自己的着装、语言、表情以及动作的选择来影响和改变他人对自己的印象。在社会心理学中，这种有意地控制他人对自己形成各种印象的过程，称为印象整饰。

首先，要对自己的形象进行主动的控制与管理，通过自己的设计给别人一个好印象。这种简单的设计可以通过衣着、打扮、化妆表现；其次，则通过改善言谈、举止、礼貌、礼节等给人留下好印象。最高层次的设计则是通过目标、价值、人生追求的规划，给人留下深刻绝佳的印象。

那么，在一份新工作的适应期里，怎样给人留下良好的第一印象呢？

1. 穿着打扮要讲究

不同性质的单位，服饰仪表有着不同的审美标准和习惯。比如，政府机关、学校要求穿着打扮要端庄大方，过于新潮的服装、发式会与这些部门的工作环境不协调；而文艺部门则相对开放，可以打扮得较具个性色彩一些。因而，无论从事何种工作，穿戴得体、整洁并且符合职业身份要求的服装对于塑造良好的形象是有益的，过分新奇时髦或者不修边幅都有损自身形象。

2. 言谈举止要得体

刚到一个新单位，日常的待人接物、言谈举止如何会给人留下深刻的印象。得体的言谈举止应该表现为亲切、热情、有礼貌、讲道德、讲信用。待人接物中，一方面要切忌"傲气"，自以为是，目中无人，夸夸其谈；另一方面要切忌"谦卑"，缺乏自信，过分腼腆、唯唯诺诺、手足无措。还应注意，不要像学生时代那样过于随便，坐在办公桌上会客，用电话聊天，这些举止都有损于职业形象。

3. 上、下班要守时

刚刚上班，早点来，晚点走，主动干一些诸如打水、扫地、整理内务的活，这是每个新上岗的人员都应做的事情。迟到早退，行为懒散，往往会给同事留下不好的印象。

4. 工作要紧张有序、有条有理

工作刚开始，往往由于量不大，干起来不入门，会出现不知如何打发时光的窘状。这时，不能坐在工作场所发呆，要设法使自己忙碌起来，比如翻阅一些与员工有关的文件、档案资料，搜集整理一些有关的资料等。至于领导交办的工作，自然应尽心尽力，力争高效、高质量地完成。这对能否留下良好第一印象至关重要。另外，办公桌要保持光亮整洁，文件摆放要井井有条。如果把办公桌弄得乱七八糟，显然会给人留下不好的印象。

良好的第一印象有助于初到工作单位的毕业生站稳脚跟，与单位同事融为一体，轻松度过试用期，为以后的进步和发展打下良好的基础。但是第一印象是在获得不完全信息的基础上形成的，对人的评价不具有全面性，比较片面。因此毕业生不能片面追求让对方产生好的印象，应认真地总结经验，塑造自己，实事求是地显示自己的才华。

二、建立良好的人际关系

社会是由人构成的，在社会生活中，每个人都不可避免地要与他人交往，从而形成纷繁复杂的人际关系。当今社会是开放的社会，无论是在社会生活中，还是职业活动中，每个人都会遇到各种各样的人际关系难题，人际关系越来越受到人们的重视。一个人事业上的成功，只有15%是源于专业技术，另外的85%要依靠人际关系、处世技巧。特别是对于刚进入职场的大学毕业生，没有良好的人际关系，不仅满足不了交友和情感交流的需要，而且也得不到同事的理解和支持，在工作中就难以适应职业环境，发挥不出自己的职业能力，更谈不上实现自己的职业计划。因此，建立良好的人际关系是非常重要的。

（一）建立良好的人际关系的意义

人际交往是指人们为了相互传递信息、交换意见、沟通情感而运用语言、行为等方式进行的互动过程。人际关系是在社会交往过程中形成的人与人之间的心理上的关系，反映了人们在交往关系中的深度、密切度、协调性等心理方面的联系程度。在现实生活中，人际关系的建立与发展决定于双方之间需要满足的程度。只有双方在相互交往中都获得了各自的社会需要的满足，相互之间才能产生并保持接近的心理关系、友好的情感。

1. 影响人际关系的因素

人与人关系的密切，主要受以下因素的影响。但是，任何一个因素对人际关系的影响都是复杂的，不能以偏概全，而应从各个方面客观地分析。

（1）空间距离　空间距离是制约人际关系的一个重要因素。空间距离的接近可以增加人际吸引。但是距离的远近对人际关系的影响是复杂的。一方面距离的接近，可以增加交往的频率从而使关系更密切，所以有"远亲不如近邻"一说；另一方面距离的接近也可能增加冲突的机会，从而使关系破裂，又有"远香近臭"之说。这都说明空间距离是决定人际关系亲疏的一个重要条件。

（2）相似或互补　相似或互补都可能成为人际吸引的因素。相似性可以增加共同语言，产生情投意合、幸遇知音的感觉；互补可以满足控制与相互依赖的需求，使人际关系更加稳定。但太熟悉可能降低吸引力。如人们所说的"审美疲劳"和"爱情疲劳"；互补型的交往应该警惕可能产生的不平等感，注重沟通与交流。

（3）外貌　是人际关系中一个非常重的砝码，对人际交往将产生明显的晕轮效应，即将外貌泛化，忽视许多其他方面的特征，如以貌取人。但是这一点人们都不愿意承认。实际上，爱美之心，人皆有之，漂亮的外表对任何人都具有不可抗拒的吸引力，也会对人际交往产生实实在在的影响；重要的不是回避这种影响，而是要警惕因外貌而产生的晕轮效应。

（4）人格吸引　人的性格、气质、能力等人格品质对人际关系的建立与维护产生持久的影响。具有热情、开朗、真诚、自信等性格特征的人容易受人欢迎；而冷漠、封闭、虚伪、自卑的人容易被人疏远。因此，严于律己，加强修养，增强自己人格的魅力是建立良好人际关系的重要因素。

2. 建立良好的人际关系的意义

对于刚刚走上工作岗位的毕业生来说，建立良好的人际关系具有很重要的意义。有了良好的人际关系，领导会指点如何处理工作难题，委以重任；周围的同事会乐于合作，热情地帮助自己尽快熟悉业务，当陷入困境时，大家会伸出友谊之手助一臂之力。

（1）良好的人际关系是彼此坦诚相处、专心致志投入工作的前提。

（2）良好的人际关系可以尽快消除陌生感，适应人际环境，顺利通过试用期。

（3）良好的人际关系可以使人心情舒畅，心理健康，能够充分发挥职业能力。

（4）良好的人际关系可以建立友谊，增进团结，利于合作，使工作高效而愉快。

（二）如何打造在办公室良好的人际关系

办公室有时就是一个小社会，人多嘴杂。面对各种利益冲突，必须找准角色定位，既不能孤芳自赏，又不能表现过火。新进一个各类人员云集、良莠一时难辨的办公环境中，如何迅速赢得大多数人的好感，尽快融入其中，营造良好的人际关系呢？

在工作中建立良好的人际关系主要是处理好个人和组织的关系、个人和主管的关系、个人和同事关系。

1. 处理好个人和组织的关系

到了用人单位以后，首先要了解企业的组织结构，了解自己在企业中的定位，同时主动了解其他部门和其他人的定位。由此，更好地处理自己和组织的关系。

一个组织结构一般地说有四层：总经理、部门经理、主管和员工。总经理的职责是决策；部门经理的职责是管理；主管的职责是监督；员工的职责是在生产一线具体地实施。越往下层执行的职能越多，越往上层管理的职能越多。

（1）人们在工作中一定要给自己准确定位，不同的人承担着不同的责任。在企业，老板为什么把员工安排在这个位置上，一般都认为此人是最适合做这个工作的，就是平时所说的"用人所长"。因此，在一个企业或公司中，人们各司其职，彼此在组织中有各自的定位，不同的人在不同的层面承担着不同的责任。越往上层，承担监督和管理的责任就越多；越往下层，则是实施的责任越来越多。所以，人们在工作中一定要给自己准确定位，按岗位责任要求去工作，就一定可以干好各自的本职工作。技术非常好的人，不一定要当经理，他更适合在技术层、操作层工作，而且会做得更好。

（2）人们在工作中还要了解自己和他人在组织中的各自地位。在一个公司里除了要给自己正确定位，明白自己是干什的、职责是什么，还要明白合作的同事又是干什么的，他们的职责是什么。如果不能设身处地替别人着想，只是考虑自己的利益、部门的利益肯定会发生争执，而争执的结果不但使个人会受到影响，整个组织的业绩也势必因此而受到影响。只有很清楚地了解公司各个部门的职权范围，才能逐渐对整个公司的运作有一个从全局出发的更好地了解。

（3）每位员工都可能影响企业的成败。作为一名最基层的员工，只不过是"沧海一粟"，对企业的作用可能影响企业的成败，因为当站在客户面前时，基层员工不仅仅代表自己，还代表整个公司。不管是刚加入公司，还是已在公司工作多年，在别人和外界面前都是代表整个公司的形象。所以每位员工都非常重要，能影响到一家企业的成败。

（4）个人要服从组织的安排，个人需求要服从组织需求。

2. 处理好和上级主管的关系

毕业生初入职场，与主管建立良好的人际关系也是十务重要的。主管最有可能决定毕业生留用、升职或者辞退。

（1）心甘情愿地做一个下属。傲慢和自负是年轻人的最大杀手。主管将会密切注视着毕业生的行动和工作态度，从观察毕业生的表现中，确认毕业生是否是一个完全按时、依计划和预算工作的人，继而确定对毕业生的信任程度。如果毕业生按主管的盼咐把工作完成得十分出色，那么毕业生就会慢慢地建立起自己的信誉，取得信任，真正被接受成为公司的一员。

（2）了解主管的工作风格。一般情况下，主管有三种基本的管理风格：自由放任式、民主式、专制式。每个主管的管理风格都有自己的特点，也许主管可能具有不止一种管理风格，或者在不同的环境中表现出不同的管理风格，但是总有一种管理风格处于主导地位。自由放任式是"让人们随心所欲地做自己的事情"，这种主观一般希望员工能够自己完成工作，而不必进行大量的指导或者详细的控制；民主式主管则会鼓励员工参与管理的过程，征求员工的观点、思想和解决问题的方法，这样的主管对员工采取中度的控制，让大家集思广益，参与决策；专制式主管却是一种控制型的人，他独自制定政策和规则，界定和指派任务，而且通常要监督工作完成情况。作为员工，必须认真地听取指令以及严格地遵守组织的规定、规则和政策，以适应这种环境。

（3）勤奋与忠诚。对于一个刚刚就职的新员工来说，仅仅是一个"学习者或者帮助者"，首要的工作就是要向主管证明聘用自己是正确的，自己对他们是有价值的。用人单位一般都知道，对于一个刚加盟公司的新人来说，第一年公司很难从他们身上收回对他们的投资。事实上，大多数公司一般都认为前两年因为要算上招聘成本、培训费用以及管理的时间成本等因素，所以新员工的贡献充其量是使公司不赔不赚。所以，新员工要通过勤奋和忠诚来获得主管的信任。勤奋的一个重要方面是出勤率，要按时上下班，不要迟到早退。实际上，这也是做人的一个基本的素质。忠诚就是相信自己的工作并完全承担起责任，对工作中的闲言碎语不予理睬或者及时加以纠正。

（4）与主管建立开放的沟通渠道。与主管建立开放的沟通渠道也是与主管建立良好关系所必需的。通过沟通可以知道主管期望什么、想知道什么，而且也能明白如何反馈这些信息。通过这种方式，可以及时得到主管的帮助，也能使自己的工作得到主管的认同。在沟通中要注意，无论什么时候主管对自己的工作提出建议，都应该诚恳地接受，并真诚而努力地进行改进。而且，也要感谢主管对自己顺利工作所付出的关系和帮助。

3. 处理好和同事的关系

（1）与同事友好相处。与同事友好相处的关键有以下几点。

① 学会合作。合作包括自己努力工作和给他人提供必要的帮助。合作不仅表现在两个人之间，它也包括与整个公司的合作。

② 讲究礼貌。礼貌可以显示出对别人的真诚和重视，使自己显得友善和行为举止得体，由此可以塑造出一种良好的工作礼仪。

③ 必须杜绝一些不应有的行为。比如，怨恨别人、工作急躁、嫉妒和猜疑、过度自怜等。在工作中要努力克制这些行为，以减少同事间不必要的冲突，与同事保持和谐的关系。

（2）注重对同事的尊重与诚实。在领导面前不说同事的不是，不搬弄是非，不靠打击同事来抬高自己，和同事闲谈时不聊所谓的"热门话题"，不靠议论别人的缺点和不足来获得同事的亲近。注意言行一致，诚实无欺。生活中，既不拉帮结派，又不虚情假意，处处维护领导的威信和同事的尊严，获得大家的信任，避免和同事产生猜疑。

（3）谦虚、谨慎。与人相处，最讨厌的莫过于别人私下的议论和埋怨，但反过来看，别人既然议论，说明自己有被人议论的把柄，或者是自己不够谦虚谨慎，或是工作不到位。对同事谦让有加，把自己经手的每件事做得像模像样，尽量不让别人论长短。如果确实做得不够好，是自己能力还不够，就尽量向同事们学习解释，互相理解，避免产生嫉妒和仇恨，甚至导致心理上的隔阂。

建立良好的同事关系，不是一朝一夕的事情，它需要几年甚至更长时间的努力。其实，在工作中没有真正的敌人，假如能够对别人表示尊重、理解和友好，那么别人也会回报一片明媚的天空，使自己生活在一个温暖、和睦的群体之中，有一个良好的工作氛围。

第三节　积极适应社会　做优秀的职业人

一、积极主动地适应工作岗位

（一）主动积极地工作

"谁是最可爱的员工"。在新经济时代，昔日的"听命行事"不再是"最可爱的员工"模式，今天的老板根据时下所需，需要自己的员工是"不必老板交代，就积极主动做事"的一代新人。主动就是不用别人告诉，就能出色地完成工作。

1. 主动地去适应工作

当新进入一家企业时，也许所面对的只是一些简单、艰苦而单调的工作，毕业生可能对这些工作既没兴趣也难以从中得到挑战。然而，这正是考验工作积极性的时候。毕业生应该学会控制自己偷懒或者厌倦的欲望，充分适应这些工作，并展示出积极性和主动性。这是和其他新员工区别的唯一方法。由此，可以得到领导的器重，也决定能否在这个企业有进一步发展的机会。

2. 积极学习工作中所需要的各种知识

毕业生走上工作岗位后，可以通过参与那些并非自己必须参与的工作，而了解企业中的不同岗位要求，并得到多方位的锻炼。可以向有经验的员工或者主管学习他们如何思考和迎接新的挑战，也可以充分学习那些在这个企业中可能用到的其他知识，甚至是为了自己将来的发展所需要的后备知识。通过不断学习使自己成为工作的多面手，为自己创造更多的晋升机会。

3. 积极、主动地工作，比其他人付出更多的努力和牺牲

比如牺牲自己的休息时间，承担艰苦和困难的工作，主动地加班以完成更多的任务，提高自己的工作效率等。

总之，一个能够自我激励、坚持学习、不用监督就能做好工作的人，是企业最欣赏的人，也是领导最看重的人。在工作中，积极主动的人总会比其他的人有更多的发展机会。

（二）操之在我的工作态度

要成为一名优秀的员工，无需高智商或者圆滑的社交技巧，只需改进工作态度，就能成为一名优秀的员工,发挥出自己巨大的潜能。研究表明,一个人职业生涯的成败,60%取决于工作态度。很多成功的人士都证明了这样一个道理:有才能就有机会受雇,而拥有才能之外的东西才有机会晋升。其中一个显著的方面就是操之在我的工作态度。

1. 什么是操之在我

操之在我是一种工作态度。一个人应该可以控制并引导自己的情感,使之积极健康,以有利于自己的工作。操之在我与过于自我并不等同,操之在我的前提是个人的行为和心态是健康的、积极向上的,与社会的需求是吻合的。

所以,操之在我就是要协调好自己的情感、行为与周围环境的关系,有意识地控制自己的情感,采取积极的态度和行为,从而创造一个积极的职业环境,即操之在我的环境。

操之在我的反面就是受制于人。与操之在我相反,受制于人即个人的情绪和行动被别人所左右,不利于自己主观能动地干好本职工作。在现实生活中,很多人往往总是自觉或不自觉地受制于人,处于被动的工作状态。这种情况的出现,实际是把自己的工作主导权交给了他人,从而使自己的职业生涯经常被他人所主导,这样一来也就常常与成功无缘。

2. 操之在我的表现

具体来讲,操之在我表现为控制自己的情绪和行为。

首先要保持一种平静的心态,进而进行换位思考,站在对方的立场,考虑一下对方的利益,这样才能真正做到操之在我,有效地解决冲突,更好地进行工作。

其次要创造操之在我的环境。要学会先处理心情,再处理事情。通过改变心态、行为,用积极的心态和行为影响所共事的同事和所服务的顾客,从而创造一个十分理想、良好的沟通环境也就是一个操之在我的环境。

3. 操之在我的工作态度可以产生对工作的正面影响

(1) 改善工作的原动力:可以更主动、更努力地去工作。

(2) 提高个人绩效:当更努力、更主动地去工作时,个人的业绩也会相应地得到极大提高。

(3) 提高组织绩效:企业是由众多的个人组成的,如果每个人都能用积极的态度对待工作,那么整个企业就会顺利发展。

总而言之,当今社会已经不是"酒香不怕巷子深"的时代了,如果一味地等待别人去发现自己,那么会永远被遗忘。只有用积极主动的心态才能在职场中获得成功。

二、做一个优秀的职业化员工

从职业化素质的角度来讲,所谓职业化是指从业人员的任职能力与本行业或企业相关职位行为要求相结合的过程。即要求从业人员把社会或者组织交代下来的岗位职责,专业地完成到最佳,准确地扮演好自己的工作角色。

真正的职业化不在于从事什么样的工作,扮演什么角色,是什么样的职位,而在于对工作的信仰、努力的程度、奉献精神和忠诚度。

无论在哪个行业，决定一个人是不是高手的根本因素都不是技术，技术到了一定的程度，大家都一样，能分出高下的是人的心，即爱心、信心和责任心。所以职业化是一种精神，是内在的精神动力，而不是专业知识和技能，是对职业的价值观和态度。

（一）一个人的核心能力来自于持续的专注

有一个故事，名字叫做"知了的翅膀"。有一天，孔子带着学生去楚国，途经一片树林，看到一个驼背老头儿拿着竹竿粘知了，好像从地下拾东西一样，一粘就是一个准。孔子问道："你这么灵巧，一定有什么妙招吧？"驼背老头儿说："我是有方法的。我用了五个月的时间练习捕蝉的技术，如果在竹竿顶上放两个弹丸掉不下来，那么去粘知了时，它逃脱的可能性是很小的；如果在竹竿顶上放三个弹丸掉不下来，那么去粘知了时，它逃脱的可能性更小了；如果在竹竿顶上放五个弹丸掉不下来，那么去粘知了时，好像从地下拾东西一样容易了。我站在这里，有力而稳当，虽然天地广阔，万物复杂，但我看见的、想的只有知了的翅膀。如因万物的变化而分散精力，又怎么能捕到知了呢？"

做工作同样也需要这三个层次。第一个层次就是仅仅会做；第二个层次就是能够做到熟练，就像"竹竿顶上放三个弹丸掉不来"；第三个层次就是要做到不分散精力，看到的、想到的只有"知了的翅膀"。要知道，能力不是完全取决于专业知识，而是取决于持续的专注。

（二）有责任地工作

在公司或企业里，老板心目中的员工，个个都应该是负责的人。只有主动对自己的行为负责、对公司和老板负责、对客户负责的人，才是老板心目中良好的公司职业人。如果推卸责任，即使有其他长处，老板也会觉得这是一个不可信之人。因为，在现代社会里，责任感是很重要的，不论对于家庭、公司、社交圈子，都是如此。责任意味着专注和忠诚。

对工作有责任感包括两方面的内容：岗位责任和全局责任。

岗位责任，就是在自己的工作岗位上应承担的责任，如何才能使自己的工作做得更好。

全局责任，就是岗位的工作要服从全局的工作。当全局的形势发生变化时，个人的工作要进行相应的调整和变化。

岗位责任和全局责任包含了不同的内容。

（1）一个职业人首先要主动地去承担岗位责任：做好分内事。

首先，岗位责任要求在做工作时应掌握重点，一定要知道做什么，工作重点究竟是哪一部分，这就好像一台机器上的螺丝钉，如果明明是负责这一个点的，却总想在别的点上施展功能，这样一来势必出问题。有责任心的职业人，要以"做对事"为目标，而不能以盲目"多做事"为目标，要对工作的结果负责。其次，还要把分内事做好：公司是以工作绩效来衡量责任的。不但对岗位责任有具体明确的要求，而且还会进行岗位绩评估。

工作不像考试，60分万岁。工作不仅仅只要60分，在每一工作中都要求百分之百的专注与投入，才能完成自身的责任目标。比如说卖手机，只做到卖货收钱，也算基本及格。但是，工作目标是为顾客提供优质的服务，只做到上述几点就相差很远。要让顾客有被尊重的感觉，了解手机的各种信息，获得满意的服务，肯定用60分的标准来取舍评判是无法圆满完成工作的。

当然工作也没有100分，这个职场变化快，对于工作目标的要求也是不断变化的，精益求精是没有止境的。如果想把岗位工作做得更好，就要不断地总结经验，在工作实践中提高解决问题的能力。

（2）要有全局责任。全局责任主要有：组织的目标，领导的意图、进度和变化。

首先，要清楚组织的目标。全局责任要注重组织的目标是什么。每个组织都有自己的目标，比如进行安全评价，目标是经过评价的项目不能因为工作疏忽造成任何事故；比如作规划，一定要数据详细明晰，实事求是。组织的目标，每个成员都应该清楚。

其次，要领会领导的意图。比如，经理开一个会，需要一些数据，下属生怕会有某一个数据没有提供到，以防万一，就统计了所有的数据。这样做的结果是什么呢？不仅使自己的工作量增加，也相应增加了相关人员的工作量。如何才能避免做这些无谓的工作呢？

应学会善于领会领导的真正意图，不要做徒劳无功的工作，白白浪费了宝贵的时间。①接受任务时一定要确认这项工作是否重要，一定要问清楚领导真正想要的是什么？如果问了还不明白，说明与领导缺乏共鸣，领导也会认为下属缺乏全局观念，对本单位所开展工作的现有进度缺乏了解。②与领导建立良好的沟通关系（情感）。争取与领导像朋友一样交流，就可以不用再像猜谜一样去猜想领导到底想了些什么了。

（3）在工作中认真负责，必须做到以下几点：①关注细节，能够勤奋而谨慎地做好每件事情；②勇于承担责任，承认错误，做一个诚实的人；③认真地履行承诺，不要找任何借口，使自己成为一个可以信赖的人。

（三）敬业、忠诚的工作品质

敬业和忠诚其实质就是做工作时不仅仅是别人告诉才知道要去做事，而是不用别人说就能出色地完成任务的一种工作态度和精神。

1. 敬业

敬业，顾名思义就是敬重并重视自己的职业，把工作当成自己的事业，并对此付出全身心地努力，抱着认真负责、一丝不苟的工作态度，即使付出更多的代价也心甘情愿，并能够克服各种困难，善始善终。

敬业是职业人最基本的素质，是一个职业人应具备的职业道德，是人类工作的行为准则。

在竞争如此激烈的现代社会，毫不夸张地说，一个公司的存亡，就取决于其员工的敬业程度。松下幸之助创业时目睹信徒在寺庙里虔诚而愉快地参加义务劳动时,感慨颇多:"如果员工带着宗教徒般的虔诚参加工作,企业肯定会无往而不胜。"

每个员工的敬业所带来的直接结果当然是企业的不断发展,但同时也会带来员工个人事业的成功。

2. 敬业的好处

(1)敬业使人出类拔萃。无论从事什么行业,只有全心全意,尽职尽责地工作,才能在从事的领域里出类拔萃,这也是敬业精神的直接表现。

案例

在年度总结时,企业有一个口吃的业务人员,但却成为整个销售团队里业绩最好的员工,这个业务人员虽然口吃,但工作热诚毫不输人。更因为口吃,理解别人没有耐心听他把话讲完,因此下班后老是整理资料,一会是表格,一会是各家产品差异对照图,再加上一些实在不怎么高明的亲手绘制的插画,全心全力企图让客户可以一目了然。又因为仅仅一次的拜访,正常人可以说完的内容,他说不完,只好多跑几趟。看对方忙碌,自知对方不会抽出时间来听自己讲述,只好结结巴巴、规规矩矩地鞠躬、打过招呼就自动告退,"所谓一枝草,一点露,天无绝人之路",几十次的拜访下来,客户很少不被他如此热心行动所感动,甚至还帮他介绍客户。

如此的诚意与创意怎能不有所回报!强烈的敬业实干精神,自然能得到重视,受到重用,得到提拔。

---

(2)敬业容易受人尊重,容易得到重用。任何老板都喜欢敬业的人,因为敬业可以减轻老板的工作压力,同时一个人敬业,自然就会成为公司的"骨干"和"中坚",受到大家的敬重。所以敬业不仅是职业人最基本的素质,也是一种高尚的职业道德。

3. 把敬业当成一种习惯

在职场中的许多人都有这样的感觉,自己做事都是为了老板,为老板挣钱。其实,这是情理之中的事。如果老板不挣钱,员工怎么可能在这家公司待下去呢?也有人认为,反正为人家干活,能混就混,公司亏了也不用自己去承担,甚至还扯老板的后腿。其实,这样做对老板、对自己都没有好处。

敬业的人所获得的不仅仅是工作报酬,更重要的是从工作中发展了自己的能力、增加了社会经验、提升了个人的人格魅力。老板支付的是金钱,自己赋予自己的是可以终生受益的无价之宝。因此,要把敬业变成一种习惯。把敬业变成习惯的人,从事任何行业都容易成功。从短期来看"敬业"是为了老板,长期来看还是为了自己!因为敬业的人才有可能由弱变强。

现代社会中,由于经济高速发展,工作机会很多,因此常有企业招募员工,但是千万不要因此以为到处都有机会,而对目前的工作漫不经心,或者喜新厌旧。记住:机会是留给有准备之人的,机会是留给敬业的人的。

4. 忠诚

在一项对世界著名企业家的调查中,当问到"你认为员工应具备的品质是什么"

第七章 职场生存技巧 153

时,他们几乎无一例外地选择了"忠诚"。忠诚是职场中最应值得重视的美德,也是一个职业人最基本的职业道德。因为选择了一个公司作为职业生涯的支点,就意味着对公司有了一种承诺。

首先要对工作忠诚。对工作忠诚,就会忠心耿耿地把该做好的事情做好,就会很有责任感,尽最大努力为公司创造价值,不做损害公司利益的事情,就会得到老板的信赖,从而得到晋升的机会,并委以重任。对工作忠诚就是对老板忠诚,就能够让老板拥有一种事业上的成就感,同时还能增强老板的自信心,更能使公司的凝聚力得到进一步的增强,从而使公司发展壮大。

对工作忠诚,对公司忠诚,对老板忠诚,实际上就是忠诚于自己。因为忠诚是在为自己的职业声誉负责。

(1) 把忠诚当成做人之本　当选择了这家公司,就要把公司当成自己的公司,与公司同舟共济,荣辱与共,全心全意为公司工作。公司成功了,自己自然也就赢得了成功。如果失去了忠诚,就失去了做人的原则,失去了成功的机会。

(2) 保守秘密　职业人对于曾服务过的和正在服务的组织都要严格保守机密。身在职场,要守住公司和老板的秘密。不该问的不问,不该说的不说,公司的各种事情都不可以随便张扬,绝对要守口如瓶。

在一些高新技术企业,保守机密被作为基本的职业操守之一,尤其对于知识型员工及高层管理者,他们了解大量的核心技术和商业机密,这是企业至关重要的核心能力。

一个有职业道德的人,心里要有一条准则:可为与不可为。需要坚守的信条是:绝不选择良心的堕落。

(3) 频繁跳槽,就是缺乏忠诚　很多公司不惜成本对员工进行培训,但是当员工们积累了一定的工作经验后,经常是不打一声招呼就跳槽而去,这样的人对公司是缺乏忠诚的。

频繁跳槽直接受到损失的是企业,但从更深层次的角度来看,对员工的伤害更深。一是不利于个人核心能力的形成。人力资源管理专家认为,一个人一生中调整七次职业都是可以接受的,超过这个限度会对职业生涯造成不利的影响。因为频繁跳槽,就无法积累在某个领域的核心知识和经验,就无法在个人竞争中形成自己的优势。经常可以看到许多上知天文、下知地理、口若悬河、夸夸其谈的人往往一事无成,而那些术业有专攻的人却成绩斐然。一些人刚刚积累了一些职业经验和社会资源,经受一点诱惑或者一点挫折就转换门庭,结果将自己长时间积累的全部资源弃之不用,核心能力自然无法形成。没有核心竞争力的个人,注定一辈子拿"死工资"。二是会养成"这山望着那山高"的习惯,会使员工的价值有所降低。三也是最重要的一点会影响职场信誉。换工作毕竟是一件大事,它是检验一个人忠诚度的根据。如果在短期内换了好几份工作,再去找工作的时候,招聘企业就会想"这人的忠诚度恐怕有些问题……"那以后找工作的麻烦可就大了。

所以最好不要动不动就想以跳槽来改变自己的境遇,可以在岗位上勤恳工作,努力提高自己各方面的能力,积极进取,这样才能更好、更快地接近成功。当然,人一生更换几次工作是很正常的事情,但不管做什么工作都要把工作做好,这是对所从事的职业的高度责任感,是对职业的忠诚,是承担某一责任或者从事某一职业所表现出来的敬业精神。

如果渴望成功,那就要保持忠诚的美德,让它成为工作的一个准则。

(四) 不要只为薪水而工作

在有些人的眼中,薪水是自己身价的标志,绝不能低于别人。他们的"理想远大",刚出校门就希望自己成为年薪几十万的总经理;刚创业,就期待自己能像比尔·盖茨一样富甲一方,他们只知道向老板索要高额报酬,却不知道自己能做些什么,更不懂得从小事做起,实实在在地进步。

只为薪水而工作让很多人缺乏更高的目标和更强劲的动力,也让职场上出现了以下不正常的现象。一是应付工作。认为公司付给自己的薪水太微薄,因而有权以敷衍搪塞来报复。工作仅仅是为了对得起这份工资,而从来没想过这会与自己的前途有何关系,老板会有什么想法。二是到处兼职。长期处于一种疲劳的状态,工作不出色,能力也无法提高,最终谋生的路子越走越窄。三是时刻准备跳槽,由此对工作三心二意,很容易失去上司的信任。

这样做的结果,最终被动的是自己。员工要记住以下原则。

1. 工作中比薪水更重要的内容

薪水是企业对员工所作的贡献,包括实现的绩效,付出的努力、时间、学习、技能、经验与创造所付给的相应回报与答谢。

职业所给予人的薪水仅仅是员工工作报酬的一部分,而且是很少的一部分。除了薪水,职业给予的报酬还有珍贵的经验、良好的训练、才能的表现和品格的建立。这些东西与用金钱表现出来的薪水相比,其价值要高出千万倍。

2. 掌握技能不是仅仅为了薪水

由于工作中存在着比薪水更重要的东西,所以不要太多考虑工资。无论目前从事哪一项工作,一定要使自己多掌握一些必要的工作技能。从一个新手、一个无知的员工成长为一个熟练的、高效的管理者时,实际上已经大有收获了。可以在其他公司甚至自己独立创业时,充分发挥这些才能,从而获得更高的报酬。因为不可能永远受雇于一个公司,当自己发生工作变动时,这些能力、经验、技巧不会遗失也不会被偷。在公司中,如果掌握了必要的工作技能,自然就会提升自己在老板心目中的地位变得不可替代。获得锻炼的机会比薪水更重要。

3. 使自己变得不可替代,薪水自然会提高

无论目前从事哪一项工作,如果做的工作比所获得的报酬更多更好,那么,不仅给自己建立了"任劳任怨,不计报酬"的美德,也因此发展了一种不寻常的技巧与能力,将对胜任自己的工作感到愉快,最后将产生足够的力量,以此改变命运。

4. 现在的放弃是为了未来的获得

如果自己的努力老板没有注意到,也不要沮丧,可以换个角度来思考:现在的努力并不是为了现在的回报,而是为了未来。投身于职业是为了自己,是为了自己而工作。人生并不是只有现在，还有更长远的未来。

更时刻告诫自己：要为自己的现在和将来而努力。无论工资收入是多还是少，都要清楚地认识到那只是从工作中获得的一小部分。

尽管薪水微薄，但老板交付给的任务能锻炼意志，上司分配的工作能发挥才能，与同事的合作能培养自己的处事品格，与客户的交流能训练自己的品性。

所以，优秀员工必须认识到：不把薪水看成工作的终极目标，重视在工作中获取知识和经验。

测试一下你成功的可能

人生一世，都希望获得成功，以展示自我。那么你能成为一个成功者吗？这里，我们引用哈佛大学心理学家哈利·勒文生在研究现代企业成功者的品质和经营的能力时，所归纳24项成功的经理所具有的一些特质，来测验你能否成为一个成功者。

1. 你是否有足够的热情提高工作效率？
2. 你有充分的决心与动机实现心愿吗？
3. 你是否试过和别人多谈快乐的事，就会真的快乐起来？
4. 你认为你能获得名气与财富吗？
5. 你能证明婚姻美满可以反映领导能力的高明吗？
6. 你是否容易不满现状而改善想法？
7. 你一周有三个晚上不休息，继续工作，是否反而更快乐、更有成就感？
8. 你能设立一个在一年内为单位添几件大设备的特定目标吗？
9. 你遇到困难时，是否会有兴奋刺激的感觉？
10. 你是否觉得身居高位很自在？
11. 你知道你羡慕的某个人为什么那么有吸引力吗？
12. 你认为你在把债务还清后才会快乐吗？
13. 你观察任何事物时，是否训练自己深入观察的能力？
14. 你善于察言观色、体会别人的感受吗？
15. 当一个庞大的计划变更时，你是否能忍受强烈的困惑？
16. 你的目标是否明确，而且是按部就班地去实现？
17. 看到单位和事业的成功，你会获得极大的满足而不计较是谁的功劳吗？
18. 你是否有抽象思考的能力？能否从各种不同的来源与经验中取得资料并重新组合来解决问题？
19. 你和领导阶层或同事是否有成熟和谐的关系，并因此认为没有反抗争辩的必要？同时，你是否不认为你是个"好好先生"？

20. 你是否一切依靠自己，但你也欢迎帮助、批评和其他人的合作，而不会感到受威胁？

21. 你是否能完成一件工作，即使再困难也能坚持完成？

22. 你是否随时准备工作，保持高度充沛的工作精力，很少力不从心？

23. 你是否有幽默感，而且能用它来消除紧张？

24. 在公共场合你是否能应付自如，能对个人或是人群悠然自得地谈话？

以上每题，如果回答"是"，得1分，如果回答"否"得0分。得20分以上，表示你已经拥有成功，但仍须努力；得16分以上，表示你还有成功的机会。

对于没有得分的问题，你应花时间想想为什么没得分？为什么它们是决定你成功的因素之一？以及你应如何训练和改进自己？

来源：吉姆·贝瑞特《帮你找到理想工作》

思考题：

1. 角色转换对于毕业生从校园进入社会有什么意义？
2. 怎样做一个有效的职业人？

附录一
国家职业资格目录

2017年9月15日，经国务院同意，人力资源社会保障部印发《关于公布国家职业资格目录的通知》，公布国家职业资格目录。

国家职业资格目录共计140项职业资格。其中，专业技术人员职业资格59项，含准入类36项，水平评价类23项；技能人员职业资格81项，含准入类5项，水平评价类76项。这些职业资格基本涵盖了经济、教育、卫生、司法、环保、建设、交通等国家重要的行业领域，符合国家职业资格设置的条件和要求。准入类职业资格关系公共利益或涉及国家安全、公共安全、人身健康、生命财产安全，均有法律法规或国务院决定作为依据；水平评价类职业资格具有较强的专业性和社会通用性，技术技能要求较高，行业管理和人才队伍建设确实需要。

国家职业资格目录共计140项职业资格	
专业技术人员职业资格59项	
准入类36项	水平评价类23项
技能人员职业资格81项	
准入类5项	水平评价类76项

一、专业技术人员职业资格

（共计59项。其中准入类36项，水平评价类23项）

序号	职业资格名称	实施部门（单位）	资格类别	设定依据	备注
1	教师资格	教育部	准入类	《中华人民共和国教师法》《教师资格条例》（国务院令第188号）《〈教师资格条例〉实施办法》（教育部令2000年第10号）	
2	注册消防工程师	公安部、人力资源社会保障部	准入类	《中华人民共和国消防法》《注册消防工程师制度暂行规定》（人社部发〔2012〕56号）	
3	法律职业资格	司法部	准入类	《中华人民共和国律师法》《中华人民共和国法官法》《中华人民共和国检察官法》《中华人民共和国公证法》	
4	中国委托公证人资格（香港、澳门）	司法部	准入类	《国务院对确需保留的行政审批项目设定行政许可的决定》（国务院令第412号）	
5	注册会计师	财政部	准入类	《中华人民共和国注册会计师法》	
6	民用核安全设备无损检验人员资格	环境保护部	准入类	《民用核安全设备监督管理条例》（国务院令第500号）	
7	民用核设施操纵人员资格	环境保护部、国家能源局	准入类	《中华人民共和国民用核设施安全监督管理条例》	
8	注册核安全工程师	环境保护部、人力资源社会保障部	准入类	《中华人民共和国放射性污染防治法》《注册核安全工程师执业资格制度暂行规定》（人发〔2002〕106号）	
9	注册建筑师	全国注册建筑师管理委员会及省级注册建筑师管理委员会	准入类	《中华人民共和国建筑法》《中华人民共和国注册建筑师条例》（国务院令第184号）《关于建立注册建筑师制度及有关工作的通知》（建设〔1994〕第598号）《国务院关于修改〈建设工程勘察设计管理条例〉的决定》（国务院令第662号）	
10	监理工程师	住房城乡建设部、交通运输部、水利部、人力资源社会保障部	准入类	《中华人民共和国建筑法》《建设工程质量管理条例》（国务院令第279号）《注册监理工程师管理规定》（建设部令2006年第147号）《公路水运工程监理企业资质管理规定》（交通运输部令2015年第4号）	
11	房地产估价师	住房城乡建设部、国土资源部、人力资源社会保障部	准入类	《中华人民共和国城市房地产管理法》《房地产估价师执业资格制度暂行规定》（建房〔1995〕147号）	

附录一 国家职业资格目录

续表

序号	职业资格名称		实施部门（单位）	资格类别	设定依据	备注
12	造价工程师		住房城乡建设部、交通运输部、水利部、人力资源社会保障部	准入类	《中华人民共和国建筑法》《造价工程师执业资格制度暂行规定》（人发〔1996〕77号）	
13	注册城乡规划师		住房城乡建设部、人力资源社会保障部、中国城市规划协会	准入类	《中华人民共和国城乡规划法》《注册城乡规划师职业资格制度规定》（人社部规〔2017〕6号）	
14	建造师		住房城乡建设部、人力资源社会保障部	准入类	《中华人民共和国建筑法》《注册建造师管理规定》（建设部令2006年第153号）《建造师执业资格制度暂行规定》（人发〔2002〕111号）	
15	勘察设计注册工程师	注册结构工程师	住房城乡建设部、人力资源社会保障部	准入类	《中华人民共和国建筑法》《国务院关于修改〈建设工程勘察设计管理条例〉的决定》（国务院令第662号）《勘察设计注册工程师管理规定》（建设部令2005年第137号）《注册结构工程师执业资格制度暂行规定》（建设〔1997〕222号）	
		注册土木工程师	住房城乡建设部、交通运输部、水利部、人力资源社会保障部		《中华人民共和国建筑法》《国务院关于修改〈建设工程勘察设计管理条例〉的决定》（国务院令第662号）《勘察设计注册工程师管理规定》（建设部令2005年第137号）《注册土木工程师（岩土）执业资格制度暂行规定》（人发〔2002〕35号）《注册土木工程师（水利水电工程）制度暂行规定》（国人部发〔2005〕58号）《注册土木工程师（港口与航道工程）执业资格制度暂行规定》（人发〔2003〕27号）《勘察设计注册土木工程师（道路工程）制度暂行规定》（国人部发〔2007〕18号）	
		注册化工工程师	住房城乡建设部、人力资源社会保障部		《中华人民共和国建筑法》《国务院关于修改〈建设工程勘察设计管理条例〉的决定》（国务院令第662号）《勘察设计注册工程师管理规定》（建设部令2005年第137号）《注册化工工程师执业资格制度暂行规定》（人发〔2003〕26号）	
		注册电气工程师			《中华人民共和国建筑法》《国务院关于修改〈建设工程勘察设计管理条例〉的决定》（国务院令第662号）《勘察设计注册工程师管理规定》（建设部令2005年第137号）《注册电气工程师执业资格制度暂行规定》（人发〔2003〕25号）	

续表

序号	职业资格名称		实施部门（单位）	资格类别	设定依据	备注
15	勘察设计注册工程师	注册公用设备工程师	住房城乡建设部、人力资源社会保障部	准入类	《中华人民共和国建筑法》 《国务院关于修改〈建设工程勘察设计管理条例〉的决定》（国务院令第662号） 《勘察设计注册工程师管理规定》（建设部令2005年第137号） 《注册公用设备工程师执业资格制度暂行规定》（人发〔2003〕24号）	
		注册环保工程师	住房城乡建设部、环境保护部、人力资源社会保障部		《中华人民共和国建筑法》 《国务院关于修改〈建设工程勘察设计管理条例〉的决定》（国务院令第662号） 《勘察设计注册工程师管理规定》（建设部令2005年第137号） 《注册环保工程师制度暂行规定》（国人部发〔2005〕56号）	
		注册石油天然气工程师	住房城乡建设部、人力资源社会保障部		《中华人民共和国建筑法》 《国务院关于修改〈建设工程勘察设计管理条例〉的决定》（国务院令第662号） 《勘察设计注册工程师管理规定》（建设部令2005年第137号） 《勘察设计注册石油天然气工程师制度暂行规定》（国人部发〔2005〕84号）	
		注册冶金工程师			《中华人民共和国建筑法》 《国务院关于修改〈建设工程勘察设计管理条例〉的决定》（国务院令第662号） 《勘察设计注册工程师管理规定》（建设部令2005年第137号） 《勘察设计注册冶金工程师制度暂行规定》（国人部发〔2005〕85号）	
		注册采矿/矿物工程师			《中华人民共和国建筑法》 《国务院关于修改〈建设工程勘察设计管理条例〉的决定》（国务院令第662号） 《勘察设计注册工程师管理规定》（建设部令2005年第137号） 《勘察设计注册采矿/矿物工程师制度暂行规定>》（国人部发〔2005〕86号）	
		注册机械工程师			《中华人民共和国建筑法》 《国务院关于修改〈建设工程勘察设计管理条例〉的决定》（国务院令第662号） 《勘察设计注册工程师管理规定》（建设部令2005年第137号） 《勘察设计注册机械工程师制度暂行规定》（国人部发〔2005〕87号）	

续表

序号	职业资格名称		实施部门（单位）	资格类别	设定依据	备注
16	注册验船师		交通运输部、农业部、人力资源社会保障部	准入类	《中华人民共和国船舶和海上设施检验条例》（国务院令第109号）《中华人民共和国渔业船舶检验条例》（国务院令第383号）《注册验船师制度暂行规定》（国人部发〔2006〕8号）	
17	船员资格（含船员、渔业船员）		交通运输部、农业部	准入类	《中华人民共和国海上交通安全法》《中华人民共和国船员条例》（国务院令第494号）《中华人民共和国内河交通安全管理条例》（国务院令第355号）《中华人民共和国渔港水域交通安全管理条例》（国务院令第38号）	
18	兽医资格	执业兽医	农业部	准入类	《中华人民共和国动物防疫法》	
		乡村兽医			《中华人民共和国动物防疫法》《乡村兽医管理办法》（农业部令2008年第17号）	
19	拍卖师		中国拍卖行业协会	准入类	《中华人民共和国拍卖法》	
20	演出经纪人员资格		文化部	准入类	《国务院关于修改〈营业性演出管理条例〉的决定》（国务院令第528号）《营业性演出管理条例实施细则》（文化部令2009年第47号）	
21	医生资格	医师	国家卫生计生委	准入类	《中华人民共和国执业医师法》	
		乡村医生			《乡村医生从业管理条例》（国务院令第386号）	
		人体器官移植医师			《中华人民共和国执业医师法》《人体器官移植条例》（国务院令第491号）《关于对人体器官移植技术临床应用规划及拟批准开展人体器官移植医疗机构和医师开展审定工作的通知》（卫办医发〔2007〕38号）《国务院关于取消和调整一批行政审批项目等事项的决定》（国发〔2014〕27号）	
22	护士执业资格		国家卫生计生委、人力资源社会保障部	准入类	《护士条例》（国务院令第517号）《护士执业资格考试办法》（卫生部、人力资源社会保障部令2010年第74号）	
23	母婴保健技术服务人员资格		国家卫生计生委	准入类	《中华人民共和国母婴保健法》	
24	出入境检疫处理人员资格		质检总局	准入类	《中华人民共和国进出境动植物检疫法实施条例》（国务院令第206号）	
25	注册设备监理师		质检总局、人力资源社会保障部	准入类	《国务院对确需保留的行政审批项目设定行政许可的决定》（国务院令第412号）《注册设备监理师执业资格制度暂行规定》（国人部发〔2003〕40号）	

续表

序号	职业资格名称	实施部门（单位）	资格类别	设定依据	备注
26	注册计量师	质检总局、人力资源社会保障部	准入类	《中华人民共和国计量法》《注册计量师制度暂行规定》（国人部发〔2006〕40号）	
27	广播电视播音员、主持人资格	新闻出版广电总局	准入类	《国务院对确需保留的行政审批项目设定行政许可的决定》（国务院令第412号）	
28	新闻记者职业资格	新闻出版广电总局	准入类	《国务院对确需保留的行政审批项目设定行政许可的决定》（国务院令第412号）《新闻记者证管理办法》（新闻出版总署令2009年第44号）	
29	注册安全工程师	安全监管总局、人力资源社会保障部	准入类	《中华人民共和国安全生产法》《注册安全工程师执业资格制度暂行规定》（人发〔2002〕87号）	
30	执业药师	食品药品监管总局、人力资源社会保障部	准入类	《中华人民共和国药品管理法》《中华人民共和国药品管理法实施条例》（国务院令第360号）《药品经营质量管理规范》（国家食品药品监督管理总局令2016年第28号）《执业药师资格制度暂行规定》（人发〔1999〕34号）	
31	专利代理人	国家知识产权局	准入类	《专利代理条例》（国务院令第76号）	
32	导游资格	国家旅游局	准入类	《中华人民共和国旅游法》《导游人员管理条例》（国务院令第263号）	
33	注册测绘师	国家测绘地信局、人力资源社会保障部	准入类	《中华人民共和国测绘法》《注册测绘师制度暂行规定》（国人部发〔2007〕14号）	
34	航空人员资格 / 空勤人员、地面人员	中国民航局	准入类	《中华人民共和国民用航空法》	
	民用航空器外国驾驶员、领航员、飞行机械员、飞行通信员			《国务院对确需保留的行政审批项目设定行政许可的决定》（国务院令第412号）	
	航空安全员			《国务院对确需保留的行政审批项目设定行政许可的决定》（国务院令第412号）	
	民用航空电信人员、航行情报人员、气象人员			《国务院对确需保留的行政审批项目设定行政许可的决定》（国务院令第412号）	

续表

序号	职业资格名称	实施部门（单位）	资格类别	设定依据	备注
35	会计从业资格	财政部	准入类	《中华人民共和国会计法》《会计从业资格管理办法》（财政部令2012年第73号）	现已进入修法程序，视相关法律修订情况依法作出调整
36	特种设备检验、检测人员资格认定	质检总局	准入类	《中华人民共和国特种设备安全法》	
37	工程咨询（投资）专业技术人员职业资格	国家发展改革委、人力资源社会保障部、中国工程咨询协会	水平评价类	《工程咨询（投资）专业技术人员职业资格制度暂行规定》（人社部发〔2015〕64号）	
38	通信专业技术人员职业资格	工业和信息化部、人力资源社会保障部	水平评价类	《中华人民共和国电信条例》（国务院令第291号）《通信专业技术人员职业水平评价暂行规定》（国人部发〔2006〕10号）	
39	计算机技术与软件专业技术资格	工业和信息化部、人力资源社会保障部	水平评价类	《计算机技术与软件专业技术资格（水平）考试暂行规定》（国人部发〔2003〕39号）	
40	社会工作者职业资格	民政部、人力资源社会保障部	水平评价类	《国家中长期人才发展规划纲要（2010-2020年）》（中发〔2010〕6号）《关于加强社会工作专业人才队伍建设的意见》（中组发〔2011〕25号）《社会工作者职业水平评价暂行规定》（国人部发〔2006〕71号）	
41	会计专业技术资格	财政部、人力资源社会保障部	水平评价类	《中华人民共和国会计法》《会计专业职务试行条例》（职改字〔1986〕第55号）《会计专业技术资格考试暂行规定》（财会〔2000〕11号）	
42	资产评估师	财政部、人力资源社会保障部、中国资产评估协会	水平评价类	《中华人民共和国资产评估法》《资产评估师职业资格制度暂行规定》（人社部规〔2017〕7号）	
43	经济专业技术资格	人力资源社会保障部	水平评价类	《经济专业人员职务试行条例》（职改字〔1986〕第74号）《经济专业技术资格考试暂行规定》（人职发〔1993〕1号）	
44	土地登记代理专业人员职业资格	国土资源部、人力资源社会保障部、中国土地估价师与土地登记代理人协会	水平评价类	《不动产登记暂行条例》（国务院令第656号）《土地登记代理专业人员职业资格制度暂行规定》（人社部发〔2015〕66号）	
45	环境影响评价工程师	环境保护部、人力资源社会保障部	水平评价类	《建设项目环境保护管理条例》（国务院令第253号）《环境影响评价工程师职业资格制度暂行规定》（国人部发〔2004〕13号）	

续表

序号	职业资格名称	实施部门（单位）	资格类别	设定依据	备注
46	房地产经纪专业人员职业资格	住房城乡建设部、人力资源社会保障部、中国房地产估价师与房地产经纪人学会	水平评价类	《中华人民共和国城市房地产管理法》《房地产经纪专业人员职业资格制度暂行规定》（人社部发〔2015〕47号）	
47	机动车检测维修专业技术人员职业资格	交通运输部、人力资源社会保障部	水平评价类	《中华人民共和国道路运输条例》（国务院令第406号）《机动车检测维修专业技术人员职业水平评价暂行规定》（国人部发〔2006〕51号）	
48	公路水运工程试验检测专业技术人员职业资格	交通运输部、人力资源社会保障部	水平评价类	《建设工程质量管理条例》（国务院令第279号）《公路水运工程试验检测专业技术人员职业资格制度规定》（人社部发〔2015〕59号）	
49	水利工程质量检测员资格	水利部、中国水利工程协会	水平评价类	《建设工程质量管理条例》（国务院令第279号）《水利工程质量检测管理规定》（水利部令2008年第36号）	
50	卫生专业技术资格	国家卫生计生委、人力资源社会保障部	水平评价类	《卫生技术人员职务试行条例》（职改字〔1986〕第20号）《关于加强卫生专业技术职务评聘工作的通知》（人发〔2000〕114号）《临床医学专业技术资格考试暂行规定》（卫生发〔2000〕462号）《预防医学、全科医学、药学、护理、其他卫生技术等专业技术资格考试暂行规定》（卫人发〔2001〕164号）	
51	审计专业技术资格	审计署、人力资源社会保障部	水平评价类	《中华人民共和国审计法》《中华人民共和国审计法实施条例》（国务院令第571号）《审计专业技术初、中级资格考试规定》（审人发〔2003〕4号）《高级审计师评价办法（试行）》（人发〔2002〕58号）	
52	税务师	税务总局、人力资源社会保障部、中国注册税务师协会	水平评价类	《中华人民共和国税收征收管理法》《税务师职业资格制度暂行规定》（人社部发〔2015〕90号）	
53	认证人员职业资格	质检总局	水平评价类	《中华人民共和国认证认可条例》（国务院令第390号）	
54	出版专业技术人员职业资格	新闻出版广电总局、人力资源社会保障部	水平评价类	《国务院关于修改〈出版管理条例〉的决定》（国务院令第594号）《国务院关于修改〈音像制品管理条例〉的决定》（国务院令第595号）《出版专业人员职务试行条例》（职改字〔1986〕第41号）《出版专业技术人员职业资格考试暂行规定》（人发〔2001〕86号）	

续表

序号	职业资格名称	实施部门（单位）	资格类别	设定依据	备注
55	统计专业技术资格	国家统计局、人力资源社会保障部	水平评价类	《统计专业职务试行条例》（职改字〔1986〕第57号）《统计专业技术资格考试暂行规定》（国统字〔1995〕46号）《关于印发高级统计师资格评价办法（试行）的通知》（人社部发〔2011〕90号）	
56	银行业专业人员职业资格	银监会、人力资源社会保障部、中国银行业协会	水平评价类	《银行业专业人员职业资格制度暂行规定》（人社部发〔2013〕101号）	
57	证券期货业从业人员资格	证监会	水平评价类	《中华人民共和国证券法》《期货交易管理条例》（国务院令第489号）	
58	文物保护工程从业资格	国家文物局	水平评价类	《中华人民共和国文物保护法实施条例》（国务院令第377号）《文物保护工程管理办法》（文化部令2003年第26号）《文物保护工程勘察设计资质管理办法（试行）》《文物保护工程施工资质管理办法（试行）》《文物保护工程监理资质管理办法（试行）》（文物保发〔2014〕13号）	
59	翻译专业资格	中国外文局、人力资源社会保障部	水平评价类	《翻译专业职务试行条例》（职改字〔1986〕第54号）《翻译专业资格（水平）考试暂行规定》（人发〔2003〕21号）	

二、技能人员职业资格

（共计81项。其中准入类5项，水平评价类76项）

序号	职业资格名称	实施部门（单位）	资格类别	设定依据	备注
1	消防设施操作员	消防行业技能鉴定机构	准入类	《中华人民共和国消防法》	
2	焊工	人社部门技能鉴定机构	准入类	《中华人民共和国消防法》	
		环境保护部（民用核安全设备焊工、焊接操作工）	准入类	《民用核安全设备监督管理条例》（国务院令第500号）《国务院对确需保留的行政审批项目设定行政许可的决定》（国务院令第412号）《国务院关于修改部分行政法规的决定》（国务院令第666号）	
3	家畜繁殖员	农业行业技能鉴定机构	准入类	《中华人民共和国畜牧法》	

续表

序号	职业资格名称	实施部门（单位）	资格类别	设定依据	备注
4	健身和娱乐场所服务人员	游泳救生员	体育行业技能鉴定机构	准入类	《全民健身条例》(国务院令第560号公布，国务院令第638号、第666号修订)	除游泳、滑雪、潜水、攀岩等高危险性体育项目外的社会体育指导员，为水平评价类
		社会体育指导员（游泳、滑雪、潜水、攀岩）			《全民健身条例》(国务院令第560号公布，国务院令第638号、第666号修订)《第一批高危险性体育项目目录公告》(国家体育总局公告第16号)	
5	轨道交通运输服务人员	轨道列车司机	交通运输行业技能鉴定机构 国家铁路局（铁路机车车辆驾驶人员）	准入类	《铁路安全管理条例》(国务院令第639号)《关于印发客车检车员等10个国家职业标准的通知》(劳社厅发〔2005〕11号)《关于印发第十九批矿山救护工等22个国家职业标准的通知》(劳社厅发〔2008〕6号)	
6	机械设备修理人员	设备点检员	冶金行业技能鉴定机构	水平评价类	《关于印发船舶管系工等42个国家职业技能标准的通知》(人社厅发〔2009〕66号)	
		电工	安全生产监督管理部门相关机构、人社部门技能鉴定机构		《关于印发船舶管系工等42个国家职业技能标准的通知》(人社厅发〔2009〕66号)	
		锅炉设备检修工	电力行业技能鉴定机构		《关于印发第十五批模具设计师等65个国家职业标准的通知》(劳社厅发〔2006〕33号)	
		变电设备检修工			《关于印发防腐蚀工等22个国家职业标准的通知》(劳社厅发〔2001〕3号)	
		工程机械维修工	机械行业技能鉴定机构		《关于印发平版制版工等23个国家职业技能标准的通知》(人社厅发〔2010〕39号)	
7	通用工程机械操作人员	起重装卸机械操作工	交通运输行业技能鉴定机构、人社部门技能鉴定机构	水平评价类	《关于印发列车值班员等65个国家职业（工种）标准的通知》(劳社厅发〔2007〕14号)	
8	建筑安装施工人员	电梯安装维修工	人社部门技能鉴定机构会同有关行业协会	水平评价类	《关于印发防腐蚀工等22个国家职业标准的通知》(劳社厅发〔2001〕3号)	
		制冷空调系统安装维修工			《关于印发第八批林木种苗工等65个国家职业标准的通知》(劳社厅发〔2004〕1号)	

续表

序号	职业资格名称	实施部门（单位）		资格类别	设定依据	备注
9	土木工程建筑施工人员	筑路工	交通运输行业技能鉴定机构、住房城乡建设部门相关机构	水平评价类	《关于印发汽车运输调度员等8个国家职业标准的通知》（劳社厅发〔2007〕27号）	
		桥隧工			《关于印发客车检车员等10个国家职业标准的通知》（劳社厅发〔2005〕11号）	
		防水工	住房城乡建设部门相关机构、人社部门技能鉴定机构		《关于印发手工木工等8个国家职业技能标准的通知》（人社厅发〔2011〕129号）	
		电力电缆安装运维工	电力行业技能鉴定机构		《关于印发第十五批模具设计师等65个国家职业标准的通知》（劳社厅发〔2006〕33号）	
10	房屋建筑施工人员	砌筑工、混凝土工、钢筋工、架子工	住房城乡建设部门相关机构、人社部门技能鉴定机构	水平评价类	《关于印发手工木工等8个国家职业技能标准的通知》（人社厅发〔2011〕129号）	
11	水生产、输排和水处理人员	水生产处理工	化工、电力行业技能鉴定机构、住房城乡建设部门相关机构	水平评价类	《关于印发养老护理员等四个国家职业技能标准的通知》（人社厅发〔2011〕104号）	
		工业废水处理工	化工行业技能鉴定机构		《关于印发紧急救助员等6个国家职业技能标准的通知》（人社厅发〔2012〕54号）	
12	气体生产、处理和输送人员	工业气体生产工	化工行业技能鉴定机构	水平评价类	《关于印发第十批玩具设计师等68个国家职业标准的通知》（劳社厅发〔2005〕1号）	
		工业废气治理工	化工、电力行业技能鉴定机构		《关于印发紧急救助员等6个国家职业技能标准的通知》（人社厅发〔2012〕54号）	
		压缩机操作工	化工、煤炭行业技能鉴定机构		《关于印发第十批玩具设计师等68个国家职业标准的通知》（劳社厅发〔2005〕1号）	

续表

序号	职业资格名称	实施部门（单位）		资格类别	设定依据	备注
13	电力、热力生产和供应人员	锅炉运行值班员、发电集控值班员、变配电运行值班员、继电保护员	电力行业技能鉴定机构	水平评价类	《关于印发第十五批模具设计师等65个国家职业标准的通知》（劳社厅发〔2006〕33号）	
		燃气轮机值班员			《关于印发船舶管系工等42个国家职业技能标准的通知》（人社厅发〔2009〕66号）	
		锅炉操作工	人社部门技能鉴定机构会同有关行业协会		《关于印发组合机床操作工等28个国家职业标准的通知》（劳社厅发〔2000〕14号）	
14	仪器仪表装配人员	钟表及计时仪器制造工	轻工行业技能鉴定机构	水平评价类	《关于印发第十批玩具设计师等68个国家职业标准的通知》（劳社厅发〔2005〕1号）	
15	电子设备装配调试人员	广电和通信设备电子装接工、广电和通信设备调试工	电子通信行业技能鉴定机构	水平评价类	《关于印发液晶显示器件制造工等10个国家职业标准的通知》（劳社厅发〔2005〕2号）	
16	计算机制造人员	计算机及外部设备装配调试员	电子通信行业技能鉴定机构	水平评价类	《关于印发液晶显示器件制造工等10个国家职业标准的通知》（劳社厅发〔2005〕2号）	
17	电子器件制造人员	液晶显示器件制造工	电子通信行业技能鉴定机构	水平评价类	《关于印发通信设备检验员和液晶显示器件制造工国家职业技能标准的通知》（人社厅发〔2011〕35号）	
		半导体芯片制造工、半导体分立器件和集成电路装调工			《关于印发半导体芯片制造工等13个国家职业标准的通知》（劳社厅发〔2003〕2号）	
18	电子元件制造人员	电子产品制版工、印制电路制作工	电子通信行业技能鉴定机构	水平评价类	《关于印发半导体芯片制造工等13个国家职业标准的通知》（劳社厅发〔2003〕2号）	
19	电线电缆、光纤光缆及电工器材制造人员	电线电缆制造工	机械行业技能鉴定机构	水平评价类	《关于印发防腐蚀工等22个国家职业标准的通知》（劳社厅发〔2001〕3号）	

续表

序号	职业资格名称	实施部门（单位）	资格类别	设定依据	备注
20	输配电及控制设备制造人员	变压器互感器制造工	机械行业技能鉴定机构	水平评价类	《关于印发第九批国家职业标准的通知》（劳社厅发〔2004〕7号）	
		高低压电器及成套设备装配工			《关于印发第三批国家职业标准的通知》（劳社厅发〔2002〕1号）	
21	汽车整车制造人员	汽车装调工	机械行业技能鉴定机构	水平评价类	《关于印发第十批玩具设计师等68个国家职业标准的通知》（劳社厅发〔2005〕1号）	
22	医疗器械制品和康复辅具生产人员	矫形器装配工、假肢装配工	民政行业技能鉴定机构	水平评价类	《关于印发假肢装配师等8个国家职业标准的通知》（劳社厅发〔2006〕8号）	
23	金属加工机械制造人员	机床装调维修工	人社部门技能鉴定机构会同有关行业协会	水平评价类	《关于印发第十五批模具设计师等65个国家职业标准的通知》（劳社厅发〔2006〕33号）	
24	工装工具制造加工人员	模具工	人社部门技能鉴定机构会同有关行业协会	水平评价类	《关于印发锁具修理工等5个国家职业技能标准的通知》（人社厅发〔2012〕114号）	
25	机械热加工人员	铸造工、锻造工、金属热处理工	人社部门技能鉴定机构会同有关行业协会	水平评价类	《关于印发船舶管系工等42个国家职业技能标准的通知》（人社厅发〔2009〕66号）	
26	机械冷加工人员	车工、铣工	人社部门技能鉴定机构会同有关行业协会	水平评价类	《关于印发第十批玩具设计师等68个国家职业标准的通知》（劳社厅发〔2005〕1号》《关于印发船舶管系工等42个国家职业技能标准的通知》（人社厅发〔2009〕66号）	
		钳工、磨工、冲压工			《关于印发船舶管系工等42个国家职业技能标准的通知》（人社厅发〔2009〕66号）	
		电切削工	机械行业技能鉴定机构、人社部门技能鉴定机构		《关于印发第十二批房地产策划师等54个国家职业标准的通知》（劳社厅发〔2006〕1号）	

续表

序号	职业资格名称	实施部门（单位）	资格类别	设定依据	备注
27	硬质合金生产人员	硬质合金成型工、硬质合金烧结工、硬质合金精加工工	有色金属行业技能鉴定机构	水平评价类	《关于印发第八批林木种苗工等65个国家职业标准的通知》（劳社厅发〔2004〕1号）	
28	金属轧制人员	轧制原料工、金属轧制工、金属材热处理工、金属材精整工	冶金、有色金属行业技能鉴定机构	水平评价类	《关于印发高炉原料工等27个工种国家职业标准的通知》（人社厅发〔2008〕71号）	
		金属挤压工、铸轧工	有色金属行业技能鉴定机构		《关于印发第十五批模具设计师等65个国家职业标准的通知》（劳社厅发〔2006〕33号）	
29	轻有色金属冶炼人员	氧化铝制取工、铝电解工	有色金属行业技能鉴定机构	水平评价类	《关于印发第八批林木种苗工等65个国家职业标准的通知》（劳社厅发〔2004〕1号）	
30	重有色金属冶炼人员	重冶火法冶炼工、电解精炼工	有色金属行业技能鉴定机构	水平评价类	《关于印发第八批林木种苗工等65个国家职业标准的通知》（劳社厅发〔2004〕1号）	
		重冶湿法冶炼工			《关于印发第九批国家职业标准的通知》（劳社厅发〔2004〕7号）	
31	炼钢人员	炼钢原料工、炼钢工	冶金行业技能鉴定机构	水平评价类	《关于印发高炉原料工等27个工种国家职业标准的通知》（人社厅发〔2008〕71号）	
32	炼铁人员	高炉原料工、高炉炼铁工、高炉运转工	冶金行业技能鉴定机构	水平评价类	《关于印发高炉原料工等27个工种国家职业标准的通知》（人社厅发〔2008〕71号）	
33	矿物采选人员	井下支护工	有色金属、煤炭、冶金行业技能鉴定机构	水平评价类	《关于印发第十六批汽车加气站操作工等10个国家职业标准的通知》（劳社厅发〔2007〕3号）	
		矿山救护工			《关于印发第十九批矿山救护工等22个国家职业标准的通知》（劳社厅发〔2008〕6号）	
34	陶瓷制品制造人员	陶瓷原料准备工、陶瓷烧成工、陶瓷装饰工	轻工、建材行业技能鉴定机构	水平评价类	《关于印发第八批林木种苗工等65个国家职业标准的通知》（劳社厅发〔2004〕1号）	

续表

序号	职业资格名称	实施部门（单位）		资格类别	设定依据	备注
35	玻璃纤维及玻璃纤维增强塑料制品制造人员	玻璃纤维及制品工	建材行业技能鉴定机构	水平评价类	《关于印发防腐蚀工等17个国家职业技能标准的通知》（人社厅发〔2009〕90号）	
		玻璃钢制品工			《关于印发第十批玩具设计师等68个国家职业标准的通知》（劳社厅发〔2005〕1号）	
36	水泥、石灰、石膏及其制品制造人员	水泥生产工、石膏制品生产工	建材行业技能鉴定机构	水平评价类	《关于印发第八批林木种苗工等65个国家职业标准的通知》（劳社厅发〔2004〕1号）	
		水泥混凝土制品工			《关于印发第十批玩具设计师等68个国家职业标准的通知》（劳社厅发〔2005〕1号）	
37	药物制剂人员	药物制剂工	中医药行业技能鉴定机构	水平评价类	《关于印发中药调剂员等5个国家职业技能标准的通知》（人社厅发〔2009〕94号）	
38	中药饮片加工人员	中药炮制工	中医药行业技能鉴定机构	水平评价类	《关于印发中药炮制与配制工国家职业技能标准的通知》（人社厅发〔2011〕94号）	
39	涂料、油墨、颜料及类似产品制造人员	涂料生产工、染料生产工	化工行业技能鉴定机构	水平评价类	《关于印发第十二批房地产策划师等54个国家职业标准的通知》（劳社厅发〔2006〕1号）	
40	农药生产人员	农药生产工	化工行业技能鉴定机构	水平评价类	《关于印发第十五批模具设计师等65个国家职业标准的通知》（劳社厅发〔2006〕33号）	
41	化学肥料生产人员	合成氨生产工、尿素生产工	化工行业技能鉴定机构	水平评价类	《关于印发第六批国家职业标准的通知》（劳社厅发〔2003〕14号）	
42	基础化学原料制造人员	硫酸生产工、硝酸生产工、纯碱生产工	化工行业技能鉴定机构	水平评价类	《关于印发第十批玩具设计师等68个国家职业标准的通知》（劳社厅发〔2005〕1号）	
		烧碱生产工、无机化学反应生产工			《关于印发第十二批房地产策划师等54个国家职业标准的通知》（劳社厅发〔2006〕1号）	
		有机合成工			《关于印发第十五批模具设计师等65个国家职业标准的通知》（劳社厅发〔2006〕33号）	

续表

序号	职业资格名称	实施部门（单位）		资格类别	设 定 依 据	备注
43	化工产品生产通用工艺人员	化工总控工	化工行业技能鉴定机构	水平评价类	《关于印发第十批玩具设计师等68个国家职业标准的通知》（劳社厅发〔2005〕1号）	
		防腐蚀工			《关于印发防腐蚀工等17个国家职业技能标准的通知》（人社厅发〔2009〕90号）	
		制冷工	人社部门技能鉴定机构会同有关行业协会		《关于印发船舶管系工等42个国家职业技能标准的通知》（人社厅发〔2009〕66号）	
44	炼焦人员	炼焦煤制备工	煤炭、冶金行业技能鉴定机构	水平评价类	《关于印发高炉原料工等27个工种国家职业标准的通知》（人社厅发〔2008〕71号）	
					《关于印发防腐蚀工等17个国家职业技能标准的通知》（人社厅发〔2009〕90号）	
		炼焦工			《关于印发高炉原料工等27个工种国家职业标准的通知》（人社厅发〔2008〕71号）	
45	工艺美术品制作人员	景泰蓝制作工	轻工行业技能鉴定机构	水平评价类	《关于印发第八批林木种苗工等65个国家职业标准的通知》（劳社厅发〔2004〕1号）	
46	木制品制造人员	手工木工	住房城乡建设部门相关机构、人社部门技能鉴定机构	水平评价类	《关于印发手工木工等8个国家职业技能标准的通知》（人社厅发〔2011〕129号）	
47	纺织品和服装剪裁缝纫人员	服装制版师	纺织行业技能鉴定机构	水平评价类	《关于印发第五批国家职业标准的通知》（劳社厅发〔2003〕1号）	
48	印染人员	印染前处理工、印花工、印染后整理工、印染染化料配制工	纺织行业技能鉴定机构	水平评价类	《关于印发第十二批房地产策划师等54个国家职业标准的通知》（劳社厅发〔2006〕1号）	
		纺织染色工			《关于印发第十批玩具设计师等68个国家职业标准的通知》（劳社厅发〔2005〕1号）	
49	织造人员	整经工、织布工	纺织行业技能鉴定机构	水平评价类	《关于印发第十批玩具设计师等68个国家职业标准的通知》（劳社厅发〔2005〕1号）	

续表

序号	职业资格名称	实施部门（单位）		资格类别	设定依据	备注
50	纺纱人员	纺纱工	纺织行业技能鉴定机构	水平评价类	《关于印发第十批玩具设计师等68个国家职业标准的通知》（劳社厅发〔2005〕1号）	
		缫丝工			《关于印发第十二批房地产策划师等54个国家职业标准的通知》（劳社厅发〔2006〕1号）	
51	纤维预处理人员	纺织纤维梳理工、并条工	纺织行业技能鉴定机构	水平评价类	《关于印发第十批玩具设计师等68个国家职业标准的通知》（劳社厅发〔2005〕1号）	
52	酒、饮料及精制茶制造人员	酿酒师、品酒师	轻工行业技能鉴定机构	水平评价类	《关于印发第十八批平版印刷工等20个国家职业标准的通知》（劳社厅发〔2008〕5号）	
		酒精酿造工、白酒酿造工、啤酒酿造工、黄酒酿造工、果露酒酿造工			《关于印发第五批国家职业标准的通知》（劳社厅发〔2003〕1号）	
		评茶员	供销行业技能鉴定机构、人社部门技能鉴定机构		《关于印发防腐蚀工等22个国家职业标准的通知》（劳社厅发〔2001〕3号）	
53	乳制品加工人员	乳品评鉴师	轻工行业技能鉴定机构	水平评价类	《关于印发防腐蚀工等17个国家职业技能标准的通知》（人社厅发〔2009〕90号）	
54	粮油加工人员	制米工、制粉工、制油工	粮食行业技能鉴定机构	水平评价类	《关于印发粮油竞价交易员等7个国家职业标准的通知》（劳社厅发〔2005〕10号）	
55	动植物疫病防治人员	农作物植保员	农业行业技能鉴定机构	水平评价类	《关于印发农作物种子繁育员等17个国家职业标准的通知》（劳社厅发〔2003〕3号）	
		动物疫病防治员、动物检疫检验员			《关于印发果树园艺工等4个国家职业技能标准的通知》（人社厅发〔2009〕99号）	
		水生物病害防治员			《关于印发农业实验工等7个国家职业技能标准的通知》（人社厅发〔2010〕89号）	
		林业有害生物防治员	林业行业技能鉴定机构		《关于印发森林抚育工等11个国家职业技能标准的通知》（人社厅发〔2015〕12号）	

续表

序号	职业资格名称	实施部门（单位）		资格类别	设 定 依 据	备注
56	农业生产服务人员	农机修理工	农业行业技能鉴定机构	水平评价类	《关于印发农情测报员等4个国家职业技能标准的通知》（人社厅发〔2011〕88号）	
		沼气工			《关于印发农业实验工等7个国家职业技能标准的通知》（人社厅发〔2010〕89号）	
		农业技术员			《关于印发农业技术指导员等5个国家职业标准的通知》（劳社厅发〔2007〕4号）	
57	康复矫正服务人员	助听器验配师	卫生计生行业技能鉴定机构	水平评价类	《关于印发第十七批铝制品制作工等26个国家职业标准的通知》（劳社厅发〔2008〕1号）	
		口腔修复体制作工			《关于印发反射疗法师等3个国家职业标准的通知》（劳社厅发〔2007〕11号）	
		眼镜验光员、眼镜定配工	人社部门技能鉴定机构会同有关行业协会		《关于印发第十五批模具设计师等65个国家职业标准的通知》（劳社厅发〔2006〕33号）	
58	健康咨询服务人员	健康管理师	卫生计生行业技能鉴定机构	水平评价类	《关于印发反射疗法师等3个国家职业标准的通知》（劳社厅发〔2007〕11号）	
		生殖健康咨询师			《关于印发第十七批铝制品制作工等26个国家职业标准的通知》（劳社厅发〔2008〕1号）	
59	计算机和办公设备维修人员	信息通信网络终端维修员	电子通信行业技能鉴定机构	水平评价类	《关于印发线务员等4个国家职业技能标准的通知》（人社厅发〔2009〕78号）	
60	汽车摩托车修理技术服务人员	汽车维修工	交通运输行业技能鉴定机构、人社部门技能鉴定机构	水平评价类	《关于印发中式烹调师等4个国家职业技能标准的通知》（人社厅发〔2014〕62号）	
61	保健服务人员	保健调理师	中医药行业技能鉴定机构	水平评价类	《关于印发第七批速录师等14个国家职业标准的通知》（劳社厅发〔2003〕19号）	
					《关于印发中药调剂员等5个国家职业技能标准的通知》（人社厅发〔2009〕94号）	
62	美容美发服务人员	美容师	人社部门技能鉴定机构会同有关行业协会	水平评价类	《关于印发第九批国家职业标准的通知》（劳社厅发〔2004〕7号）	
		美发师			《关于印发船舶管系工等42个国家职业技能标准的通知》（人社厅发〔2009〕66号）	

续表

序号	职业资格名称	实施部门（单位）		资格类别	设定依据	备注
63	生活照料服务人员	孤残儿童护理员	民政行业技能鉴定机构	水平评价类	《关于印发孤残儿童护理员和灾害信息员国家职业标准的通知》（劳社厅发〔2007〕26号）	
		育婴员	人社部门技能鉴定机构会同有关行业协会		《关于印发平版制版工等23个国家职业技能标准的通知》（人社厅发〔2010〕39号）	
		保育员			《关于印发船舶管系工等42个国家职业技能标准的通知》（人社厅发〔2009〕66号）	
64	有害生物防制人员	有害生物防制员	卫生计生行业技能鉴定机构、人社部门技能鉴定机构	水平评价类	《关于印发第十批玩具设计师等68个国家职业标准的通知》（劳社厅发〔2005〕1号）	
65	环境治理服务人员	工业固体废物处理处置工	化工行业技能鉴定机构	水平评价类	《关于印发紧急救助员等6个国家职业技能标准的通知》（人社厅发〔2012〕54号）	
66	水文服务人员	水文勘测工	水利行业技能鉴定机构	水平评价类	《关于印发河道修防工等6个职业（工种）国家职业技能标准的通知》（人社厅发〔2009〕69号）	
67	水利设施管养人员	河道修防工、水工闸门运行工	水利行业技能鉴定机构	水平评价类	《关于印发河道修防工等6个职业（工种）国家职业技能标准的通知》（人社厅发〔2009〕69号）	
		水工监测工			《关于印发水工监测工等3个国家职业技能标准的通知》（人社厅发〔2010〕108号）	
68	地质勘查人员	地勘钻探工	国土资源行业技能鉴定机构	水平评价类	《关于印发地质测量工等6个国家职业标准的通知》（劳社厅发〔2008〕7号）	
		地质调查员			《关于印发海洋环境监测工等6个国家职业标准的通知》（劳社厅发〔2008〕4号）《关于印发地质测量工等6个国家职业标准的通知》（劳社厅发〔2008〕7号）	
		地勘掘进工、地质实验员、物探工			《关于印发掘进工等7个国家职业技能标准的通知》（人社厅发〔2010〕61号）	

续表

序号	职业资格名称	实施部门（单位）		资格类别	设定依据	备注
69	检验、检测和计量服务人员	农产品食品检验员	农业、粮食行业技能鉴定机构	水平评价类	《关于印发第三批国家职业标准的通知》（劳社厅发〔2002〕1号） 《关于印发农作物种子繁育员等17个国家职业标准的通知》（劳社厅发〔2003〕3号） 《关于印发粮油竞价交易员等7个国家职业标准的通知》（劳社厅发〔2005〕10号） 《关于印发啤酒花生产工等9个国家职业技能标准的通知》（人社厅发〔2015〕5号）	
		纤维检验员	供销行业技能鉴定机构		《关于印发第三批国家职业标准的通知》（劳社厅发〔2002〕1号）	
		贵金属首饰与宝玉石检测员	轻工、珠宝首饰行业技能鉴定机构		《关于印发第三批国家职业标准的通知》（劳社厅发〔2002〕1号）	
		机动车检测工	机械、交通运输行业技能鉴定机构		《关于印发第十批玩具设计师等68个国家职业标准的通知》（劳社厅发〔2005〕1号） 《关于印发汽车客运服务员等5个职业技能标准的通知》（人社厅发〔2009〕76号）	
70	测绘服务人员	大地测量员、摄影测量员、地图绘制员	测绘地理信息行业技能鉴定机构	水平评价类	《关于印发大地测量员等5个国家职业标准的通知》（劳社厅发〔2006〕23号）	
		不动产测绘员			《关于印发第五批国家职业标准的通知》（劳社厅发〔2003〕1号） 《关于印发大地测量员等5个国家职业标准的通知》（劳社厅发〔2006〕23号）	
		工程测量员	测绘地理信息、国土资源、交通运输行业技能鉴定机构		《关于印发大地测量员等5个国家职业标准的通知》（劳社厅发〔2006〕23号）	
71	安全保护服务人员	保安员	公安部门相关机构、人社部门技能鉴定机构	水平评价类	《关于印发保安员国家职业技能标准的通知》（人社厅发〔2014〕88号）	
		安检员	民航行业技能鉴定机构、人社部门技能鉴定机构		《关于印发民航安全检查员国家职业标准的通知》（劳社厅发〔2005〕6号）	

续表

序号	职业资格名称	实施部门（单位）		资格类别	设定依据	备注
71	安全保护服务人员	智能楼宇管理员	住房城乡建设部门相关机构、人社部门技能鉴定机构	水平评价类	《关于印发第十二批房地产策划师等54个国家职业标准的通知》（劳社厅发〔2006〕1号）	
		安全评价师	人社部门技能鉴定机构会同有关行业协会		《关于印发第十八批平版印刷工等20个国家职业标准的通知》（劳社厅发〔2008〕5号）	
72	人力资源服务人员	劳动关系协调员	人社部门技能鉴定机构会同有关行业协会	水平评价类	《关于印发第十八批平版印刷工等20个国家职业标准的通知》（劳社厅发〔2008〕5号）	
		企业人力资源管理师			《关于印发第十六批汽车加气站操作工等10个国家职业标准的通知》（劳社厅发〔2007〕3号）	
73	物业管理服务人员	中央空调系统运行操作员	住房城乡建设部门相关机构、人社部门技能鉴定机构	水平评价类	《关于印发第五批国家职业标准的通知》（劳社厅发〔2003〕1号）	
74	信息通信网络运行管理人员	信息通信网络运行管理员	电子通信行业技能鉴定机构	水平评价类	《关于印发第十八批平版印刷工等20个国家职业标准的通知》（劳社厅发〔2008〕5号）《关于印发电信业务营业员等四个国家职业技能标准的通知》（人社厅发〔2011〕114号）	
75	广播电视传输服务人员	广播电视天线工	广电行业技能鉴定机构	水平评价类	《关于印发广播电视天线工和电影放映员国家职业技能标准的通知》（人社厅发〔2011〕15号）	
		有线广播电视机线员			《关于印发有线广播电视机线员国家职业标准的通知》（劳社厅发〔2006〕3号）	
76	信息通信网络维护人员	信息通信网络机务员	电子通信行业技能鉴定机构	水平评价类	《关于印发电信业务营业员等四个国家职业技能标准的通知》（人社厅发〔2011〕114号）	
		信息通信网络线务员			《关于印发线务员等4个国家职业技能标准的通知》（人社厅发〔2009〕78号）	

续表

序号	职业资格名称	实施部门（单位）		资格类别	设定依据	备注
77	餐饮服务人员	中式烹调师	人社部门技能鉴定机构会同有关行业协会	水平评价类	《关于印发中式烹调师等4个国家职业技能标准的通知》（人社厅发〔2014〕62号）	
		中式面点师、西式烹调师、西式面点师			《关于印发平版制版工等23个国家职业技能标准的通知》（人社厅发〔2010〕39号）	
		茶艺师			《关于印发第四批国家职业标准的通知》（劳社厅发〔2002〕10号）	
78	仓储人员	（粮油）仓储管理员	粮食行业技能鉴定机构	水平评价类	《关于印发粮油竞价交易员等7个国家职业标准的通知》（劳社厅发〔2005〕10号）	
79	航空运输服务人员	民航乘务员	民航行业技能鉴定机构	水平评价类	《关于印发民航乘务员等2个国家职业标准的通知》（劳社厅发〔2006〕27号）	
		机场运行指挥员			《关于印发第十九批矿山救护工等22个国家职业标准的通知》（劳社厅发〔2008〕6号）	
80	道路运输服务人员	机动车驾驶教练员	交通运输行业技能鉴定机构	水平评价类	《关于印发机动车驾驶教练员国家职业技能标准的通知》（人社厅发〔2011〕26号）	
81	消防和应急救援人员	消防员	消防行业技能鉴定机构	水平评价类	《关于印发灭火救援员国家职业技能标准的通知》（人社厅发〔2011〕18号）	
		森林消防员	林业行业技能鉴定机构		《关于印发第十二批房地产策划师等54个国家职业标准的通知》（劳社厅发〔2006〕1号）	
		应急救援员	紧急救援行业技能鉴定机构		《关于印发紧急救助员等6个国家职业技能标准的通知》（人社厅发〔2012〕54号）	

附录二

劳动合同书
（示范文本）

编号_____

甲方（用人单位）名称：_____

住所：_____

法定代表人（委托代理人）：_____

联系电话：_____

乙方（劳动者）姓名：_____

性别：_____

住址：_____

居民身份证号码：_____

联系电话：_____

××省劳动和社会保障厅印制

劳动合同书

　　根据《中华人民共和国劳动法》《中华人民共和国劳动合同法》等法律、法规规定，双方遵循合法、公平、平等自愿、协商一致、诚实信用的原则，订立本合同，共同履行本合同列条款。

一、劳动合同期限

　　第一条　本合同期限类型为　　　固定　　　期限合同。本合同有效日期，自　　　年　　月　　　日起，　　　年　　月　　　日终止，其中，试用　　　日。

二、工作内容和工作地点

　　第二条　乙方同意根据甲方工作需要，安排乙方从事　　　　　　工作。双方可以签订岗位协议书，约定岗位具体职责和要求。

　　第三条　乙方应当按照甲方安排的工作内容及要求，认真履行岗位职责，按时完成工作任务，遵守甲方依法制定的规章制度。

三、工作时间和休息休假

　　第四条　甲方安排乙方实行标准工时工作制。甲方安排乙方每日工作时间不超过八小时，平均每周工作时间不超过四十八小时。

　　甲方应当严格执行劳动定额标准，不得强迫或者变相强迫乙方加班。确因生产经营需要，在保障乙方身体健康的条件下，延长工作时间每日不超过三小时。

　　第五条　甲方依法保障乙方的休息权利。乙方依法享受法定节假日以及探亲、婚丧、计划生育等休假权利。

四、劳动报酬

　　第六条　甲方结合本单位的生产经营特点和经济效益，依法确定本单位的工资分配制度。乙方的工资水平，按照本单位的工资分配制度，结合乙方的劳动技能、劳动强度、劳动条件、劳动贡献等确定，实行同工同酬。

　　第七条　甲方支付乙方工资形式为计时工资：乙方的工资标准为　　　　元/月，绩效工资（奖金）根据乙方实际劳动贡献确定。

　　第八条　乙方在试用期内工资标准为　　　　元/月，不得低于本单位相同岗位最低档工资或者本合同约定工资的百分之八十，并不得低于甲方用工所在地的最低工资标准。

　　第九条　甲方于每月　　　　日前以货币或打卡形式按月足额支付给乙方工资。

　　甲方应当书面记录支付乙方工资的时间、金额、工作天数、签字等情况，并向乙方提供工资清单。

第十条　甲方安排乙方在休息日加班工作的，应当依法安排乙方同等时间补休或者支付加班工资；安排乙方在日法定标准工作时间以外延长工作时间以及在法定节假日工作的，应当按照国家相关规定向乙方支付加班工资。

乙方在法定节假日和婚丧期间以及依法参加社会活动期间，甲方应当依法支付工资。

五、社会保险和福利待遇

第十一条　甲乙双方应当按照国家及省以及地方社会保险的法律、法规和政策规定参加社会保险，依法缴纳各项社会保险费。其中，乙方负担的部分由甲方负责代扣代缴。

第十二条　乙方在本合同期限内，休息休假、患职业病或者因工负伤、患病或者因工负伤、生育、死亡等待遇，以及医疗期、孕期、产期、哺乳期的期限及待遇，按相关法律、法规的规定执行。

六、劳动保护、劳动条件和职业危害防护

第十三条　甲方应当按照国家和省有关规定建立、健全劳动安全卫生、职业危害防护制度、严格执行国家各项规程和标准，并对乙方进行必要的培训，为乙方提供符合国家规定的劳动安全卫生条件和必要的劳动防护用品。乙方在劳动过程中应当遵守备项制度规范和操作规程。

第十四条　甲方安排乙方从事有可能产生职业病危害的工作，应当向乙方履行告知义务，并对乙方进行劳动安全卫生和职业病防护教育，预防劳动过程中的事故发生，减少职业危害。

甲方安排乙方从事有职业危害作业的，定期为乙方进行健康检查。

第十五条　乙方为女职工或者未成年工的，甲方应当按照国家和省有关规定对其实行特殊劳动保护。

第十六条　甲方违章指挥、强令冒险作业，危及乙方人身安全的，乙方有权拒绝。乙方对危害生命安全和身体健康的劳动条件，有权对用人单位提出批评、检举和控告。

七、劳动合同的履行和变更

第十七条　甲乙双方按照本合同的约定，依法、全面履行各自的义务。

第十八条　甲方变更名称、法定代表人、主要负责人或者投资人等事项，不影响本合同的履行。

第十九条　甲方发生合并或者分立等情况下，本合同继续有效，由承继甲方权利和义务的用单位继续履行。

第二十条　经甲乙双方协商-致，可以变更本合同约定的内容，并以书面形式确定。

八、劳动合同的解除、终止

第二十一条 甲乙双方解除或者终止本合同，应当按照《中华人民共和国劳动合同法》第三十六条、第三十七条、第三十八条、第三十九条、第四十条、第四十一条、第四十二条、第四十三条、第四十四条的规定执行。

第二十二条 甲乙双方解除或者终止本合同，符合《中华人民共和国劳动合同法》第四十六条规定情形的，甲方应当依法向乙方支付经济补偿。

第二十三条 甲方违法解除或者终止本合同，乙方要求继续履行本合同的，甲方应当继续履行；乙方不要求继续履行本合同或则本合同已经不能继续履行的，甲方应当依法按照经济补偿金标准的二倍向乙方支付赔偿金。乙方违法解除本合同，给甲方造成损失的，应当承担赔偿责任。

第二十四条 解除或者终止本合同时，甲方应当依据法律规定，出具解除或者终止劳动合同证明，并在十五日内为乙方办理档案和社会保险关系转移手续。

乙方应当按照双方约定，办理工作交接，甲方应当依法向乙方支付经济补偿的，在办理工作交接时支付。

九、其他事项

第二十五条 甲方为乙方提供专项培训费用，对其进行专业技术培训的，可以与乙方订立协议，约定服务期。

乙方违反服务期约定的，应当按照约定向甲方交付违约金，违约金的数额不得超过甲方提供的培训费用，甲方要求乙方支付的违约金不得超过服务期尚未履行部分所应分摊的培训费用。

第二十六条 乙方负有保密义务的，双方可以订立协议，约定竞业限制条款。

乙方违反竞业限制约定的，应当按照约定向甲方支付违约金，给甲方造成损失的，应当承担赔偿责任，

第二十七条 双方约定其他事项：

第二十八条 双方因履行本合同发生争议，当事人可以协商解决，协商未解决的，可以依法申请仲裁、提起诉讼。

第二十九条 本合同未尽事宜，按照国家和省的法律、法规、规章规定执行。

第三十条 本合同自双方当事人签字或者盖章之日起生效。

本合同一式二份，双方各执一份。

合同签订日期： 年 月 日
甲方（签章） 乙方（签章）
法定代表人
或委托代理人（签章）

附录三
《人才市场管理规定》

（2001年9月11日人事部、国家工商行政管理总局令第1号公布 根据2005年3月22日《人事部、国家工商行政管理总局关于修改〈人才市场管理规定〉的决定》第一次修订 根据2015年4月30日《人力资源社会保障部关于修改部分规章的决定》第二次修订）

第一章 总则

第一条 为了建立和完善机制，健全、运行规范、服务周到、指导监督有力的人才市场体系，优化人才资源配置，规范人才市场活动，维护人才、用人单位和人才中介服务机构的合法权益，根据有关法律、法规，制定本规定。

第二条 本规定所称的人才市场管理，是指对人才中介服务机构从事人才中介服务、用人单位招聘和个人应聘以及与之相关活动的管理。

人才市场服务的对象是指各类用人单位和具有中专以上学历或取得专业技术资格的人员，以及其他从事专业技术或管理工作的人员。

第三条 人才市场活动应当遵守国家的法律、法规及政策规定，坚持公开、平等、竞争、择优的原则，实行单位自主用人，个人自主择业。

第四条 县级以上政府人事行政部门是人才市场的综合管理部门，县级以上工商行政管理部门在职责范围内依法监督管理人才市场。

第二章 人才中介服务机构

第五条 本规定所称人才中介服务机构是指为用人单位和人才提供中介服务及其他相关服务的专营或兼营的组织。

人才中介服务机构的设置应当符合经济和社会发展的需要，根据人才市场发展的要求，统筹规划，合理布局。

第六条 设立人才中介服务机构应具备下列条件：

（一）有与开展人才中介业务相适应的场所、设施；

（二）有5名以上大专以上学历、取得人才中介服务资格证书的专职工作人员；

（三）有健全可行的工作章程和制度；

（四）有独立承担民事责任的能力；

（五）具备相关法律、法规规定的其他条件。

第七条　设立人才中介服务机构，可以通过信函、电报、电传、传真、电子数据交换和电子邮件等方式向政府人事行政部门提出申请，并按本规定第六条的要求提交有关证明材料。其中设立固定人才交流场所的，须做专门的说明。

未经政府人事行政部门批准，不得设立人才中介服务机构。

第八条　设立人才中介服务机构应当依据管理权限由县级以上政府人事行政部门（以下简称审批机关）审批。

国务院各部委、直属机构及其直属在京事业单位和在京中央直管企业、全国性社团申请设立人才中介服务机构，由人事部审批。中央在地方所属单位申请设立人才中介服务机构，由所在地的省级政府人事行政部门审批。

人才中介服务机构设立分支机构的，应当在征得原审批机关的书面同意后，由分支机构所在地政府人事行政部门审批。

政府人事行政部门应当建立完善人才中介服务机构许可制度，并在行政机关网站公布审批程序、期限和需要提交的全部材料的目录，以及批准设立的人才中介服务机构的名录等信息。

第九条　审批机关应当在接到设立人才中介服务机构申请报告之日起二十日内审核完毕，二十日内不能作出决定的，经本行政机关负责人批准，可以延长十日，并应当将延长期限的理由告知申请人。

批准同意的，发给《人才中介服务许可证》（以下简称许可证），并应当在作出决定之日起十日内向申请人颁发、送达许可证，不同意的应当书面通知申请人，并说明理由。

第十条　互联网信息服务提供者专营或兼营人才信息网络中介服务的，必须申领许可证。

第十一条　开展人才中介或者相关业务的外国公司、企业和其他经济组织在中国境内从事人才中介服务活动的，必须与中国的人才中介服务机构合资经营。设立中外合资人才中介机构应当符合国家中外合资企业法律法规的规定，由拟设机构所在地省级政府人事行政部门审批，颁发许可证，并报人事部备案，同时按有关规定办理其他手续。

香港特别行政区、澳门特别行政区、台湾地区的投资者在内地设立合资人才中介机构，参照前款执行。法律法规另有规定的，依照其规定执行。

第十二条　人才中介服务机构可以从事下列业务：

（一）人才供求信息的收集、整理、储存、发布和咨询服务；

（二）人才信息网络服务；

（三）人才推荐；

（四）人才招聘；

（五）人才培训；

（六）人才测评；

（七）法规、规章规定的其他有关业务。

审批机关可以根据人才中介服务机构所在地区或行业的经济、社会发展需要以及人才中介服务机构自身的设备条件、人员和管理情况等，批准其开展一项或多项业务。

第十三条　人才中介服务机构应当依法开展经营业务活动，不得超越许可证核准的业务范围经营；不得采取不正当竞争手段从事中介活动；不得提供虚假信息或作虚假承诺。

第十四条　人才中介服务机构应当公开服务内容和工作程序，公布收费项目和标准。收费项目和标准，应当符合国家和省、自治区、直辖市的有关规定。

第十五条　审批机关负责对其批准成立的人才中介服务机构依法进行检查或抽查，并可以查阅或者要求其报送有关材料。人才中介服务机构应接受检查，并如实提供有关情况和材料。审批机关应公布检查结果。

第十六条　人才中介服务机构有改变名称、住所、经营范围、法定代表人以及停业、终止等情形的，应当按原审批程序办理变更或者注销登记手续。

第十七条　人才中介服务机构可以建立行业组织，协调行业内部活动，促进公平竞争，提高服务质量，规范职业道德，维护行业成员的合法权益。

第三章　人事代理

第十八条　人才中介服务机构可在规定业务范围内接受用人单位和个人委托，从事各类人事代理服务。

第十九条　开展以下人事代理业务必须经过政府人事行政部门的授权。

（一）流动人员人事档案管理；

（二）因私出国政审；

（三）在规定的范围内申报或组织评审专业技术职务任职资格；

（四）转正定级和工龄核定；

（五）大中专毕业生接收手续；

（六）其他需经授权的人事代理事项。

第二十条　人事代理方式可由单位集体委托代理，也可由个人委托代理；可多项委托代理，也可单项委托代理；可单位全员委托代理，也可部分人员委托代理。

第二十一条　单位办理委托人事代理，须向代理机构提交有效证件以及委托书，确定委托代理项目。经代理机构审定后，由代理机构与委托单位签订人事代理合同书，明确双方的权利和义务，确立人事代理关系。

个人委托办理人事代理，根据委托者的不同情况，须向代理机构提交有关证件复印件以及与代理有关的证明材料。经代理机构审定后，由代理机构与个人签订人事代理合同书，确立人事代理关系。

第四章　招聘与应聘

第二十二条　人才中介服务机构举办人才交流会的，应当制定相应的组织实施办法、应急预案和安全保卫工作方案，并对参加人才交流会的招聘单位的主体资格真实性和招用人员简章真实性进行核实，对招聘中的各项活动进行管理。

第二十三条　用人单位可以通过委托人才中介服务机构、参加人才交流会、在公共媒体和互联网发布信息以及其他合法方式招聘人才。

第二十四条　用人单位公开招聘人才，应当出具有关部门批准其设立的文件或营业执照（副本），并如实公布拟聘用人员的数量、岗位和条件。

用人单位在招聘人才时，不得以民族、宗教信仰为由拒绝聘用或者提高聘用标准；除国家规定的不适合妇女工作的岗位外，不得以性别为由拒绝招聘妇女或提高对妇女的招聘条件。

第二十五条　用人单位招聘人才，不得以任何名义向应聘者收取费用，不得有欺诈行为或采取其他方式谋取非法利益。

第二十六条　人才中介服务机构通过各种形式、在各种媒体（含互联网）为用人单位发布人才招聘广告，不得超出许可业务范围。广告发布者不得为超出许可业务范围或无许可证的中介服务机构发布人才招聘广告。

第二十七条　用人单位不得招聘下列人员：

（一）正在承担国家、省重点工程、科研项目的技术和管理的主要人员，未经单位或主管部门同意的；

（二）由国家统一派出而又未满轮换年限的赴新疆、西藏工作的人员；

（三）正在从事涉及国家安全或重要机密工作的人员；

（四）有违法违纪嫌疑正在依法接受审查尚未结案的人员；

（五）法律、法规规定暂时不能流动的其他特殊岗位的人员。

第二十八条　人才应聘可以通过人才中介服务机构、人才信息网络、人才交流会或直接与用人单位联系等形式进行。应聘时出具的证件以及履历等相关材料，必须真实、有效。

第二十九条　应聘人才离开原单位，应当按照国家的有关政策规定，遵守与原单位签订的合同或协议，不得擅自离职。

通过辞职或调动方式离开原单位的，应当按照国家的有关辞职、调动的规定办理手续。

第三十条　对于符合国家人才流动政策规定的应聘人才，所在单位应当及时办理有关手续，按照国家有关规定为应聘人才提供证明文件以及相关材料，不得在国家规定之外另行设置限制条件。

应聘人才凡经单位出资培训的，如个人与单位订有合同，培训费问题按合同规定办理；没有合同的，单位可以适当收取培训费，收取标准按培训后回单位服务的年限，按每年递减20％的比例计算。

第三十一条　应聘人才在应聘时和离开原单位后，不得带走原单位的技术资料和设备器材等，不得侵犯原单位的知识产权、商业秘密及其他合法权益。

第三十二条　用人单位与应聘人才确定聘用关系后，应当在平等自愿、协商一致的基础上，依法签订聘用合同或劳动合同。

第五章 罚则

第三十三条 违反本规定，未经政府人事行政部门批准擅自设立人才中介服务机构或从事人才中介服务活动的，由县级以上政府人事行政部门责令停办，并处10000元以下罚款；有违法所得的，可处以不超过违法所得3倍的罚款，但最高不得超过30000元。

违反本规定，未经政府人事行政部门批准擅自设立中外合资人才中介机构的，由省级以上政府人事行政部门按照前款规定予以处罚。

第三十四条 人才中介服务机构违反本规定，擅自扩大许可业务范围、不依法接受检查或提供虚假材料，不按规定办理许可证变更等手续的，由县级以上政府人事行政部门予以警告，可并处10000元以下罚款；情节严重的，责令停业整顿，有违法所得的，没收违法所得，并可处以不超过违法所得3倍的罚款，但最高不得超过30000元。

第三十五条 违反本规定，未经政府人事行政部门授权从事人事代理业务的，由县级以上政府人事行政部门责令立即停办，并处10000元以下罚款；有违法所得的，可处以不超过违法所得3倍的罚款，但最高不得超过30000元；情节严重的，并责令停业整顿。

第三十六条 人才中介服务机构违反本规定，超出许可业务范围接受代理业务的，由县级以上政府人事行政部门予以警告，限期改正，并处10000元以下罚款。

第三十七条 用人单位违反本规定，以民族、性别、宗教信仰为由拒绝聘用或者提高聘用标准的，招聘不得招聘人员的，以及向应聘者收取费用或采取欺诈等手段谋取非法利益的，由县级以上政府人事行政部门责令改正；情节严重的，并处10000元以下罚款。

第三十八条 个人违反本规定给原单位造成损失的，应当承担赔偿责任。

第三十九条 用人单位、人才中介服务机构、广告发布者发布虚假人才招聘广告的，由工商行政管理部门依照《中华人民共和国广告法》第三十七条处罚。

人才中介服务机构超出许可业务范围发布广告、广告发布者为超出许可业务范围或无许可证的中介服务机构发布广告的，由工商行政管理部门处以10000元以下罚款；有违法所得的，可处以不超过违法所得3倍的罚款，但最高不得超过30000元。

第四十条 人才中介活动违反工商行政管理规定的，由工商行政管理部门依照有关规定予以查处。

第六章 附则

第四十一条 本规定由人事部、国家工商行政管理总局负责解释。

第四十二条 本规定自2001年10月1日起施行。1996年1月29日人事部发布的《人才市场管理暂行规定》(人发〔1996〕11号)同时废止。

附录四
《普通高等学校毕业生就业工作暂行规定》

第一章 总则

第一条 为做好普通高等学校（含研究生培养单位）毕业生（含毕业研究生）就业工作，更好地为经济建设和社会发展服务，维护毕业生和用人单位的合法权益，根据国家的有关法律和政策，制定本规定。

第二条 普通高等学校毕业生凡取得毕业资格的，在国家就业方针、政策指导下，按有关规定就业。

第三条 毕业生是国家按计划培养的专门人才，各级主管毕业生就业部门、高等学校和用人单位应共同做好毕业生就业工作。毕业生有执行国家就业方针、政策和根据需要为国家服务的义务。必要时，国家采取行政手段，安置毕业生就业。

第四条 毕业生就业工作要贯彻统筹安排、合理使用、加强重点、兼顾一般和面向基层，充实生产、科研、教学第一线的方针。在保证国家需要的前提下，贯彻学以致用、人尽其才的原则。国家采取措施，鼓励和引导毕业生到边远地区、艰苦行业和其他国家急需人才的地方去工作。

第五条 国家教委归口管理全国毕业生就业工作，国务院其他部委（以下简称部委）和各省、自治区、直辖市（以下简称地方）负责本部门、本地方的毕业生就业工作。

第二章 职责分工

第六条 国家教委的主要职责：

1. 制定全国毕业生就业工作的法规和政策，部署全国业生就业工作；
2. 组织研究并指导实施全国毕业生就业制度改革；
3. 收集和发布全国毕业生供需信息，组织指导和管理毕业生就业供需见面、双向选择活动；
4. 编制全国普通高等学校毕业生就业计划，制订国家委直属高校毕业生就业计划和部委、地方所属高校抽调计划；
5. 负责全国毕业生就业计划协调工作，管理全国毕业调配工作；

6. 指导、检查毕业生就业工作，授权各省、自治区、直辖调配部门派遣本地区高校毕业生；

7. 组织开展毕业教育、就业指导和人员培训工作；

8. 开展毕业生就业工作的科学研究和宣传工作；

9. 检查毕业生的使用情况。

第七条 国务院有关部委主管部门的主要职责：

1. 根据国家的有关方针、政策和国家教委的统一部署，提出本部门毕业生就业的具体工作意见；

2. 及时向国家教委报送所属院校毕业生就业计划和本部委需求信息；

3. 组织协调所属院校的毕业生供需信息交流活动；

4. 制订并组织实施所属院校的毕业生就业计划；

5. 开展有关毕业生就业工作改革的研究和宣传工作。

第八条 省、自治区、直辖市主管部门的主要职责：

1. 根据国家的有关方针、政策和国家教委的统一部署，提出本省、自治区、直辖市毕业生就业的具体工作意见；

2. 负责本地区毕业生的资源统计工作，并按时报送国家教委；

3. 收集本地区毕业生的需求信息并及时报送国家教委；

4. 制订本地区所属院校毕业生的就业计划并及时报送国家教委；

5. 组织管理本地区毕业生就业供需见面和双向选择活动；

6. 受国家教委委托组织实施本地区高校毕业生的资格审查，并负责毕业生的调配派遣和接收工作；

7. 组织开展毕业教育、就业指导工作；

8. 检查、监督本地区用人单位和高等学校的毕业生就业工作；

9. 开展毕业生就业制度改革的研究和宣传工作；

10. 完成国家教委交办的其他工作。

第九条 高等学校的主要职责：

1. 根据国家的就业方针、政策和规定以及学校主管部门的工作意见，制定本学校的工作细则；

2. 负责本校毕业生的资格审查工作，及时向主管部门和地方调配部门报送毕业生资源情况；

3. 收集需求信息，开展毕业生就业供需见面和双向选择活动，负责毕业生的推荐工作；

4. 按照主管部门的要求提出毕业生就业建议计划；

5. 开展毕业教育和就业指导工作；

6. 负责办理毕业生的离校手续；

7. 开展与毕业生就业有关的调查研究工作；

8. 完成主管部门交办的其他工作。

第十条 用人单位的主要职责：

1. 及时向主管部门报送毕业生需求计划、向有关高等学校提供需求信息；
2. 参加供需见面和双向选择活动，如实介绍本单位，积极招聘毕业生；
3. 按照国家下达的就业计划接收、安排毕业生；
4. 负责毕业生见习期间的管理工作；
5. 向有关部门和学校反馈毕业生的使用情况。

第三章 毕业生就业工作程序

第十一条 全国高等学校毕业生就业工作程序和时间安排由国家教委统一部署，各部委和地方应按照统一部署具体指导所属院校毕业生的就业工作。

第十二条 毕业生就业工作程序分为就业指导、收集发布信息、供需见面及双向选择、制订就业计划、进行毕业生资格审查、派遣、调整、接收等阶段。

第十三条 毕业生就业工作一般从毕业生在校的最后一学年开始。

第十四条 用人单位一般应在每年 11—12 月向主管部门及有关高校提出下一年度毕业生需求计划，11 月至翌年 5 月与毕业生签订录用协议。

第十五条 毕业生的就业活动不得影响学校正常的教学秩序和学生的学习。毕业生联系工作时间应安排在 1—5 月，春季毕业研究生可适当提前。

第四章 毕业生就业指导与毕业生鉴定

第十六条 毕业生就业指导是高校教学工作的一个重要组成部分，是帮助毕业生了解国家的就业方针政策，树立正确的择业观念，保障毕业生顺利就业的有效手段。

第十七条 毕业生就业指导重点进行人生观、价值观、择业观和职业道德教育，突出毕业生就业政策的宣传。

第十八条 毕业生就业指导要理论联系实际，注重实效，可采用授课、报告、讲座、咨询等多种形式。

第十九条 毕业生就业指导要与毕业教育相结合，教育毕业生以国家利益为重，正确处理国家利益与个人发展的关系，自觉服从国家需要，到基层去，到艰苦的地方去，走与实践相结合的成才之路。

第二十条 高等学校要按照国家教委《普通高等学校学生管理规定》的要求，实事求是地对毕业生作出组织鉴定。

第二十一条 毕业鉴定主要包括毕业生在校期间德、智、体等各方面的基本情况，这些基本情况要按照档案管理的有关规定，认真核对无误后归档。档案材料应在毕业生派遣两周内寄送毕业生报到单位。

第五章 供需见面和双向选择活动

第二十二条 供需见面和双向选择活动是落实毕业生就业计划的重要方式。各部委、各地区主管毕业生就业工作部门负责管理和举办本门、本地区的毕业生就业供需见面和双向选择活动，其他部门不得举办以毕业生就业为主的洽谈会或招聘会。举办省级上述活动要报国家教委备案，跨省区、跨部门的有关活动须报国家教委审批。

第二十三条 有条件的高等学校要举办或校际联办毕业生供需见面和双向选择活动。高等学校在毕业生供需见面和双向选择活动中起主导作用。

第二十四条 经供需见面和双向选择后,毕业生、用人单位、高等学校应当签订毕业生就业协议书,作为制订就业计划和派遣的依据。未经学校同意,毕业生擅自签定的协议无效。

第二十五条 供需见面和双向选择活动要在国家就业方针、政策指导下,有组织、有计划、有步骤地进行,时间应安排在节假日。

第二十六条 供需见面和双向选择活动,不得以营利为目的向学生收费,不得影响学校正常的教学秩序和学生的学习。

第六章 就业计划的制订

第二十七条 国家教委直属学校毕业生面向全国就业,其他部委所属学校毕业生主要面向本系统、本行业就业,地方所属学校主要面向地区就业。根据招生"并轨"改革的进程,有关部委和各省、自治区、直辖市可根据本部门、本地区的实际情况确定所属高校毕业生的就业范围。

第二十八条 制订就业计划的原则:
1. 遵循国家有关毕业生就业的方针、政策和规定;
2. 依据国民经济和社会发展的需要;
3. 优先保证国防、军工、国有大中型企业、重点科研和教学位的需要;
4. 来源于边远省区的本、专科毕业生,只要是边远省区急需的,原则上回来源省区就业;
5. 师范类毕业生原则上在教育系统内就业;
6. 定向生、委培生按合同就业;
7. 实行招生"并轨"改革学校的毕业生在国家就业政策指导下,在一定范围内自主择业;
8. 毕业研究生在国家规定的服务范围内就业;
9. 其他类型毕业生按国家有关规定就业。

第二十九条 本、专科毕业生就业计划每年编制一次,毕业研究生就业计划分为春季和暑期两次编制。就业计划按部委、地方和高校各自的职责分工经上下结合,充分协商形成;有关部委和地方负责审核、汇总所属学校毕业生就业建议计划.并按时报送国家教委;国家教委审核、编制全国普通高等学校毕业生就业计划。

第三十条 毕业生就业计划经国家教委审核下达后,各部委、地方、高等学校和用人单位必须严格执行。

第七章 调配、派遣工作

第三十一条 地方主管毕业生调配部门和高等学校按照国家下达的就业计划派遣毕业生。派遣毕业生统一使用《全国普通高等学校毕业生就业派遣报到证》和《全国毕业研究生就业派遣报到证》(以下简称《报到证》),《报到证》由国家教委授权地方主管毕业生就业调配部门审核签发，特殊情况可由国家教委直接签发。

第三十二条 国家招生计划内招收的自费生（含电大、函授等普通专科班）毕业后自主择业，在规定时间内找到单位的由地方主管调配部门开具《报到证》。

第三十三条 对于华侨和来自港澳台地区的毕业生愿意留大陆工作的，学校可根据国家有关规定提供必要的帮助。

第三十四条 免试推荐和考取硕士、博士研究生的毕业生，在学校就业计划上报后提出不再攻读的，应回家庭所在地就业。

第三十五条 符合国家规定申请自费留学的毕业生，要在学校规定的期限内提出申请并规定偿还教育培养费，经批准后，学校不再负责其就业。派遣时未获准出境的，学校可将其档案、户粮关系转至家庭所在地自谋职业。

第三十六条 对残疾毕业生学校应帮助其就业，确有困难的，按有关规定由生源所在地民政部门安置。

第三十七条 学校应在派遣前认真负责地对毕业生进行健康检查，不能坚持正常工作的，让其回家休养。一年内治愈的（须经学校指定县级以上医院证明能坚持正常工作的）可以随下一届毕业生就业；一年后仍未治愈或无用人单位接收的，户粮关系和档案材料转至家庭所在地，按社会待业人员办理。

第三十八条 结业生由学校向用人单位推荐或自荐，到工作单位的，可以派遣，但必须在《报到证》上注明"结业生"字样；在规定时间内无接收单位的，由学校将其档案、户粮关系转至家庭所在地（家居农村的保留非农业户口），自谋职业。

第三十九条 全国普通高等学校要在七月一日后派遣毕业生（春季毕业研究生例外）。

第四十条 在派遣过程中出现特殊情况需要调整改派的，按下列原则办理：

1. 在本省、自治区、直辖市辖区内用人单位之间调整的由地方主管毕业生调配部门审批并办理改派手续；

2. 跨部委、跨省（自治区、直辖市）调整的，由学校主管部门审核同意后，统一报国家教委审批并下达调整计划，学校所在地方主管毕业生调配部门按照调整计划办理改派手续；

3. 毕业生调整改派须在一年内办理，逾期不再办理有关调整改派手续。毕业生就业后的调整按在职人员有关规定办理。

第八章 接收工作及毕业生待遇

第四十一条 毕业生持《报到证》到工作单位报到，用人单位凭《报到证》予以办理接收手续和户粮关系。凡纳入国家就业计划的毕业生，地方政府不得征收其城市增容费。

第四十二条 毕业生报到后，用人单位应根据工作需要和毕业生所学专业及时安排工作岗位。

第四十三条 按国家计划派遣的毕业生，用人单位不得拒绝接收或退回学校。

第四十四条 毕业生报到后，发生疾病不能坚持正常工作的，按在职人员有关规定处理，不得把上岗后发生疾病的毕业生退回学校。

第四十五条 毕业生就业后，其工资标准和福利待遇按国家有关规定执行，工龄从报到之日计算。

第四十六条 到非公有制单位就业的毕业生，其档案按国家有关规定进行管理，工资待遇由毕业生与用人单位协商确定，但工资标准原则上应不低于国家规定。

第九章 违反规定的处理

第四十七条 有以下情形之一的部委、地方和学校就业部门，要通报批评，情节严重的，建议主管部门对有关责任人员给予行政处分：

1. 不按要求和时间报送生源、需求计划内的；
2. 不按国家的有关规定派遣毕业生的；
3. 其他违反毕业生就业工作规定的。

第四十八条 对违反就业协议或不履行定向、委托培养合同的用人单位、毕业生、高等学校按协议书或合同书的有关条款办理，并依法承担赔偿责任。

第四十九条 对擅自拒收、截留按国家计划派遣毕业生的用人单位，由其主管部门责令改正，并对有关负责人员给予行政处分。

第五十条 有下列情形之一的毕业生，由学校报地方主管毕业生调配部门批准，不再负责其就业。在其向学校缴纳全部培养费和奖（助）学金后，由学校将其户粮关系和档案转至家庭所在地，按社会待业人员处理：

1. 不顾国家需要，坚持个人无理要求，经多方教育仍拒不改正的；
2. 自派遣之日起，无正当理由超过三个月不去就业单位报到的；
3. 报到后，拒不服从安排或无理要求用人单位退回的；
4. 其他违反毕业生就业规定的。

第五十一条 对利用职权干涉毕业生就业工作或在毕业生就业工作中徇私舞弊的工作人员，由主管部门或同级纪检、监察部门依法处理；情节严重、构成犯罪的，依法追究其刑事责任。

第十章 附则

第五十二条 本规定中普通高等学校毕业生系指按照国家普通高等学校招生计划和研究生计划招收的具有学籍、取得毕业资格的本、专生（含招生并轨招收的学生和招生并轨前招收的国家任务生、定向生、委培生、自费生及电大、函授普通专科班学生）和硕士、博士究生（含统分生、定向生、委培生、自筹经费生）。

第五十三条 各有关部委和地方可根据本规定制定实施细则并报国家教委备案。

第五十四条 本规定由国家教育委员会负责解释。

第五十五条 本规定自发布之日起执行。

附录五
《给中国学生的第四封信：大学四年应是这样度过》

（李开复，2005年2月）

今天，我回复了"开复学生网"开通以来的第1000个问题。关掉电脑后，始终有一封学生来信萦绕在我的脑海里，挥之不去。

开复老师：

就要毕业了。

回头看自己所谓的大学生活，

我想哭，不是因为离别，而是因为什么都没学到。

我不知，简历该怎么写，若是以往我会让它空白。

最大的收获也许是……对什么都没有的忍耐和适应……

这封来信道出了不少大三、大四学生的心声。大学期间，有许多学生放任自己、虚度光阴，还有许多学生始终也找不到正确的学习方向。当他们被第一次补考通知唤醒时，当他们收到第一封来自应聘企业的婉拒信时，这些学生才惊讶地发现，自己的前途是那么渺茫，一切努力似乎都为时已晚……

这"第四封信"是写给那些希望早些从懵懂中清醒过来的大学生，那些从未贪睡并希望把握自己的前途和命运的大学生以及那些即将迈进大学门槛的未来大学生们的。在这封信中，我想对所有同学说：

大学是人一生中最为关键的阶段。从入学的第一天起，你就应当对大学四年有一个正确的认识和规划。为了在学习中享受到最大的快乐，为了在毕业时找到自己最喜爱的工作，每一个刚进入大学校园的人都应当掌握七项学习：学习自修之道、基础知识、实践贯通、兴趣培养、积极主动、掌控时间、为人处世。只要做好了这七点，大学生临到毕业时的最大收获就绝不会是"对什么都没有的忍耐和适应"，而应当是"对什么都可以有的自信和渴望"。只要做好了这七点，你就能成为一个有潜力、有思想、有价值、有前途的快乐的毕业生。

大学：人生的关键

大学是人生的关键阶段。这是因为，进入大学是你终于放下高考的重担，第一次开始追逐自己的理想、兴趣。这是你离开家庭生活，第一次独立参与团体和社会生活。这是你不再单纯地学习或背诵书本上的理论知识，第一次有机会在学习理论的同时亲身实践。

这是你第一次不再由父母安排生活和学习中的一切，而是有足够的自由处置生活和学习中遇到的各类问题，支配所有属于自己的时间。

大学是人生的关键阶段。这是因为，这是你一生中最后一次有机会系统性地接受教育。这是你最后一次能够全心建立你的知识基础。这可能是你最后一次可以将大段时间用于学习的人生阶段，也可能是最后一次可以拥有较高的可塑性、集中精力充实自我的成长历程。这也许是你最后一次能在相对宽容的，可以置身其中学习为人处世之道的理想环境。

大学是人生的关键阶段。在这个阶段里，所有大学生都应当认真把握每一个"第一次"，让它们成为未来人生道路的基石；在这个阶段里，所有大学生也要珍惜每一个"最后一次"，不要让自己在不远的将来追悔莫及。在大学四年里，大家应该努力为自己编织生活梦想，明确奋斗方向，奠定事业基础。

大学四年每个人都只有一次，大学四年应这样度过……

自修之道：从举一反三到无师自通

记得我在哥伦比亚大学任助教时，曾有位中国学生的家长向我抱怨说："你们大学里到底在教些什么？我孩子读完了大二计算机系，居然连 VisiCalc 都不会用。"

我当时回答道："电脑的发展日新月异。我们不能保证大学里所教的任何一项技术在五年以后仍然管用，我们也不能保证学生可以学会每一种技术和工具。我们能保证的是，你的孩子将学会思考，并掌握学习的方法，这样，无论五年以后出现什么样的新技术或新工具，你的孩子都能游刃有余。"

她接着问："学最新的软件不是教育，那教育的本质究竟是什么呢？"

我回答说："如果我们将学过的东西忘得一干二净时，最后剩下来的东西就是教育的本质了。"

我当时说的这句话来自教育家 B. F. Skinner 的名言。所谓"剩下来的东西"，其实就是自学的能力，也就是举一反三或无师自通的能力。大学不是"职业培训班"，而是一个让学生适应社会，适应不同工作岗位的平台。在大学期间，学习专业知识固然重要，但更重要的还是要学习独立思考的方法，培养举一反三的能力，只有这样，大学毕业生才能适应瞬息万变的未来世界。我认识的不少在中国读完大学来美国念研究生的朋友。他们认为来美国后，不论是学习、工作还是生活，他们最缺乏的是独立思考的能力，因为在国内时他们很少独立思考和独立决策。

上中学时，老师会一次又一次重复每一课里的关键内容。但进了大学以后，老师只会充当引路人的角色，学生必须自主地学习、探索和实践。走上工作岗位后，自学能力就显得更为重要了。微软公司曾做过一个统计：在每一名微软员工所掌握的知识内容里，只有大约 10% 是员工在过去的学习和工作中积累得到的，其他知识都是在加入微软后重新学习的。这一数据充分表明，一个缺乏自学能力的人是难以在微软这样的现代企业中立足的。

自学能力必须在大学期间开始培养。许多同学总是抱怨老师教得不好，懂得不多，学校的课程安排也不合理。我通常会劝这些学生说："与其诅咒黑暗，不如点亮蜡烛"。大学生不应该只会跟在老师的身后亦步亦趋，而应当主动走在老师的前面。例如，大学老师在一个课时里通常要涵盖课本中几十页的信息内容，仅仅通过课堂听讲是无法把所有知识学通、学透的。最好的学习方法是在老师讲课之前就把课本中的相关问题琢磨清楚，然后在课堂上对照老师的讲解弥补自己在理解和认识上的不足之处。

中学生在学习知识时更多的是追求"记住"知识，而大学生就应当要求自己"理解"知识并善于提出问题。对每一个知识点，都应当多问几个"为什么"。一旦真正理解了理论或方法的来龙去脉，大家就能举一反三地学习其他知识，解决其他问题，甚至达到无师自通的境界。

事实上，很多问题都有不同的思路或观察角度。在学习知识或解决问题时，不要总是死守一种思维模式，不要让自己成为课本或经验的奴隶。只有在学习中敢于创新，善于从全新的角度出发思考问题，学生潜在的思考能力、创造能力和学习能力才能被真正激发出来。

《礼记·学记》上讲："独学而无友，则孤陋而寡闻。"也就是说，大学生应当充分利用学校里的人才资源，从各种渠道吸收知识和方法。如果遇到好的老师，你可以主动向他们请教，或者请他们推荐一些课外的参考读物。除了资深的教授以外，大学中的青年教师、博士生、硕士生乃至自己的同班同学都是最好的知识来源和学习伙伴。每个人对问题的理解和认识都不尽相同，只有互帮互学，大家才能共同进步。

有些同学曾告诉我说，他们很羡慕我在读书时能有一位获得过图灵奖的大师传道授业。其实，虽然我非常推崇我的老师，但他在大学期间并没有教给我多少专业知识。他只是给我指明了大方向，让我分享他的经验，给我提供研究的资源，并教我做人的方法。他没有时间也没有必要指导我学习具体的专业知识。我在大学期间积累的专业知识都是通过自学获得的。刚入门时，我曾多次红着脸向我的师兄请教最基本的知识内容，开会讨论时我曾问过不少肤浅的问题，课余时间我还主动与同学探讨、切磋。"三人行必有我师"，大学生的周围到处是良师益友。只要珍惜这些难得的机会，大胆发问，经常切磋，我们就能学到最有用的知识和方法。

大学生应该充分利用图书馆和互联网，培养独立学习和研究的本领，为适应今后的工作或进一步的深造做准备。首先，除了学习老师规定的课程以外，大学生一定要学会查找书籍和文献，以便接触更广泛的知识和研究成果。例如，当我们在一门课上发现了自己感兴趣的课题，就应当积极去图书馆查阅相关文献，了解这个课题的来龙去脉和目前的研究动态。熟练和充分地使用图书馆资源，这是大学生特别是那些有志于科学研究的大学生的必备技能之一。读书时，应尽量多读一些英文原版教材。有些原版教材写得深入浅出，附有大量实例，比中文教材还适于自学。其次，在书本之外，互联网也是一个巨大的资源库，大学生们可以借助搜索引擎在网上查找各类信息。"开复学生网"开通半年以来，我发现很多同学其实并没有很好地掌握互联网的搜索技巧，有时他们提出的问题只要在搜索引擎中简单检索一下，就能轻易找到答案。还有些同学很容易相信网上的谣言，而不会利用搜索引擎自己查考、求证。除了搜索引擎以外，网上还有许多网站和社区也是很好的学习园地。

自学时，不要因为达到了学校的要求就沾沾自喜，也不要认为自己在大学里功课好就足够了。在二十一世纪的今天，人才已经变成了一个国际化的概念。当你对自己的成绩感到满意时，我建议你开始自学一些国际一流大学的课程。例如，美国麻省理工学院（MIT）的开放式课程已经在网上无偿发布出来，大家不妨去看看 MIT 的网上课程，做做 MIT 的网上试题。当你可以自如地掌握 MIT 课程时，你就可以更加自信地面对国际化的挑战了。

总之，善于举一反三，学会无师自通，这是大学四年中你可以送给自己的最好的礼物。

基础知识：数学、英语、计算机、互联网

我曾经说过，中国学生的一大优势是扎实的基础知识，如数学、物理等。但是，最近几年，同学们在目睹了很多速成的例子（如丁磊、陈天桥等）之后，也迫切希望能驶上成功的快车道。

这渐渐形成了一种追求速成的浮躁风气。有许多大学生梦想在毕业后就立即能做"经理""老板"，还有许多大学生入学时直接选择了"管理"专业，因为他们认为从这样的专业毕业后马上就可以成为企业的管理者。可不少学生进入了管理专业后，才发现自己对本专业的学习毫无兴趣。其实，管理专业和其他专业一样，都是传授基础知识和基本方法的地方，没有哪个专业可以保证学生在毕业时就能走上领导岗位。无论同学们所学的是哪个专业，大学毕业才是个人事业的真正开始。想做企业领导或想做管理工作的同学也必须从基层做起，必须首先在人品方面学会做人，在学业方面打好基础。

如果说大学是一个学习和进步的平台，那么，这个平台的地基就是大学里的基础课程。在大学期间，同学们一定要学好基础知识其中包括数学、英语、计算机和互联网的使用，以及本专业要求的基础课程（如商学院的财务、经济等课程）。在科技发展日新月异的今天，应用领域里很多看似高深的技术在几年后就会被新的技术或工具取代。只有对基础知识的学习才可以受用终身。另一方面，如果没有打下好的基础，大学生们也很难真正理解高深的应用技术。最后，在许多的中国大学里，教授对基础课程也比对最新技术有更丰富的教学经验。

数学是理工科学生必备的基础。很多学生在高中时认为数学是最难学的，到了大学里，一旦发现本专业对数学的要求不高，就会彻底放松对数学知识的学习，而且他们看不出数学知识有什么现实的应用或就业前景。但大家不要忘记，绝大多数理工科专业的知识体系都建立在数学的基石之上。例如，要想学好计算机工程专业，那至少要把离散数学（包括集合论、图论、数理逻辑等）、线性代数、概率统计和数学分析学好；要想进一步攻读计算机科学专业的硕士或博士学位，可能还需要更高的数学素养。同时，数学也是人类几千年积累的智慧结晶，学习数学知识可以培养和训练人的思维能力。通过对几何的学习，我们可以学会用演绎、推理来求证和思考的方法；通过学习概率统计，我们可以知道该如何避免钻进思维的死胡同，该如何让自己面前的机会最大化。所以，大家一定要用心把数学学好，不能敷衍了事。学习数学也不能仅仅局限于选修多门数学课程，而是要知道自己为什么学习数学，要从学习数学的过程中掌握认知和思考的方法。

二十一世纪里最重要的沟通工具就是英语。有些同学在大学里只为了考过四级、六级而学习英语，有的同学仅仅把英语当做一种求职必备的技能来学习，甚至还有人认为学习和使用英语等于崇洋媚外。其实，学习英语的根本目的是为了掌握一种重要的学习和沟通工具。在未来的几十年里，世界上最全面的新闻内容，最先进的思想和最高深的技术，以及大多数知识分子间的交流都将用英语进行。因此，除非你甘心做一个与国际脱节的人，英语学习是至关重要的。在软件行业里，不但编程语言是以英语为基础设计出来的，最重要的教材、论文、参考资料、用户手册等资源也大多是用英语写就的。学英语绝不等于崇洋媚外。中国正在走向世界，中国需要学习西方的先进思想和先进科学技术，学好英语才是真正的爱国。

很多中国留学生的英语考试成绩不错，也高分过四级、六级、托福，但是留学美国后上课时却很难听懂课程内容，和外国同学交流时就更加困难。我们该如何学好英语呢？既然英语是最重要的沟通工具，那么，最重要的学习方法就是尽量与实践结合起来，不能只"学"不"用"，更不能只靠背诵的方式学习英语。读书时，大家尽量阅读原版的专业教材（如果英语不够好，可以先从中英对照的教材看起），并适当地阅读一些自己感兴趣的专业论文，这可以同时提高英语和相关专业的知识水平。其次，提高英语听说能力的最好方法是直接与那些以英语为母语的外国人对话。现在有很多在中国学习和工作的外国人，他们中的不少人为了学中文，很愿意与中国学生对话、交流，这是很好的学习机会。此外，大家不要把学英语当做一件苦差事，完全可以用有趣的方法学习英语。例如，可以多看一些名人的对话或演讲，多看一些小说、戏剧甚至漫画。初学者可以找英文原版的教学节目和录像来学习，有一定基础的则应该看英文电视或电影。看一部英文电影时，最好先在有字幕的时候看一遍，同时查考生词、熟悉句式，然后在不加字幕的情况下再看一遍，仅靠耳朵去听。听英文广播也是很好的练习英文听力的方法，大家每天最好能抽出半小时到一小时的时间收听广播并尽量理解其中的内容，有必要的话还可以录下来反复收听。在互联网上也有许多互动式的英语学习网站，大家可以在网站上用游戏、自我测试、双语阅读等方式提升英语水平。总之，勇于实践、持之以恒是学习英语的必由之路。

信息时代已经到来，大学生在信息科学与信息技术方面的素养也已成为他们进入社会的必备基础之一。虽然不是每个大学生都需要懂得计算机原理和编程知识，但所有大学生都应能熟练地使用计算机、互联网、办公软件和搜索引擎，都应能熟练地在网上浏览信息和查找专业知识。在二十一世纪里，使用计算机和网络就像使用纸和笔一样是人人必备的基本功。不学好计算机，你就无法快捷全面地获得自己需要的知识或信息。

最后，每个特定的专业也有它自己的基础课程。以计算机专业为例，许多大学生只热衷于学习最新的语言、技术、平台、标准和工具，因为很多公司在招聘时都会要求这些方面的基础或经验。这些新技术虽然应该学习，但计算机基础课程的学习更为重要，因为语言和平台的发展日新月异，但只要学好基础课程（如数据结构、算法、编译原理、计算机原理、数据库原理等）就可以万变不离其宗。有位同学生动地把这些基础课程比拟为计算机专业的内功，而把新的语言、技术、平台、标准和工具比拟为外功。那些只懂得追求时髦的学生最终只知道些招式的皮毛，而没有内功的积累，他们是不可能成为真正的高手的。

虽然我一向鼓励大家追寻自己的兴趣，但在这里仍需强调，生活中有些事情即便不感兴趣也是必须要做的。例如，打好基础，学好数学、英语和计算机的使用就是这一类必须做的事情。如果你对数学、英语和计算机有兴趣，那你是幸运儿，可以享受学习的乐趣；但就算你没有兴趣，你也必须把这些基础打好。打基础是苦功夫，不愿吃苦是不能修得正果的。

实践贯通："做过的才真正明白"

上高中时，许多学生会向老师提出"为什么？有什么用？"的问题，通常，老师给出的答案都是"不准问"。进入大学后，这些问题的答案应该是"不准不问"。在大学里，同学们应该懂得每一个学科的知识、理论、方法与具体的实践、应用如何结合起来，尤其是工科的学生更是如此。

有一句关于实践的谚语是这样说的："我听到的会忘掉，我看到的能记住，我做过的才真正明白。"

无论学习何种专业、何种课程，如果能在学习中努力实践，做到融会贯通，我们就可以更深入地理解知识体系，可以牢牢地记住学过的知识。因此，我建议同学们多选些与实践相关的专业课。实践时，最好是几个同学合作，这样，既可经过实践理解专业知识，也可以学会如何与人合作，培养团队精神。如果有机会在老师手下做些实际的项目，或者走出校门打工，只要不影响课业，这些做法都是值得鼓励的。外出打工或做项目时，不要只看重薪酬待遇（除非生活上确实有困难），有时候，即便待遇不满意，但有许多培训和实践的机会，我们也值得一试。

以计算机专业为例，实践经验对于软件开发来说更是必不可少的。微软公司希望应聘程序员的大学毕业生最好有十万行的编程经验。理由很简单：实践性的技术要在实践中提高。计算机归根结底是一门实践的学问，不动手是永远也学不会的。因此，最重要的不是在笔试中考高分，而是实践能力。但是，在与中国学生的交流过程中，我很惊讶地发现，中国某些学校计算机系的学生到了大三还不会编程。这些大学里的教学方法和课程的确需要更新。如果你不巧是在这样的学校中就读，那你就应该从打工、自学或上网的过程中寻求学习和实践的机会。在网上可以找到许多实践项目，例如，有一批爱好编程的学生建立了一个讨论软件技术的网站（www.diyinside.com），在其中共享他们的知识和实践经验，并成功举办了很多次活动（如在各大高校举办校园技术教育会议），还出版了帮助学生提高技术、解答疑难方面的图书，该网站有多位成员获得了"微软最有价值的专家"的称号。

培养兴趣：开阔视野，立定志向

孔子说："知之者不如好之者，好之者不如乐之者。"我在"给中国学生的第三封信"中曾深入论述了快乐和兴趣是一个人成功的关键。如果你对某个领域充满激情，你就有可能在该领域中发挥自己所有的潜力，甚至为它而废寝忘食。

这时候，你已经不是为了成功而学习，而是为了"享受"而学习了。在"第三封信"中，我也曾谈到我自己是如何在大学期间放弃了我不感兴趣的法律专业而进入我所热爱的计算机专业学习的。

有些同学问我，如何像我一样能找到自己的兴趣呢？我觉得，首先要客观地评估和寻找自己的兴趣所在：不要把社会、家人或朋友认可和看重的事当做自己的爱好；不要以为有趣的事就是自己的兴趣所在，而是要亲身体验它并用自己的头脑做出判断；不要以为有兴趣的事情就可以成为自己的职业，例如，喜欢玩网络游戏并不代表你会喜欢或有能力开发网络游戏；不要以为有兴趣就意味着自己有这方面的天赋，不过，你可以尽量寻找天赋和兴趣的最佳结合点，例如，如果你对数学有天赋但又喜欢计算机专业，那么你完全可以做计算机理论方面的研究工作。

最好的寻找兴趣点的方法是开拓自己的视野，接触众多的领域。唯有接触你才能尝试，唯有尝试你才能找到自己的最爱。而大学正是这样一个可以让你接触并尝试众多领域的独一无二的场所。因此，大学生应当更好地把握在校时间，充分利用学校的资源，通过使用图书馆资源、旁听课程、搜索网络、听讲座、打工、参加社团活动、与朋友交流、使用电子邮件和电子论坛等不同方式接触更多的领域、更多的工作类型和更多的专家学者。当年，如果我只是乖乖地到法律系上课，而不去尝试旁听计算机系的课程，我就不会去计算机中心打工，也不去找计算机系的助教切磋，就更不会发现自己对计算机的浓厚兴趣。

通过开阔视野和接触尝试，如果你发现了自己真正的兴趣爱好，这时就可以去尝试转系的可能性、尝试课外学习、选修或旁听相关课程；你也可以去找一些打工或假期实习的机会，进一步理解相关行业的工作性质；或者，努力去考自己感兴趣专业的研究生，重新进行一次专业选择。其实，本科读什么专业并不能完全决定毕业后的工作方向，正如我所强调的那样，大学期间的学习过程培养的是你的学习能力，只要具备了这种能力，即使从事的是全新的工作，你也能在边做边学的过程中获取足够的知识和经验。

除了"选你所爱"，大家也不妨试试"爱你所选"。有些同学后悔自己在入学时选错了专业，以至于对所学的专业缺乏兴趣，没有学习动力；有些同学则因为追寻兴趣而"走火入魔",毕业后才发现荒废了本专业的课程;另一些同学因为在学习上遇到了困难或对本专业抱有偏见,就以兴趣为借口,不愿意面对自己的专业。这些做法都是不正确的。在大学中,转系可能并不容易,所以,大家首先应尽力试着把本专业读好,并在学习过程中逐渐培养自己对本专业的兴趣。此外,一个专业里可能有很多不同的领域,也许你对专业里的某一个领域会有兴趣。现在,有很多专业发展了交叉学科,两个专业的结合往往是新的增长点。因此,只要多接触、多尝试,你也许就会碰到自己真正感兴趣的方向。"数字笔"的发明人王坚博士在微软亚洲研究院负责用户界面的研究,可是谁又能想到他从本科到博士所学的都是心理学专业,而用户界面又正是计算机和心理学专业的最佳结合点。另一方面,就算你毕业后要从事其他的行业,你依然可以把自己的专业读好,这同样能成为你在新行业中的优势。例如,有一位同学不喜欢读工科,想毕业后进入服务业发展,我就建议他先把工科读好,将来可以在服务业中以精通技术作为自己的特长。

人生的路很长,每个人都可以有很多不同的兴趣爱好。在追寻兴趣之外,更重要的是要找寻自己终身不变的志向。有一本书的作者曾访问了几百个成功者,问他们有哪件事是他们今天已经懂得,但在年轻时却留下了遗憾的事情。在受访者的回答中,最多的一种是:"希望在年轻时就有前辈告诉我、鼓励我去追寻自己的理想和志向。"相比之下,兴趣固然关键,但志向更为重要。例如,我的志向是"使影响力最大化",多年以来,我有许多兴趣爱好,如语音识别、对弈软件、多媒体、研究到开发的转换、管理学、满足用户的需求、演讲和写作、帮助中国学生等等,兴趣可以改变,但我的志向是始终不渝的。因此,大家不必把某种兴趣当做自己最后的目标,也不必把任何一种兴趣的发展道路完全切断,在志向的指引下,不同的兴趣完全可以平行发展,实在必要时再做出最佳的抉择。志向就像罗盘,兴趣就像风帆,两者相辅相成、缺一不可,它们可以让你驶向理想的港湾。

积极主动:果断负责,创造机遇

创立"开复学生网"时,我的初衷是"帮助学生帮助自己"。但让我很惊讶的是,更多的学生希望我直接帮他们作出决定,甚至仅在简短的几句自我介绍后就直接对我说:"只有你能告诉我,我该怎么做"。

难道一个陌生人会比你更知道自己该怎么做吗?我慢慢认识到,这种被动的思维方式是从小在中国的教育环境中培养出来的。被动的人总是习惯性地认为他们现在的境况是他人和环境造成的,如果别人不指点,环境不改变,自己就只有消极地生活下去。持有这种态度的人,事业还没有开始,自己就已经被击败,我从来没见过这样消极的人可以取得持续的成功。

从大学的第一天开始,你就必须从被动转向主动,你必须成为自己未来的主人,你必须积极地管理自己的学业和将来的事业,理由很简单:因为没有人比你更在乎你自己的工作与生活。"让大学生活对自己有价值"是你的责任。许多同学到了大四才开始做人生和职业规划,而一个主动的学生应该从进入大学时就开始规划自己的未来。

积极主动的第一步是要有积极的态度。大家可以用我在"第三封信"里推荐的方法，积极规划自己的人生目标，追寻兴趣并尝试新的知识和领域。纳粹德国某集中营的一位幸存者维克托·弗兰克尔曾说过："在任何特定的环境中，人们还有一种最后的自由，就是选择自己的态度。"

积极主动的第二步是对自己的一切负责，勇敢面对人生。不要把不确定的或困难的事情一味搁置起来。比如说，有些同学认为英语重要，但学校不考试就不学英语；或者，有些同学觉得自己需要参加社团磨炼人际关系，但是因为害羞就不积极报名。但是，我们必须认识到，不去解决也是一种解决，不做决定也是一个决定，这样的解决和决定将使你面前的机会丧失殆尽。对于这种消极、胆怯的作风，你终有一天会付出代价的。

积极主动的第三步是要做好充分的准备：事事用心，事事尽力，不要等机遇上门；要把握住机遇，创造机遇。中国科技大学校长朱清时院士在大三时被分配到青海做铸造工人。但他不像其他同学那样放弃学习，整天打扑克、喝酒。他依然终日钻研数理化和英语。六年后，中国科学院要在青海做一个重要的项目，这时朱校长就脱颖而出，开始了他辉煌的事业。很多人可能说他运气好，被分配到缺乏人才的青海，才有这机会。但是，如果他没有努力学习，也无法抓住这个机遇。所以，做好充分的准备，当机遇来临时，你才能抓住它。

积极主动的第四步是"以终为始"，积极地规划大学四年。任何规划都将成为你某个阶段的终点，也将成为你下一个阶段的起点，而你的志向和兴趣将为你提供方向和动力。如果不知道自己的志向和兴趣，你应该马上做一个发掘志向和兴趣的计划；如果不知道毕业后要做什么，你应该马上制订一个尝试新领域的计划；如果不知道自己最欠缺什么，你应该马上写一份简历，找你的老师、朋友打分，或自己审阅，看看哪里需要改进；如果毕业后想出国读博士，你应该想想如何让自己在申请出国前有具体的研究经验和学术论文；如果毕业后想进入某个公司工作，你应该收集该公司的招聘广告，以便和你自己的履历对比，看自己还欠缺哪些经验。只要认真制定、管理、评估和调整自己的人生规划，你就会离你自己的目标越来越近。

掌控时间：事分轻重缓急，人应自控自觉

除了积极主动的态度，大学生还要学会安排自己的时间，管理自己的事务。一位同学是这么描述大学生活的：

"大学和高中相比似乎没有什么太大的区别，每天依旧是学习，每次考试后依旧是担心考试成绩……不同的只是大学里上网的时间和睡觉的时间多了很多，压力也小了很多。"

这位同学并不明白，"时间多了很多"正是大学与高中之间巨大的差别。时间多了，就需要自己安排时间、计划时间、管理时间。

安排时间除了作一个时间表外，更重要的是"事分轻重缓急"。在《高效能人士的七个习惯》一书中,作者史蒂芬·柯维提出,"重要事"和"紧急事"的差别是人们浪费时间的最大理由之一。因为人的惯性是先做最紧急的事,但这么做会导致一些重要的事被荒废掉。例如,我认为这篇文章里谈到的各种学习都是"重要的",但它们不见得都是老师布置的必修课业,采纳我的建议的同学们依然会因为考试、交作业等紧急的事情而荒废了打好基础、学习做人等重要的事情。因此,每天管理时间的一种好方法是,早上确定今天要做的紧急事和重要事,睡前回顾一下,这一天有没有做到两者的平衡。

每个人都有许多"紧急事"和"重要事",想把每件事都做到最好是不切实际的。我建议大家把"必须做的事"和"尽量做的事"分开。必须做的事要做到最好,但尽量做的事尽力而为即可。建议大家用良好的态度和宽广的胸怀接受那些你暂时不能改变的事情,多关注那些你能够改变的事情。此外,还要注意生物钟的运行规律,按时作息,劳逸结合,这样才能在学习时有最好的状态。

大学四年是最容易迷失方向的时期。大学生必须有自控的能力,让自己交些好朋友,学些好习惯,不要沉迷于对自己无益的习惯(如网络游戏)里。一位积极、主动的中国学生在"开复学生网"上劝告其他同学:"不要玩游戏,至少不要玩网络游戏。我所认识的专业水平比较高的大学朋友中没有一个玩网络游戏的。沉迷于网络游戏是对于现实的逃避,是不愿面对自己不足的一面。我认为,要脱离网络游戏,就得珍惜自己宝贵的大学时间,找到自己感兴趣的方向,做一些有意义并能给自己带来满足感的事情。"

为人处世:培养友情,参与群体

很多大学生入校时都是第一次离开父母,离开自己生长的环境。进入校园开始集体生活后,如何与同学、朋友以及社团的同事相处就成为了大学生学习内容的一部分。大学是大家最后一次可以在相对宽松的环境中学习、培养、训练如何与人相处的机会。

在未来,人们在社会里、在工作中与人相处的能力会变得越来越重要,甚至超过了工作本身。所以,大学生要好好把握机会,培养自己的交流意识和团队精神。

"人际交往能力不够强,人际圈子不够广,但又没有什么特长可以引起大家的注意,在社团里也不知道怎么和其他人有效地建立联系。"这是一些大学生在人际交往方面经常遇到的困惑。对于如何在大学期间提高人际交往能力,我的建议是:

第一,以诚待人,以责人之心责己、以恕己之心恕人。对别人要抱着诚挚、宽容的胸襟,对自己要怀着自我批评、有过必改的态度。与人交往时,你怎样对待别人,别人也会怎样对待你。这就好比照镜子,你自己的表情和态度,可以从他人对你流露出的表情和态度中一览无遗。你若以诚待人,别人也会以诚待你。你若敌视别人,别人也会敌视你。最真挚的友情和最难解的仇恨都是由这种"反射"原理逐步造成的。因此,当你想修正别人时,你应该先修正自己。你想别人怎么对你,你就应该怎么对人。你想他人理解你,你就要首先理解他人。

第二，培养真正的友情。如果能做到第一点，很多大学时的朋友就会成为你一辈子的知己。在一起求学和寻求自身发展的道路上，这样的友谊弥足珍贵。交朋友时，不要只去找与你性情相近或只会附和你的人做朋友。好朋友有很多种：乐观的朋友、智慧的朋友、脚踏实地的朋友、幽默风趣的朋友、激励你上进的朋友、提升你能力的朋友、帮你了解自己的朋友、对你说实话的朋友等。此外，大学时谈恋爱也可以教你如何照顾别人，增进同理心和自控力，但恋爱这件事要随缘，不必为了谈恋爱而谈恋爱。

第三，学习团队精神和沟通能力。社团是微观的社会，参与社团是步入社会前最好的磨炼。在社团中，可以培养团队合作的能力和领导才能，也可以发挥你的专业特长。但更重要的是，你要做一个诚心诚意的服务者和志愿者，或在担任学生工作时主动扮演同学和老师之间沟通桥梁的角色，并以此锻炼自己的沟通能力，为同学和老师服务。这样的学习过程也不会很轻松，挫折是肯定有的，但是不要灰心，大学社团里的人际交往是一种不用"付学费"的学习，犯了错误也可以重头来过。

第四，从周围的人身上学习。在班级里、社团中，多观察周围的同学，特别是那些你觉得交往能力和沟通能力特别强的同学，看他们是如何与人相处的。比如，看他们如何处理交往中的冲突、如何说服他人和影响他人、如何发挥自己的合作和协调能力、如何表达对他人的尊重和真诚、如何表示赞许或反对，如何在不冒犯他人的情况下充分展示个性等。通过观察和模仿，你渐渐地会发现，自己的人际交往能力会有意想不到的改进。在学校里，每一个朋友都可以成为你的良师，他们的热心、幽默、机智、博学、正直、沟通、礼貌等品德都可以成为你的学习对象。同时那些你不喜欢的人和事也可以为你敲响警钟，警告你千万不要做那样的人和事。当然，你也应当慷慨地帮助每一个朋友，试着做他们的良师和模范。

第五，提高自身修养和人格魅力。如果觉得没有特长、没有爱好可能会成为自己人际交往能力提高的一个障碍，那么，你可以有意识地去选择和培养一些兴趣爱好。共同的兴趣和爱好也是你与朋友建立深厚感情的途径之一。很多在事业上有所建树的人都不是只会闭门苦读的书呆子，他们大多都有自己的兴趣和爱好。我在微软亚洲研究院的同事中就有绘画、桥牌和体育运动方面的高手。业余爱好不仅是人际交往的一种方式，还可以让大家发掘出自己在读书以外的潜能。例如，体育锻炼既可以发挥你的运动潜能，也可以培养你的团队合作精神。如果真的没有什么兴趣爱好，那么，多读些好书丰富自己的知识也可以改进自己的人际交往能力，因为没有什么比智慧和渊博更能体现一个人的人格魅力了。

所以，学会与人相处，这也是大学中的一门"必修课"。

对大学生们的期望

踏入大学校门时，你还是一个忙碌的、青涩的、被动的、为分数读书的、被家庭保护着的中学毕业生。

就读大学时，你应当掌握七项学习，学好自修之道、基础知识、实践贯通、兴趣培养、积极主动、掌控时间、为人处世。

　　经过大学四年，你会从思考中确立自我，从学习中寻求真理，从独立中体验自主，从计划中把握时间，从交流中锻炼表达，从交友中品味成熟，从实践中赢得价值，从兴趣中攫取快乐，从追求中获得力量。

　　离开大学时，只要做到了这些，你最大的收获将是"对什么都可以拥有的自信和渴望"。你就能成为一个有潜力、有思想、有价值、有前途的中国未来的主人翁。

　　所以，我认为大学四年应是这样度过。

参 考 文 献

[1] 马腾文. 大学生职业生涯规划与就业创业指导. 长春：东北师范大学出版社，2011.
[2] 焦连合. 新编大学生职业发展与就业指导教程. 济南：山东大学出版社，2007.
[3] 张娅. 高职毕业生就业问题的研究. 西安：西安建筑科技大学，2008.
[4] 李孝录. 高职院校毕业生就业问题及对策研究. 石家庄：河北师范大学，2007.
[5] 赵新娟. 高职高专学生就业与创业指导. 北京：北京交通大学出版社，2006.
[6] 王兆明. 大学生职业指导. 苏州：苏州大学出版社，2009.
[7] 高校就业类教材课题研究组. 大学生职业发展与就业指导. 长春：吉林大学出版社，2009.
[8] 李山东. 思想教育教程. 济南：山东友谊出版社，2011.
[9] 石英姿. 大学生创业教育研究. 辽宁教育行政学院学报，2005（3）.
[10] 陈蕾，朱爱荣. 关于西部大学生自主创业环境的调查与思考. 科技资讯，2009（9）.
[11] 刘沁玲. 高校毕业生创业环境分析. 学术论坛，2008（8）.
[12] 罗天虎. 创业学教程. 西安：西北工业大学出版社，2004.
[13] 池仁勇. 日本中小企业创业意识的产生及其分类分析. 现代日本经济，2001（4）.
[14] 杨涌滨. 论当代大学生创业能力及其培养. 河南社会科学，2003（4）.
[15] 张美凤，赵映振，蒋锋. 关于大学生创业特征的调查与思考. 中国高教研究，2001.
[16] 于学甫. 大学生就业与创业指导. 苏州：苏州大学出版社，2008
[17] 张艳. 大学生职业指导实训教程. 北京：高等教育出版社，2008.